HERAUSGEBER EBELING – FISCHER – LÖRNER

Die betriebliche Berufsausbildung Industriekaufmann/Industriekauffrau

auf der Grundlage der geltenden Ausbildungsordnung und der „Empfehlungen für eine zeitgemäße Ausbildung" des Deutschen Industrie- und Handelstages (DIHT) von 1993

Band 3

Personalwesen

von

Dipl.-Hdl. Fredy Ebeling, Studiendirektor
Dipl.-Kfm. Otmar Fischer
Erich Lörner, Ausbildungsberater

D1734544

Die betriebliche Berufsausbildung Industriekaufmann/Industriekauffrau

Band 1: Materialwirtschaft
Band 2: Produktionswirtschaft
Band 3: Personalwesen
Band 4: Absatzwirtschaft
Band 5: Rechnungswesen

ist auch als **Gesamtausgabe** (Band 1–5) erhältlich.

Die Deutsche Bibliothek – CIP-Einheitsaufnahme

**Die betriebliche Berufsausbildung Industriekaufmann,
Industriekauffrau** : auf der Grundlage der geltenden
Ausbildungsordnung und der "Empfehlungen für eine
zeitgemässe Ausbildung" des Deutschen Industrie- und
Handelstages (DIHT) von 1993 / Hrsg. Ebeling ... – Hamburg :
Feldhaus.
  ISBN 3-88264-152-5
Bd. 3. Personalwesen / von Fredy Ebeling . . .
  Hauptbd. – 1994
  ISBN 3-88264-149-5

ISBN 3 88264 **149** 5

Berichtigter Nachdruck 1995

Satz und Gestaltung: FELDHAUS VERLAG, Hamburg
Druck und Verarbeitung: WERTDRUCK, Hamburg
Gedruckt auf chlorfrei gebleichtem Papier

Vorwort

Der vorliegende Band ist ein Baustein aus der Buchreihe „Betriebliche Berufsausbildung zum Industriekaufmann / zur Industriekauffrau". Diese Buchreihe ist aufgebaut auf der Grundlage der geltenden „Verordnung über die Berufsausbildung zum Industriekaufmann" und den „Empfehlungen für eine zeitgemäße Ausbildung von Industriekaufleuten" des Deutschen Industrie- und Handelstages (DIHT) von 1993. Die Bücher befassen sich mit allen Ausbildungsinhalten, die durch die **Ausbildung im Betrieb** vermittelt werden müssen und sind ausschließlich praxisbezogen – im Gegensatz zu den meisten Lehrbüchern, die sich überwiegend dem theoretischen Lehrstoff der Berufsschule widmen.

Die Bücher sind für Auszubildende bzw. Umschüler konzipiert; sie sollen aber auch dem Ausbildenden und Ausbilder sowie den Ausbildungsbeauftragten in den Abteilungen für den planmäßigen Ablauf der Ausbildung, für Lehrgespräche und den betrieblichen Unterricht als Grundlage dienen. Am Ende der Ausbildungszeit erleichtern sie die systematische Prüfungsvorbereitung. Dabei ist zu beachten, daß die „Empfehlungen für eine zeitgemäße Ausbildung" des DIHT ab dem Einstellungsjahrgang 1993 für die Ausbildung zugrundegelegt und ab 1995 in die Zwischenprüfung sowie ab 1996 auch in die Abschlußprüfung einfließen werden.

Die Titel der einzelnen Bände entsprechen den fünf Ausbildungsbereichen des Berufsbildes und des Ausbildungsrahmenplanes für die Ausbildung zum Industriekaufmann / zur Industriekauffrau (§ 3 Nr. 1–5 der Ausbildungsordnung).

Band 1: **Materialwirtschaft**
Band 2: **Produktionswirtschaft**
Band 3: **Personalwesen**
Band 4: **Absatzwirtschaft**
Band 5: **Rechnungswesen**

Die funktionsübergreifenden Themen **Datenverarbeitung** und **Umweltschutz** werden entsprechend den DIHT-Empfehlungen innerhalb der einzelnen Ausbildungsbereiche in angemessenem Umfang berücksichtigt.

Die Gliederung des Stoffes innerhalb der einzelnen Bände erfolgte streng nach dem Berufsbild, dem Ausbildungsrahmenplan und den Empfehlungen des DIHT.

Alle Ausbildungsinhalte werden anschaulich und praxisbezogen erläutert und eingehend beschrieben. In sorgfältiger Abwägung haben die Autoren – Praktiker, Lehrer, Ausbildungsberater und Prüfer – Umfang und Niveau des Stoffes den Anforderungen der beruflichen Erstausbildung sowie der Zwischen- und Ausbildungsabschlußprüfung angepaßt.

Jedem Abschnitt schließt sich eine Anzahl von Arbeitsaufträgen an, die dem Auszubildenden Gelegenheit geben, die erworbenen Kenntnisse anzuwenden und einzuüben, aber auch Lücken und Unklarheiten zu erkennen. Die sorgfältig ausgewählten und nach dem Prinzip des handlungsorientierten Lernens formulierten Arbeitsaufträge fördern die Fähigkeit, Zusammenhänge, Ursachen und Auswirkungen zu erkennen sowie das Ausbildungsziel der Handlungsfähigkeit zu erreichen. Schlüsselqualifikationen wie Selbständigkeit, Urteilsvermögen und Kooperationsbereitschaft werden systematisch entwickelt. Damit erfüllen die Bücher Forderungen, die von Berufspädagogen im Hinblick auf eine Weiterentwicklung des dualen Systems der Berufsausbildung erhoben werden und die auch in den DIHT-Empfehlungen enthalten sind.

Die Verschiedenartigkeit der Industriebetriebe in Größe und Aufbau sowie hinsichtlich der Erzeugnisse und Arbeitsabläufe wurde bei der Konzeption der Bücher berücksichtigt, so daß es in der Regel ohne Schwierigkeiten möglich ist, die vorliegenden Darstellungen auf die jeweils konkreten branchen- und betriebsspezifischen Verhältnisse zu beziehen.

Eine vollständige Übereinstimmung mit der Arbeitsweise des einzelnen Betriebes ist naturgemäß nicht möglich, so daß sich regelmäßig die Frage stellt „Was machen wir anders und warum?" – eine Frage, deren Beantwortung gründliches Nachdenken und Abwägen erfordert und an die Grundlagen kaufmännischen Handelns heranführt.

Besonders nützlich sind die Bücher bei verkürzter Ausbildungszeit, wenn die Erfüllung der Anforderungen des Ausbildungsplans aus zeitlichen und organisatorischen Gründen Schwierigkeiten bereitet und eine stärkere Mitarbeit des Auszubildenden erforderlich ist.

Die Buchreihe stellt darüberhinaus eine Form der überbetrieblichen Unterweisung dar, die die in vielen Betrieben bestehende Spezialisierung und Festlegung auf bestimmte Arbeitsmethoden ausgleicht und Lücken der eigenen Ausbildungsmöglichkeiten zu schließen hilft.

Handreichungen mit Lösungen für jeden Band sind separat erschienen. Sie enthalten nützliche Hinweise für den Ausbilder und die Auszubildenden, den Originaltext der DIHT-Empfehlungen sowie Lösungsvorschläge für die Arbeitsaufträge.

Die Autoren und der Verlag wünschen allen Lesern und Anwendern der Bücher eine erfolgreiche Arbeit und hoffen auf möglichst viele Anregungen und konstruktive Kritik zur praxisgerechten Weiterentwicklung des Werkes.

Die Herausgeber

Arbeiten mit diesem Buch

Bei der Entwicklung dieses Buches haben wir häufig über die zweckmäßigste Form der Darstellung des umfangreichen und vielseitigen Lernstoffes diskutiert. Ausschlaggebend für unsere Entscheidungen war schließlich immer die Überlegung, wie Sie als Auszubildender oder Umschüler bestmöglich zurechtkommen und welche Form Ihnen den größten Nutzen bringt. Dabei haben wir uns bemüht, sowohl Ihr Nahziel, ein möglichst gutes Abschneiden in der Prüfung, als auch die heutigen und künftigen Anforderungen der praktischen Berufsausübung zu berücksichtigen.

Aus diesen Überlegungen hat sich eine Konzeption entwickelt, die diesem Buch „Personalwesen", wie auch den anderen Bänden der Reihe, zugrunde liegt und die wir Ihnen nachstehend erläutern möchten:

Zur Gliederung des Buches

3.1 Organisation des Personalwesens

Die Hauptüberschriften entsprechen genau den Angaben im Berufsbild und den Hauptabschnitten des Ausbildungsrahmenplans.

> a) Aufgaben des Personalwesens beschreiben

In einem Rahmen steht das jeweilige Ausbildungsziel des Ausbildungsrahmenplans; es bezeichnet die Kenntnisse und Fertigkeiten, die jeweils erworben werden sollen.

... auf einen Blick
► **Personal im Industriebetrieb**
► **Aufgaben des Personalwesens**

Jedes Ausbildungsziel wird unter diesem Symbol stichwortartig beschrieben, um einen schnellen Überblick über den Umfang der Kenntnisse und Fertigkeiten zu ermöglichen.

1 Personal im Industriebetrieb

Unter **Personal** in einem Industriebetrieb versteht man die Gesamtheit aller beschäftigten Mitarbeiter, das sind die Angestellten, die Arbeiter, die zur Berufsausbildung . . .

Anschließend folgt der Sachtext, d.h. die ausführliche Darstellung des eigentlichen Ausbildungsinhaltes.

Arbeitsaufträge

Unter diesem Symbol folgen Arbeitsaufträge, die zu dem jeweiligen Ausbildungsziel gehören.

Zur praktischen Arbeit mit diesem Buch

Mit der Aushändigung des Buches werden Sie von Ihrem Ausbilder konkrete Anweisungen erhalten, wie Sie damit im Rahmen der Ausbildung in Ihrem Betrieb umgehen sollen. Ergänzend dazu oder ersatzweise möchten wir Ihnen einige Hinweise und Anregungen geben.

Der Sachtext (Ausbildungsinhalt) und die Arbeitsaufträge aus dem Buch sollten möglichst in Übereinstimmung mit der betrieblichen Tätigkeit bearbeitet werden.

Wenn Sie sich den Sachtext des Buches und die Arbeitsaufträge schon zu Beginn Ihrer Arbeit in der betreffenden Abteilung durchlesen, haben Sie von vornherein einen besseren Überblick, erkennen die Zusammenhänge leichter, können sachgerechte, gezielte Fragen stellen und rechtzeitig Material und Informationen für die Bearbeitung der Arbeitsaufträge sammeln.

Während Ihrer Tätigkeit arbeiten Sie die jeweils dazu gehörenden Textteile des Buches sorgfältig durch, um Ihr Wissen zu vertiefen und zu festigen. Klären Sie verbleibende Unklarheiten und Unsicherheiten durch Gespräche mit den Fachleuten in der Abteilung. Sobald Sie die erforderlichen Kenntnisse und Fertigkeiten besitzen, beginnen Sie mit der Bearbeitung der Arbeitsaufträge.

Die Arbeitsaufträge verwechseln Sie bitte nicht mit üblichen Kontrollfragen; sie enthalten zwar auch einfache Fragen, wichtig sind aber vor allem diejenigen Aufträge, die eine umfassende Darstellung eines Arbeitsganges oder -bereiches erfordern.

Hier kommt es u.a. darauf an, daß Sie die Abweichungen und Besonderheiten gegenüber der im Buchtext dargestellten allgemeinen Norm herausarbeiten und begründen. Ihr Ausbilder wird auch nichts gegen eine fundierte Kritik oder einen Verbesserungsvorschlag einwenden.

Diese Form der Bearbeitung erfordert gründliches Nachdenken und Abwägen. Sie entwickeln dabei Urteilsvermögen, Selbstkontrolle und die Fähigkeit, selbständig zu denken und zu handeln – Qualifikationen, die in Ihrem künftigen Berufsleben eine große Bedeutung haben werden.

Die Ausarbeitungen zu den Arbeitsaufträgen sollten Sie grundsätzlich vom Ausbilder bzw. dessen Beauftragten prüfen lassen, falls erforderlich berichtigen und in einem Ordner sammeln. Diese Sammlung stellt zusammen mit dem Inhalt des Buches eine ideale Grundlage für Wiederholungen und Ihre Prüfungsvorbereitung dar.

Zur Selbstkontrolle stehen Handreichungen mit Lösungen bzw. Lösungsvorschlägen zur Verfügung.

Wir hoffen und wünschen, daß Ihnen unsere Bücher helfen können, Ihre Ausbildungszeit in einem so interessanten und vielseitigen Beruf abwechslungsreich und erfolgreich zu gestalten.

Die Verfasser

Inhaltsverzeichnis

* Alle in dieser Größe und Schriftart gesetzten Überschriften sind mit den Positionen des Berufsbildes identisch, die auch der Gliederung des Ausbildungsrahmenplans zu Grunde liegen.

** Alle in dieser Größe und Schriftart gesetzten Überschriften entsprechen wörtlich den Kenntnissen und Fertigkeiten (Lernziele) des Ausbildungsrahmenplans.

3.3 Personalverwaltung

3.4 Berufsbildung im Ausbildungsbetrieb

3.6 Lohn- und Gehaltsabrechnung

Abgedruckte Gesetzestexte

Berufsbildungsgesetz (BBiG)

Betriebsverfassungsgesetz (BtrVG)

Gewerbeordnung (GeWO)

Jugendarbeitsschutzgesetz (JArbSchG)

Kündigungsschutzgesetz (KSchG)

3.1 Organisation des Personalwesens*

> a) Aufgaben und Bedeutung des Personalwesens beschreiben**

...auf einen Blick

► **Personal im Industriebetrieb**
  ▷ Angestellte
  ▷ Arbeiter
  ▷ Zur Berufsausbildung Beschäftigte
  ▷ Arbeitnehmerähnliche Mitarbeiter
  ▷ Teilzeitbeschäftigte und geringfügig Beschäftigte
► **Personalwesen im Industriebetrieb**
► **Aufgaben des Personalwesens**
  ▷ Personalplanung
  ▷ Personalbeschaffung
  ▷ Personalverwaltung
  ▷ Lohn- und Gehaltsabrechnung
  ▷ Planung des Personaleinsatzes
  ▷ Personalentwicklung
  ▷ Personalaus- und Personalfortbildung
  ▷ Sozialwesen
► **Bedeutung des Personalwesens**

1   Personal im Industriebetrieb

Unter **Personal** in einem Industriebetrieb versteht man die Gesamtheit aller beschäftigten Mitarbeiter, das sind die Angestellten, die Arbeiter, die zur Berufsausbildung Beschäftigten und arbeitnehmerähnliche Mitarbeiter. Darüber hinaus gehören in Einzelunternehmen sowie in Personengesellschaften die mitarbeitenden Eigentümer und deren mitarbeitende Familienangehörige ebenfalls zum Personal.

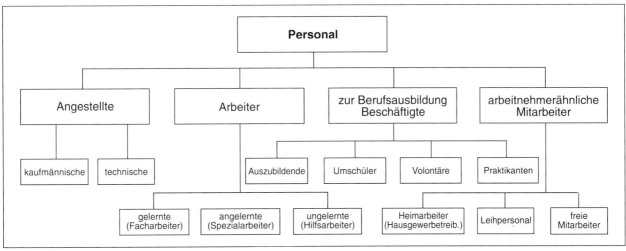

Abb. 1: Arten des Personals im Industriebetrieb

*   Alle in dieser Größe und Schriftart gesetzten Überschriften sind mit den Positionen des Berufsbildes identisch,
      die auch der Gliederung des Ausbildungsrahmenplans zu Grunde liegen.
**   Alle in dieser Größe und Schriftart gesetzten Überschriften entsprechen wörtlich den Kenntnissen und Fertigkeiten
      (Lernzielen) des Ausbildungsrahmenplans.

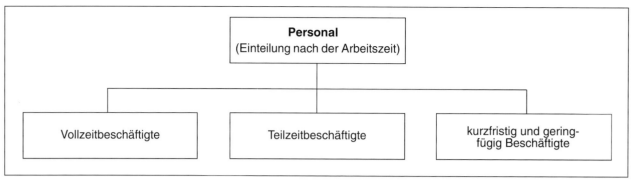

Abb. 2: Einteilung des Personals nach der Arbeitszeit

1.1 Angestellte

Angestellte sind Mitarbeiter, die überwiegend geistige Arbeit leisten. Sie sind in der Bundesanstalt für Arbeit (BfA) rentenversichert. Je nach ihrer überwiegenden Arbeitsaufgabe unterscheidet man **kaufmännische und technische Angestellte.**

▷ **Leitende Angestellte** sind Mitarbeiter, die unternehmens- oder betriebsleitende Aufgaben wahrnehmen. Aufgrund ihrer besonderen Funktionen befinden sie sich in einem besonderen Interessengegensatz zu den übrigen Angestellten und Arbeitern. Als leitender Angestellter wird im allgemeinen angesehen, wer Arbeitgeberfunktion ausübt, d. h. im wesentlichen selbständig und verantwortlich den Betrieb, einen bedeutenden Betriebsteil oder einen wesentlichen Aufgabenbereich leitet (vgl. § 5, 3 BetrVG).

▷ **Tarifliche Angestellte** sind solche Mitarbeiter, für die arbeitsrechtlich der jeweilige Tarifvertrag maßgeblich ist.

▷ **Außertarifliche Angestellte**
(AT-Angestellte) sind solche Angestellte, für die arbeitsrechtlich der Tarifvertrag nicht gilt, sie schließen mit dem Arbeitgeber Einzelarbeitsverträge ab.

1.2 Arbeiter

Arbeiter sind Mitarbeiter, die überwiegend körperliche Arbeit leisten. Sie sind in der Landesversicherungsanstalt (LVA) rentenversichert.

Je nach dem Ausbildungsstand unterscheidet man **ungelernte Arbeiter** (Hilfsarbeiter), **angelernte Arbeiter** (Spezialarbeiter) und **gelernte Arbeiter** (Facharbeiter).

Die Abgrenzung der Angestellten von den Arbeitern wird in der Praxis häufig durchbrochen. So gilt die Tätigkeit im Büro allgemein als Angestelltentätigkeit, obwohl sie vielfach rein manuell und mechanisch ist. Umgekehrt werden wegen der fortschreitenden technischen Entwicklung an viele Facharbeiter erhebliche geistige Anforderungen gestellt, ohne daß sie damit zu Angestellten werden.

1.3 Zur Berufsausbildung Beschäftigte

Um gut ausgebildete Mitarbeiter zu erhalten, bieten die Betriebe dem Nachwuchs verschiedene Ausbildungsmöglichkeiten an. Als Methode steht bei der betrieblichen Berufsausbildung überwiegend das Lernen durch mitmachen (learning by doing) im Vordergrund.

▷ **Auszubildende** sind Mitarbeiter, die mit dem Unternehmer (Ausbildenden) einen Ausbildungsvertrag abgeschlossen haben. Es gibt kaufmännische und gewerbliche Auszubildende.

▷ **Umschüler** sind Mitarbeiter, die mit dem Ziel beschäftigt werden, diese zu einer anderen beruflichen Tätigkeit zu befähigen oder ihre berufliche Beweglichkeit zu sichern bzw. zu verbessern. Die Bundesanstalt für Arbeit (BfA) kann Arbeitgebern für Umschüler Zuschüsse gewähren, wenn diese eine volle Leistung am Arbeitsplatz erst nach einer Einarbeitungszeit erreichen können.

▷ **Volontäre** sind Mitarbeiter, denen nur eine punktuelle betriebliche Ausbildung geboten wird. Diese steht nicht in unmittelbarem Zusammenhang mit einer externen schulischen Ausbildung.

▷ **Praktikanten** sind Mitarbeiter, denen nur eine punktuelle betriebliche Ausbildung geboten wird. Diese steht allerdings im Zusammenhang mit einer schulischen oder akademischen Ausbildung.

1.4 Arbeitnehmerähnliche Mitarbeiter

Zu den arbeitnehmerähnlichen Mitarbeitern eines Betriebs gehören u. a. Heimarbeiter, Hausgewerbetreibende, Leihpersonal und Freie Mitarbeiter.

▷ **Heimarbeiter** ist, wer in selbstgewählter Arbeitsstätte allein oder mit Familienangehörigen Arbeiten für Auftraggeber ausführt.

▷ **Hausgewerbetreibender** ist, wer in eigener Wohnung oder in eigener Arbeitsstätte mit nicht mehr als zwei fremden Hilfskräften oder Heimarbeitern Arbeiten für Auftraggeber ausführt, wobei er selbst wesentlich mitarbeitet.

▷ Zum **Leihpersonal** gehören Mitarbeiter, die ein Arbeitgeber von einem anderen Arbeitgeber „ausleiht".

▷ **Freie Mitarbeiter** sind Personen, die Arbeit für den Industriebetrieb leisten, ohne Arbeitnehmer zu sein. Sie schließen einen Dienstvertrag und keinen Arbeitsvertrag ab, versteuern ihr Arbeitsentgelt (Honorar) selbst, zahlen folglich keine Lohnsteuer, sondern Einkommensteuer und unterliegen auch keinem Sozialversicherungsschutz: Sie tragen also das Krankheits-, Alters- und Arbeitslosenrisiko selbst. Freie Mitarbeiter unterliegen auch nicht dem Sozialschutz (z.B. Kündigungsschutz). Als freie Mitarbeiter werden z.B. eingestellt: Aushilfskräfte, in der Aus- und Fortbildung tätige Lehrkräfte, Buchhalter, Berater usw.

1.5 Teilzeitbeschäftigte und geringfügig Beschäftigte

Hinsichtlich der geleisteten Arbeitszeit unterscheidet man Vollzeit-, Teilzeit- und geringfügig Beschäftigte.

▷ **Vollzeitbeschäftigte** sind Mitarbeiter, die die tarifvertragliche Arbeitszeit leisten.

▷ **Teilzeitbeschäftigte** sind Mitarbeiter, die mit dem Arbeitgeber eine kürzere Arbeitszeit als die vergleichbarer Vollzeitbeschäftigter vereinbart haben.

▷ **Kurzfristig-**und **geringfügig Beschäftigte** sind Mitarbeiter, die nur gelegentlich arbeiten bzw. befristete Arbeitsverträge besitzen. Sie müssen besondere Voraussetzungen erfüllen, z.B. dürfen ihr monatliches (wöchentliches, tägliches) Arbeitsentgelt und ihre Arbeitszeit bestimmte Grenzen nicht überschreiten.

Das **Lohnsteuerrecht** gesteht dem Arbeitgeber unter diesen Umständen das Recht zu, die Lohn- und Kirchensteuer mit einem pauschalen Steuersatz zu berechnen und an das Finanzamt abzuführen, ohne daß eine Lohnsteuerkarte vorgelegt werden muß (Lohnsteuerpauschalierung). Dem Arbeitnehmer wird daher keine Lohnsteuer abgezogen.

Das **Sozialversicherungrecht** stellt diese Beschäftigten sozialversicherungsfrei, so daß keine Sozialversicherungsbeiträge abgeführt werden müssen.

Um den Mißbrauch dieser Regelung zu unterbinden, müssen derartige Arbeitnehmer mit Angabe der Versicherungsnummer oder des Geburtsdatums der AOK gemeldet werden, die prüft, ob der betreffende Arbeitnehmer mehrere kurzfristige oder geringfügige Arbeitsverhältnisse gleichzeitig eingegangen ist und die Gesamtbezüge die Höchstgrenzen übersteigen. Sollte das der Fall sein, so müssen Sozialversicherungsbeiträge und Lohnsteuer nachentrichtet werden, wofür zunächst der Arbeitgeber herangezogen wird. Vor Einstellung sollte sich der Arbeitgeber daher eine Erklärung unterschreiben lassen, daß kein weiteres geringfügig entlohntes und abgabenfreies Arbeitsverhältnis vorliegt.

2 Personalwesen im Industriebetrieb

Unter Personalwesen (Personalwirtschaft) versteht man die Summe aller Vorgänge und Maßnahmen, die sich mit den Mitarbeitern (Arbeitnehmern) des Industriebetriebes von der Einstellung, über den Einsatz und die Betreuung bis zur Beendigung des Arbeitsverhältnisses befassen. Das Personalwesen ist seit dem Zweiten Weltkrieg durch einen auffälligen Wandel ihrer Entwicklung gekennzeichnet. Bestand früher das betriebliche Personalwesen überwiegend aus verwaltungsmäßiger Tätigkeit, so wird es heute unter den folgenden drei Gesichtspunkten betrachtet:

– unter dem Gesichtspunkt der betrieblichen Aufgabenstellung (Fortbildung),

– unter menschlich-sozialen Gesichtspunkten und

– unter rechtlichen Gesichtspunkten.

Im Mittelpunkt des Personalwesens steht heute immer der Mensch, der im Betrieb in rechtlich geordneter Weise seine Arbeit gemeinsam mit anderen Mitarbeitern leistet.

3 Aufgaben des Personalwesens

Die Aufgaben sowie die Bedeutung des Personalwesens haben sich in den letzten Jahrzehnten entscheidend verändert.

Früher bestanden die Aufgaben der Personalabteilung hauptsächlich darin, Personalakten zu verwalten sowie die wöchentlichen Lohnabrechnungen für Arbeiter und die monatlichen Gehaltszahlungen für Angestellte durchzuführen sowie die Arbeitsentgelte in Lohn- und Gehaltstüten bar auszuzahlen. Zudem war die Personalabteilung weniger mit der Personaleinstellung belastet, da diese zumeist von den Inhabern oder Geschäftsführern oder in deren Auftrag z.B. vom Meister vorgenommen wurde. Im Laufe der Zeit wurden jedoch auch solche Aufgaben immer mehr der Personalabteilung übertragen.

Heute übernehmen Personalabteilungen erheblich darüber hinausgehende Aufgaben.

▷ Die **Personalplanung** plant nicht nur den quantitativen Personalbedarf (Wieviel Mitarbeiter werden benötigt?), sondern auch den qualitativen Personalbedarf (Welche Anforderungen müssen die einzelnen Mitarbeiter erfüllen?).

▷ Die **Personalbeschaffung** stellt die erforderlichen Arbeitskräfte, und zwar in der benötigten Anzahl, mit den geeigneten Qualifikationen, zum richtigen Zeitpunkt für den jeweils geplanten Einsatzort bereit.

▷ Die **Personalverwaltung** führt die Personalakten und übt alle arbeitsrechtlich und organisatorisch notwendigen Tätigkeiten aus, die insbesondere im Zusammenhang mit der Einstellung, Entlassung und Versetzung, der Beurteilung, Höhergruppierungen und Beförderung der Mitarbeiter verbunden sind.

▷ Die **Lohn- und Gehaltsabrechnung**.

▷ Zur **Planung des Personaleinsatzes** gehören vor allem die Planung der Vertretungen bei Krankheit oder Urlaub von Mitarbeitern, aber auch das Erstellen von Versetzungsplänen, Stellenbeschreibungen und Arbeitsplatzbewertungen.

▷ Die **Personalentwicklung** betreut das betriebliche Vorschlagswesen sowie das Beurteilungswesen.

▷ Das **Personalberichtswesen** erstellt vielfältige Personalstatistiken, ermittelt die Veränderungen der Personalstruktur und der Personalkosten; darüber hinaus wird in regelmäßigen Abständen über die Entwicklungen des Arbeitsmarktes berichtet.

▷ Die **Personalführung** hat die Aufgabe, die Mitarbeiter zur Erledigung der täglichen Arbeiten zu motivieren. Dabei sollten die Persönlichkeitsmerkmale des einzelnen Mitarbeiters berücksichtigt werden, um eine möglichst große Harmonie zwischen der betrieblichen Aufgabenstellung und den persönlichen Bedürfnissen zu erreichen. Das Betriebsklima ist der äußere Ausdruck einer richtigen Personalführung.

▷ Die **Personalaus- und Personalfortbildung** kümmert sich um die Ausbildung des Nachwuchses, aber auch um die Schulung von Mitarbeitern.

▷ Das **Sozialwesen** befaßt sich mit der **Personalbetreuung**. So betreut es z.B. die sozialen Einrichtungen wie die Kantine oder den Werksverkauf; es unterbreitet Angebote zur Freizeitgestaltung (z. B. durch Sporteinrichtungen), kümmert sich um die Gesundheit der Mitarbeiter (z.B. durch einen Werksarzt) und vermittelt unter Umständen Werkswohnungen; nicht zuletzt bietet das Sozialwesen über die gesetzlichen Sozialversicherungen hinausgehende Leistungen wie Betriebsrenten oder zusätzliche Unfallversicherungen an.

Diese vielfältigen Aufgaben der Personalabteilungen machen heute eine Spezialisierung der dort beschäftigten Mitarbeiter erforderlich, um die teils schwierigen rechtlichen und betriebswirtschaftlichen Probleme mit Sachverstand lösen zu können. Wegen der Aufgabenfülle des heutigen Personalwesens ist ein **Personalmanagement** erforderlich, um alle Maßnahmen im Rahmen des Personalwesens zu koordinieren.

4 Bedeutung des Personalwesens

Die Bedeutung des Personalwesens ist auf Grund seiner stark erweiterten Aufgaben erheblich gestiegen. Gleichzeitig hat sich das Personalwesen auch den gesellschaftlichen Veränderungen angepaßt; insbesondere haben sich die in der Gesellschaft vollzogenen Demokratisierungsentwicklungen (Betriebsrat, Mitbestimmung, Selbstverantwortung der Mitarbeiter) auch in starkem Maße ausgedehnt. Im Zuge dieser Entwicklung gilt es heute als gute Personalpolitik, die Mitarbeiter aus der Rolle des bloßen Untergebenen zum mitentscheidenden, möglichst selbständig handelnden Arbeitnehmer zu führen.

Arbeitsaufträge

1. Aus welcher Art von Mitarbeitern setzt sich das Personal Ihres Ausbildungsbetriebes zusammen?

2. Wodurch unterscheiden sich Angestellte und Arbeiter voneinander?

3. Wählen Sie zwei leitende Angestellte Ihres Ausbildungsbetriebes aus, und beschreiben Sie, welche Aufgaben diese erfüllen.

4. Was versteht man unter einem AT-Angestellten?

5. Vergleichen Sie hinsichtlich ihrer Ausbildung einen Auszubildenden und einen Anlernling miteinander.

6. Wodurch unterscheiden sich hinsichtlich ihrer Ausbildung Volontäre und Praktikanten voneinander?

7. Begründen Sie, warum in Ihrem Ausbildungsbetrieb Heimarbeiter beschäftigt werden oder warum in Ihrem Ausbildungsbetrieb die Beschäftigung von Heimarbeitern nicht möglich oder sinnvoll ist.

8. Was versteht man unter einem teilzeitbeschäftigten Mitarbeiter?

9. Welche Probleme können für Ihren Ausbildungsbetrieb eventuell entstehen, wenn er Teilzeitkräfte beschäftigt?

10. Welche Aufgaben erfüllt heute das Personalwesen im allgemeinen?

11. Welche Aufgaben erfüllt das Personalwesen in Ihrem Ausbildungsbetrieb?

12. Welche Aufgaben hat die Personalplanung zu erfüllen?

13. Welche Aufgaben erfüllt die Personalverwaltung Ihres Ausbildungsbetriebes?

14. Welche Sozialeinrichtungen unterhält Ihr Ausbildungsbetrieb?

15. Informieren Sie sich über die Höhe der Personal- und Personalnebenkosten in Ihrem Ausbildungsbetrieb, und drücken Sie die Personalnebenkosten in Prozenten der Personalkosten aus.

16. Beschreiben Sie die Aufgaben des Personalberichtswesens in Ihrem Ausbildungsbetrieb.

17. Beschreiben Sie die Aufgaben der Personalführung.

18. Warum benötigt das Personalwesen ein Personalmanagement?

---

b) Organisatorischen Aufbau des Personalwesens im Ausbildungsbetrieb beschreiben

... auf einen Blick

Organisatorischer Aufbau des Personalwesens
► in **Kleinst-** und **Kleinbetrieben**   bis etwa   100 Mitarbeiter,
► in **mittelgroßen Betrieben**   bis etwa 1000 Mitarbeiter,
► in **Großbetrieben**   ab etwa 1000 Mitarbeiter.

Der organisatorische Aufbau der Personalabteilung wird in den einzelnen Industriebetrieben insbesondere sowohl durch die Gesamtzahl der beschäftigten Mitarbeiter als auch durch die Art der jeweils Beschäftigten (Angestellte und Arbeiter; gelernte und ungelernte Mitarbeiter; Vollzeit- und Teilzeitkräfte; Männer und Frauen; In- oder Ausländer usw.) bestimmt.

1 Organisatorischer Aufbau des Personalwesens in Kleinst- und Kleinbetrieben

In **Kleinstbetrieben bis etwa 10 Mitarbeiter** regelt der Inhaber die wichtigsten Personalangelegenheiten, vor allem Einstellungen, Versetzungen und Entlassungen – wie auch in früheren Zeiten – selbst; ebenso gehört die Lohn- und Gehaltsabrechnung sowie die Führung der Personalakten in solchen Kleinstbetrieben meistens zum **Aufgabengebiet des Eigentümers**, eventuell zu dem des Buchhalters oder Steuerberaters.

In **Kleinbetrieben bis etwa 100 Mitarbeiter** gibt es zumeist eine **Personalstelle** mit einem qualifizierten Personalsachbearbeiter und gegebenenfalls ein bis zwei Mitarbeitern für die Lohn- und Gehaltsabrechnung sowie für die Arbeiten im Zusammenhang mit der Personalverwaltung.

2 Organisatorischer Aufbau des Personalwesens in mittelgroßen Betrieben

In mittelgroßen Betrieben oder selbständigen Zweigwerken größerer Unternehmen bis etwa 1000 Mitarbeiter müssen neben den üblichen Tätigkeiten der Personalverwaltung und der Lohnabrechnung je nach Personalbestand und Personalbedarf in verstärktem Maße zusätzliche Planungsaufgaben bezüglich Auswahl, Beförderung, Versetzung, Aus- und Weiterbildung usw. erledigt werden. Zudem muß eine Vielzahl von rechtlichen Problemen, z.B. Verhandlungen mit dem Betriebsrat, gelöst werden. Mit diesen vielfältigen Aufgaben ist eine Personalstelle überfordert; in Mittelbetrieben wird deshalb eine **Personalabteilung** mit einem kompetenten und verantwortlichen Personalleiter eingerichtet. Diesem Personalleiter unterstehen, je nach Größe des Unternehmens, mehrere Sachbearbeiter für die einzelnen Aufgabengebiete.

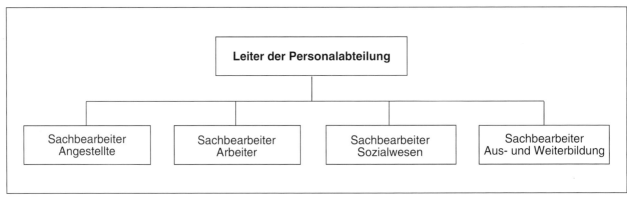

Abb. 3: Organisation des Personalwesens in mittelgroßen Industriebetrieben bis ca. 1000 Mitarbeiter

3 Organisatorischer Aufbau des Personalwesens in Großbetrieben

In **Großbetrieben** ab etwa 1 000 Mitarbeiter ist eine Hauptabteilung unter dem Organisationsbegriff **Personalwesen** für die umfangreichen Personalarbeiten zuständig. Der Hauptabteilungsleiter (Personaldirektor, Arbeitsdirektor) ist für die Koordination innerhalb der Hauptabteilung sowie die mit den anderen Abteilungen zur Erforschung und Verwertung neuer Erkenntnisse im Personalbereich und der Durchsetzung der personellen Belange in der Unternehmenspolitik verantwortlich.

Die Hauptabteilung Personalwesen gliedert sich im allgemeinen in

▷ **Leitung des Personalwesens** (Hauptabteilungsleiter);

▷ **Stabsstellen**; das sind zumeist einzelne Mitarbeiter, die in direkter Zusammenarbeit mit dem Hauptabteilungsleiter für einzelne Forschungsprojekte und statistische Auswertungen, also mehr wissenschaftliche Arbeiten, im Fachbereich Personalwesen eingesetzt werden;

▷ **Unterabteilungen**; diese bestehen zumeist aus mehreren Mitarbeitern, die von einem Abteilungsleiter geführt werden, der wiederum dem Hauptabteilungsleiter verantwortlich ist. Jede dieser Unterabteilungen hat in der praktischen Personalarbeit ein spezielles Aufgabengebiet.

Diese Untergliederung hat den Vorteil, daß

▷ die Gleichbehandlung aller Mitarbeitergruppen sichergestellt ist und

▷ die berufliche Entwicklung der einzelnen Mitarbeiter gezielt geplant und kontrolliert werden kann, wodurch

▷ eine bessere Steuerung der gesamten kurz- und langfristigen Personalplanung erreicht wird.

Die **Mitwirkung der Geschäftsleitung** im Personalwesen beschränkt sich zumeist nur noch auf die Auswahl bzw. Zustimmung bei der Einstellung von Führungspersonal und in der übrigen Personalarbeit auf Grundsatzentscheidungen wie der kurz- und langfristigen Personalpolitik sowie der Festlegung des Personaletats (Finanzvolumen). Im übrigen trägt der regelmäßige und enge Kontakt zwischen der Geschäfts- und Personalleitung dazu bei, daß durch richtige Entscheidungen ein reibungsloser Geschäftsablauf gewährleistet wird. Alle übrigen, durch den täglichen Arbeitsablauf entstehenden Entscheidungen, müssen in dem durch den betrieblichen Organisationsplan vorgegebenen Rahmen von der Personalleitung bzw. den mit den entsprechenden Kompetenzen ausgestatteten Unterabteilungsleitern oder Sachbearbeitern selbst getroffen werden. Der Leiter des Personalwesens ist in der überwiegenden Zahl der Unternehmen Mitglied der Geschäftsleitung oder in der zweiten Führungsebene unmittelbar dem Leiter der kaufmännischen Verwaltung unterstellt.

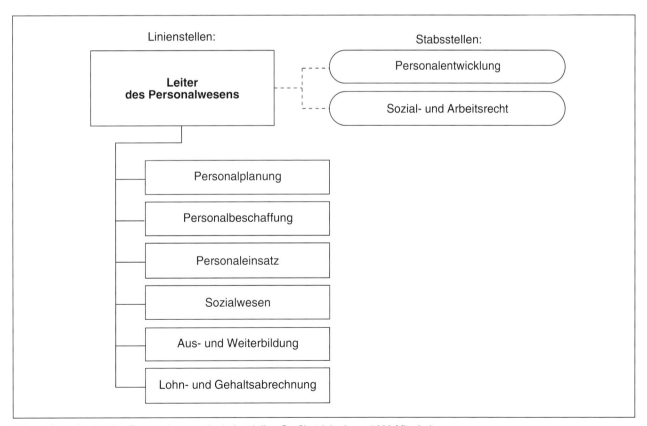

Abb. 4: Organisation des Personalwesens im industriellen Großbetrieb ab ca. 1000 Mitarbeitern

Arbeitsaufträge

1. Erstellen Sie in der oben gezeichneten Art eine Graphik, die den organisatorischen Aufbau des Personalwesens in Ihrem Ausbildungsbetrieb zeigt.

2. Welche Arbeiten sind in der Personalverwaltung Ihres Ausbildungsbetriebes im allgemeinen zu erledigen?

3. Was versteht man im Personalwesen unter Personalentwicklung?

4. Um welche Angelegenheiten kümmert sich das Sozialwesen in Ihrem Ausbildungsbetrieb?

5. Beschreiben Sie die hierarchischen Ebenen der Abteilung Personalwesen in Ihrem Ausbildungsbetrieb.

6. Welche Stabstellen gibt es im Personalwesen Ihres Ausbildungsbetriebes? Begründen Sie, warum eine Stabsstelle im Personalwesen eingerichtet ist?

7. Welche Vor- und Nachteile bietet die Einlinienorganisation im Personalwesen?

8. Für welche Funktionen, für welche Mitarbeiter werden innerbetriebliche bzw. außerbetriebliche Fortbildungsmaßnahmen (Weiterbildungsmaßnahmen) in Ihrem Ausbildungsbetrieb angeboten?

c) Stellung des Personalwesens in der Organisation des Ausbildungsbetriebes und die Zusammenarbeit mit anderen Funktionsbereichen sowie mit den betriebsverfassungsrechtlichen Organen beschreiben

... auf einen Blick

▶ **Stellung des Menschen im Betrieb**

▶ **Stellung des Personalwesens in der Organisation des Industriebetriebes in...**
  ▷ Kleinbetrieben
  ▷ mittelgroßen Betrieben
  ▷ Großbetrieben

▶ **Zusammenarbeit des Personalwesens mit den anderen Abteilungen sowie mit dem Betriebsrat**

▶ **Zusammenarbeit des Personalwesens mit den betriebsverfassungsrechtlichen Organen**
  ▷ Betriebsrat
  ▷ Betriebsversammlung
  ▷ Jugend- und Auszubildendenvertretung sowie Jugend- und Auszubildendenversammlung
  ▷ Wirtschaftsausschuß
  ▷ Einigungsstelle
  ▷ Sprecherausschuß

1   Stellung des Menschen im Betrieb

In allen Betrieben steht der Mensch im Mittelpunkt der Leistungserstellung und dies auch in solchen Betrieben, deren Arbeitsprozesse weitgehend automatisiert sind; ohne sein denkendes und handelndes Zutun geschieht nichts. Dieser zentralen Bedeutung des Menschen im Betrieb entspricht auch die zentrale Stellung des Personalwesens. Bei unternehmerischen Entscheidungen wird daher den Personalproblemen mindestens die gleiche Bedeutung beigemessen wie beispielsweise den Problemen der Produktion, der Produktentwicklung, des Ein- und Verkaufs oder des Rechnungswesens. Die Personalabteilung ist für die Mitarbeiter des gesamten Unternehmens zuständig. Aus dieser Aufgabenstellung ergibt sich, daß diese hinsichtlich der Personalprobleme den anderen Abteilungen übergeordnet und überwiegend nur der Geschäftsleitung gegenüber verantwortlich ist.

2   Stellung des Personalwesens in der Organisation des Industriebetriebes

Das Personalwesen ist ein Leistungsbereich im Industriebetrieb, der die personellen Voraussetzungen dafür schafft, daß ein reibungsloser Betriebsablauf gewährleistet ist. Aus dieser Aufgabe ergibt sich seine Stellung in der Organisation des Gesamtbetriebes. Sie wird überwiegend von der Anzahl der Mitarbeiter bestimmt, die in einem Betrieb beschäftigt sind. Die nachfolgenden Abbildungen zeigen die unterschiedlichen Zuordnungen der Personalabteilung beziehungsweise des Personalwesens jeweils in Abhängigkeit von der Zahl der Mitarbeiter.

2.1 Stellung des Personalwesens in der Organisation von Kleinbetrieben

In Betrieben, die etwa bis zu 100 Mitarbeitern beschäftigen, werden die Personalentscheidungen weitgehend vom Inhaber bzw. Geschäftsführer getroffen, zumindest jedoch grundlegend beeinflußt. Die Personalverwaltungsaufgaben werden von Sachbearbeitern erledigt. Im einzelnen gilt:

▷ Der Inhaber bzw. Geschäftsführer entscheidet über die Einstellung und Entlassung des Betriebsleiters, der Meister und des kaufmännischen Personals.

▷ Der Betriebsleiter bzw. die Meister entscheiden über die Einstellung und Entlassung der gewerblichen Mitarbeiter.

▷ Alle übrigen verwaltungsmäßig und arbeitsrechtlich erforderlichen Tätigkeiten bei Einstellungen und Entlassungen werden von einem kaufmännischen Sachbearbeiter abgewickelt.

▷ Die Personalverwaltung sowie die Gehaltsabrechnung werden wegen der besonderen Vertraulichkeit zumeist vom Buchhalter übernommen oder außer Haus gegeben.

▷ Die Lohnabrechnungen werden wegen der meist bedeutend größeren Anzahl gewerblicher Mitarbeiter von einem kaufmännischen Sachbearbeiter miterledigt oder außer Haus erledigt.

▷ Ehrenamtliche Betriebsräte werden von ihrer beruflichen Tätigkeit in dem Umfang befreit, der zur ordnungsgemäßen Durchführung der Betriebsratstätigkeit erforderlich ist (vgl. Arbeitsversäumnis gemäß § 37 BetrVG).

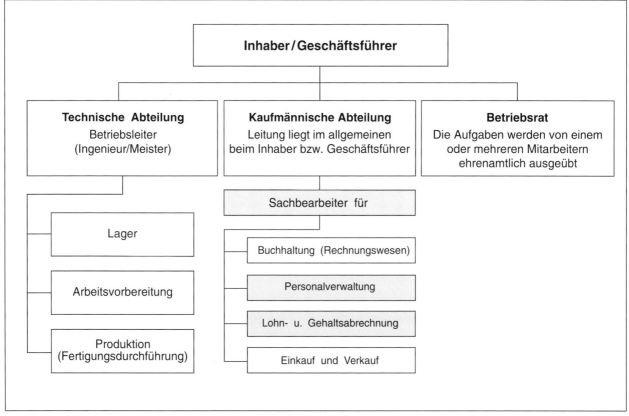

Abb. 5: Stellung des Personalwesens im Industriebetrieb bis zu etwa 100 Mitarbeitern

2.2 Stellung des Personalwesens in der Organisation von mittelgroßen Betrieben

In Betrieben, die bis zu 1000 Mitarbeiter beschäftigen, werden die Personalentscheidungen vom Inhaber bzw. Geschäftsführer nur noch hinsichtlich der Führungskräfte getroffen; alle anderen Personalentscheidungen sowie die Personalverwaltung übernimmt eine Personalabteilung mit einem Personalleiter als Abteilungsleiter an der Spitze. Im einzelnen gilt:

▷ Die Personalabteilung sowie die Lohn- und Gehaltsabrechnung sind dem kaufmännischen Leiter unterstellt.

▷ Die Entscheidung über die Einstellung und Entlassung der Führungskräfte bleibt jedoch dem Inhaber bzw. Geschäftsführer vorbehalten.

▷ Die technischen und kaufmännischen Abteilungen melden ihren Personalbedarf der Personalabteilung. Die Personalabteilung prüft die Notwendigkeit der Einstellung bzw. Entlassung und entscheidet darüber. Auch die übrigen verwaltungsmäßigen und arbeitsrechtlichen Abwicklungsarbeiten werden von der Personalabteilung ausgeführt.

▷ Hauptamtliche Betriebsräte sind in größeren Betrieben erforderlich, weil die ordnungsgemäße Durchführung ihrer Betriebsratstätigkeit die Ausführung der eigentlichen beruflichen Tätigkeit nicht mehr ermöglicht (vgl. Freistellungen gemäß § 38 BetrVG).

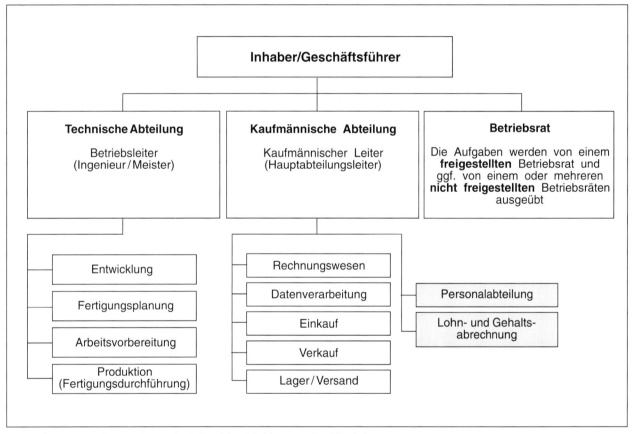

Abb. 6: Stellung des Personalwesen im Industriebetrieb bis etwa 1000 Mitarbeiter

2.3　Stellung des Personalwesens in der Organisation von Großbetrieben

In Betrieben, die mehr als 1000 Mitarbeiter beschäftigen, ist für alle Personalangelegenheiten das **Personalwesen** zuständig. Das Personalwesen ist eine selbständige, nur noch der Geschäftsführung verantwortliche Hauptabteilung. Der Leiter des Personalwesens legt die Richtlinien der Personalpolitik fest, die vielfältigen planerischen, organisatorischen und verwaltenden Tätigkeiten werden von einzelnen Abteilungen erledigt. Im einzelnen gilt:

▷ Der Leiter des Personalwesens ist Direktor oder Vorstandsmitglied. Zu seinen Aufgaben gehört vor allem die Koordination aller für die verschiedenen Personalaufgaben eingerichteten Abteilungen.

▷ Es sind Abteilungen eingerichtet, die es bei kleineren Betrieben nicht gibt wie Personalplanung, Sozialwesen oder Aus- und Weiterbildung. Was in kleineren Betrieben von verschiedenen Sachbearbeitern (z.B. Buchhalter oder Sekretärin) miterledigt wird, wird im Großbetrieb von mehreren Abteilungen mit vielen Mitarbeitern unter der Leitung eines Abteilungs- oder Gruppenleiters bewältigt.

▷ Die Zahl der freigestellten Betriebsräte steigt mit der Anzahl der Beschäftigten (vgl. § 38 BetrVG).

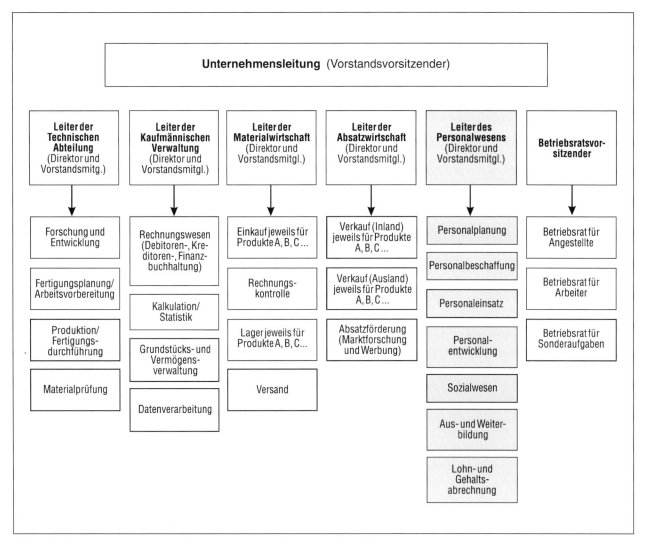

Abb. 7: Stellung des Personalwesens im Industriebetrieb mit mehr als 1000 Mitarbeitern

3 Zusammenarbeit des Personalwesens mit den anderen Abteilungen sowie mit dem Betriebsrat

Die Zusammenarbeit des Personalwesens mit allen anderen Abteilungen sowie mit dem Betriebsrat ist verständlicherweise nicht nur sehr bedeutungsvoll, sondern auch sehr vielfältig. Die nachfolgende Grafik sowie die Erläuterungen sollen dies verdeutlichen:

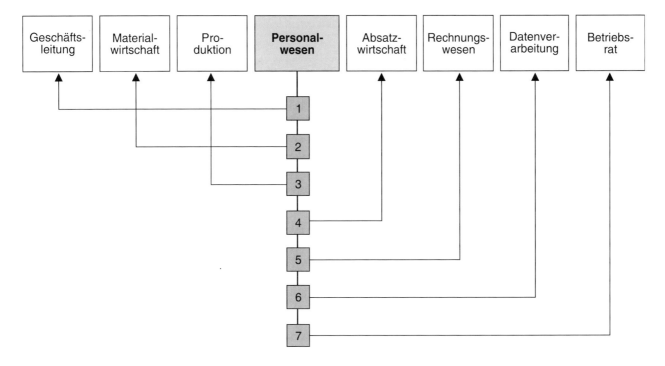

1   Zusammenarbeit des Personalwesens mit der Geschäftsleitung:

Abstimmung im Rahmen der unternehmerischen Zielsetzung z.B. über.

– die langfristige Personalplanung und Personalentwicklung;

– die langfristige Personalkostenplanung (Budgetplanung);

– die Festlegung der Abteilungsetats;

– die kurz- und langfristige Arbeitsmarktanalyse;

– wichtige Änderungen bzw. Neuerungen im Bereich der Wirtschaftsgesetzgebung und anderer das Personal- und Sozialwesen betreffende Vorschriften;

– Auflagen der Berufsgenossenschaft oder der staatlichen Gewerbeaufsicht, die zu größeren Investitionen führen, z.B. neue Sicherheits-, Immisions- oder Abfallbeseitigungsbestimmungen;

– die Einstellungen, Versetzungen und Entlassungen von Führungskräften;

– den Verhandlungsspielraum bei der Festlegung von Abfindungen.

| 2 | bis | 6 | Zusammenarbeit des Personalwesens mit Materialwirtschaft, Produktion, Absatzwirtschaft, Rechnungswesen und Datenverarbeitung:

Abstimmung z.B. über

- den kurz- und langfristigen Personalbedarf der einzelnen Abteilungen;

- Personalanforderungen für freie oder freiwerdende Arbeitsplätze;

- Auswahl von neuen Mitarbeitern, insbesondere derjenigen, die über „besondere" Fach- bzw. Spezialkenntnisse verfügen müssen;

- Arbeitsplatzbeschreibungen zur lohn- bzw. gehaltsmäßigen Einstufung der Mitarbeiter;

- Personalbeurteilungen, außertarifliche Gehalts- bzw. Lohnanhebungen, Beförderungen, Versetzungen;

- Einstellungen, Versetzungen und Entlassungen von Mitarbeitern, Zeugniserteilungen, Belobigungen bei Jubiläen usw.;

- Krankmeldungen, Unfallmeldungen, Anwesenheitslisten oder Stechkarten;

- Mitarbeiterbeförderungen, Fort- und Weiterbildung, Zuweisung von Auszubildenden, Überwachung der Einhaltung der Ausbildungspläne.

| 7 | Zusammenarbeit des Personalwesens mit dem Betriebsrat:

Abstimmung bzw. Beratung z.B. über

- Einstellungen, Versetzungen, Beförderungen und Entlassungen von Mitarbeitern;

- die Einhaltung der Lohn- und Gehaltsstruktur;

- die Festsetzung von Akkord- und Prämiensätzen;

- die Einführung und Einhaltung zusätzlicher betriebsinterner Sozialleistungen wie Urlaubsgeld, Altersversorgung, Jubiläen usw.;

- Arbeitszeiten, Überstundenregelungen und Kurzarbeit;

- Sicherheitsvorschriften, Gesundheitswesen;

- Angelegenheiten der Werkskantine;

- Beihilfe für einzelne Mitarbeiter in Sozialfällen;

- Einführung und Durchführung von Weiterbildungsmöglichkeiten.

4 Zusammenarbeit des Personalwesens mit den betriebsverfassungsrechtlichen Organen

Die Sozialpartnerschaft zwischen den Unternehmern bzw. der Unternehmensleitung einerseits und den Arbeitnehmern andererseits setzt eine mit genügend Rechten und Pflichten ausgestattete Vertretung der Arbeitnehmerschaft voraus. Für die Arbeiter und Angestellten bildet das Betriebsverfassungsgesetz (BetrVG) von 1972 und für die leitenden Angestellten das Sprecherausschußgesetz (SprAuG) von 1988 die Grundlage der Arbeitnehmervertretung. Nach dem BetrVG ist der **Betriebsrat** das wichtigste Organ. Weitere betriebsverfassungsrechtliche Organe sind die Betriebsversammlung, die Jugend- und Auszubildendenvertretung, die Jugend- und Auszubildendenversammlung, der Wirtschaftsausschuß sowie die Einigungsstelle.

Das Organ der leitenden Angestellten ist nach dem SprAuG der Sprecherausschuß.

4.1 Betriebsrat

Der Betriebsrat kann in allen Betrieben mit mindestens 5 ständigen wahlberechtigten Arbeitnehmern, von denen drei wählbar sind, in geheimer und unmittelbarer Wahl für die Amtszeit von 4 Jahren gewählt werden. Es besteht kein Zwang zur Wahl eines Betriebsrates. In der Mehrzahl der Betriebe haben die Arbeitnehmer jedoch einen Betriebsrat gewählt, um die im BetrVG vorgesehenen Rechte wahrnehmen und dadurch auf das betriebliche Geschehen Einfluß nehmen können. Die Wahlberechtigung und die Wählbarkeit zum Betriebsrat sind aus den § 7 und § 8, die Zahl der Betriebsratsmitglieder aus den § 9 und §10 BetrVG zu entnehmen.

---

§ 7 Wahlberechtigung

Wahlberechtigt sind alle Arbeitnehmer, die das 18. Lebensjahr vollendet haben.

§ 8 Wählbarkeit

(1) Wählbar sind alle Wahlberechtigten, die sechs Monate dem Betrieb angehören oder als in Heimarbeit Beschäftigte in der Hauptsache für den Betrieb gearbeitet haben. Auf diese sechs-monatige Betriebszugehörigkeit werden Zeiten angerechnet, in denen der Arbeitnehmer unmittelbar vorher einem anderen Betrieb desselben Unternehmers oder Konzerns (§ 18 Abs. 1 des Aktiengesetzes) angehört hat. Nicht wählbar ist, wer infolge strafgerichtlicher Verurteilung die Fähigkeit, Rechte aus öffentlichen Wahlen zu erlangen, nicht besitzt.

(2) Besteht der Betrieb weniger als sechs Monate, so sind abweichend von der Vorschrift in Absatz 1 über die sechsmonatige Betriebszugehörigkeit diejenigen Arbeitnehmer wählbar, die bei der Einleitung der Betriebsratswahl im Betrieb beschäftigt sind und die übrigen Voraussetzungen für die Wählbarkeit erfüllen.

§ 9 Zahl der Betriebsratsmitglieder

Der Betriebsrat besteht in Betrieben mit in der Regel

5	bis	20	wahlberechtigten Arbeitnehmern aus einer Person (Betriebsobmann),
21	bis	50	wahlberechtigten Arbeitnehmern aus 3 Mitgliedern,
51			wahlberechtigten Arbeitnehmern
	bis	150	Arbeitnehmern aus 5 Mitgliedern,
151	bis	300	Arbeitnehmern aus 7 Mitgliedern,
301	bis	600	Arbeitnehmern aus 9 Mitgliedern,

601	bis	1 000	Arbeitnehmern aus	11 Mitgliedern,
1 001	bis	2 000	Arbeitnehmern aus	15 Mitgliedern,
2 001	bis	3 000	Arbeitnehmern aus	19 Mitgliedern,
3 001	bis	4 000	Arbeitnehmern aus	23 Mitgliedern,
4 001	bis	5 000	Arbeitnehmern aus	27 Mitgliedern,
5 001	bis	7 000	Arbeitnehmern aus	29 Mitgliedern,
7 001	bis	9 000	Arbeitnehmern aus	31 Mitgliedern.

In Betrieben mit mehr als 9 000 Arbeitnehmern erhöht sich die Zahl der Mitglieder des Betriebsrats für je angefangene weitere 3 000 Arbeitnehmer um 2 Mitglieder.

§ 10 Vertretung der Minderheitsgruppen

(1) Arbeiter und Angestellte müssen entsprechend ihrem zahlenmäßigen Verhältnis im Betriebsrat vertreten sein, wenn dieser aus mindestens 3 Mitgliedern besteht.

(2) Die Minderheitsgruppe erhält mindestens bei

	bis zu	50	Gruppenangehörigen	1 Vertreter,
51	bis	200	Gruppenangehörigen	2 Vertreter,
201	bis	600	Gruppenangehörigen	3 Vertreter,
601	bis	1 000	Gruppenangehörigen	4 Vertreter,
1 001	bis	3 000	Gruppenangehörigen	5 Vertreter,
3 001	bis	5 000	Gruppenangehörigen	6 Vertreter,
5 001	bis	9 000	Gruppenangehörigen	7 Vertreter,
9 001	bis	15 000	Gruppenangehörigen	8 Vertreter,
	über	15 000	Gruppenangehörigen	9 Vertreter.

(3) Eine Minderheitsgruppe erhält keine Vertretung, wenn ihr nicht mehr als fünf Arbeitnehmer angehören und diese nicht mehr als ein Zwanzigstel der Arbeitnehmer des Betriebes darstellen.

Abb. 8: §§ 7 bis 10 Betriebsverfassungsgesetz (BetrVG)

Die regelmäßigen Betriebsratswahlen finden alle vier Jahre in der Zeit vom 01. März bis 31. Mai statt (§ 13 BetrVG). Die Rechte des Betriebsrates sind im BetrVG, geregelt. Im einzelnen unterscheidet das Gesetz Mitbestimmungs- und Mitwirkungsrechte.

Mitbestimmung bedeutet, daß eine betriebliche Maßnahme nur mit Zustimmung des Betriebsrates wirksam wird. Bei Nichteinigung die Einigungsstelle und (bei personellen Einzelmaßnahmen) das Arbeitsgericht. Mitbestimmungsrechte gibt es

▷ in sozialen Angelegenheiten (§ 87 BetrVG), z.B. Festlegen der täglichen Arbeitszeit, Aufstellen von Urlaubsplänen, Verwalten von Sozialeinrichtungen, Regelungen zur Verhütung von Arbeitsunfällen, Festsetzen von Akkord- und Prämiensätzen;

▷ in personellen Angelegenheiten (§§ 92-105 BetrVG)

   – bei allgemeinen personellen Angelegenheiten, z.B. Ausschreiben von freien Arbeitsplätzen innerhalb des Betriebes oder Erstellen von Beurteilungsgrundsätzen;

   – bei personellen Einzelmaßnahmen, z.B. Einstellung, Eingruppierung, Versetzung, Anhörung bei Kündigung;

▷ in wirtschaftlichen Angelegenheiten (§§ 111-113 und § 91 BetrVG), z.B. bei Betriebsänderungen wie Einschränkung,Stillegung oder Verlegung des ganzen Betriebes oder von Betriebsteilen, Aufstellen von Sozialplänen;

▷ durch Initiativrechte (§ 92 BetrVG), der Betriebsrat kann z.B. Vorschläge für das Einführen einer Personalplanung und ihre Durchführung machen. Bei Nichteinigung entscheidet die Einigungsstelle.

Mitwirkung bedeutet, daß der Betriebsrat ein Informations-, Anhörungs- und Beratungsrecht hat.

▷ **Informationsrechte** bestehen in allen betrieblichen Angelegenheiten, z.B. beim Arbeitsschutz (§ 89 BetrVG) bei der Gestaltung des Arbeitsplatzes (§ 90 BetrVG).

▷ Beim **Anhörungsrecht** ist der Arbeitgeber gezwungen eine Entscheidung nicht vor erfolgter Anhörung vorzunehmen; wichtigster Fall ist die Anhörung des Betriebsrates vor jeder Kündigung durch den Arbeitgeber (§ 102 BetrVG).

▷ **Beratungsrecht** bedeutet, daß der Arbeitgeber mit dem Betriebsrat eine betriebliche Maßnahme erörtern muß, z.B. bei der Arbeitsplatzgestaltung (§ 90 BetrVG), bei der Personalplanung (§ 92 BetrVG), vor geplanter Betriebsänderung (§ 111 BetrVG).

Das **Betriebsratsamt** ist ein unentgeltliches Ehrenamt; gemäß § 37, 2 BetrVG sind die Mitglieder des Betriebsrates „von ihrer beruflichen Tätigkeit ohne Minderung des Arbeitsentgeltes zu befreien, wenn und soweit es nach Umfang und Art des Betriebes zur ordnungsgemäßen Durchführung ihrer Aufgaben erforderlich ist". Die Betriebsratsmitglieder sollen also keine Einkommensverluste erleiden und haben deshalb Anspruch auf Arbeitsentgelt. Je nach Umfang der erforderlichen Betriebsratstätigkeit werden die Betriebsratsmitglieder von ihrer beruflichen Tätigkeit entweder teilweise oder vollkommen freigestellt. Ein nebenamtliches Betriebsratsamt liegt vor, wenn der Betriebsrat von seiner beruflichen Tätigkeit teilweise freigestellt ist; von einem hauptamtlichen Betriebsratsamt spricht man, wenn der Betriebsrat von seiner beruflichen Tätigkeit vollkommen freigestellt ist, um sich ausschließlich dem Betriebsratsamt widmen zu können.

Die Auswahl derjenigen Betriebsratsmitglieder, die von ihrer beruflichen Tätigkeit freizustellen sind, hängt von der Anzahl der beschäftigten Arbeitnehmer ab und ist in § 38 BetrVG geregelt. Dort heißt es u.a., daß in einem Betrieb mit bis zu 600 Arbeitnehmern mindestens ein Betriebsratsmitglied und bis zu 1 000 Arbeitnehmern mindestens zwei Betriebsratsmitglieder von ihrer beruflichen Tätigkeit vollkommen freizustellen sind.

Betriebsratsmitglieder unterliegen einem besonderen Kündigungsschutz und können während der Amtszeit gar nicht und frühestens ein Jahr nach der Amtszeit entlassen werden (vgl. § 15 KSchG).

4.2 Betriebsversammlung

Die Betriebsversammlung besteht aus allen Arbeitnehmern des Betriebes und wird vom Vorsitzenden des Betriebsrates geleitet. Auch die Arbeitgeberseite wird zur Betriebsversammlung eingeladen und kann, wie auch alle anderen Betriebsangehörigen, das Wort ergreifen (§ 43 BetrVG). Der Betriebsrat hat mindestens einmal in jedem Kalendervierteljahr eine Betriebsversammlung einzuberufen und in ihr einen Tätigkeitsbericht zu erstatten. Die Zeit der Teilnahme an Betriebsversammlungen einschließlich der zusätzlichen Wegezeiten ist dem Arbeitnehmer wie Arbeitszeit zu vergüten. In der Betriebsversammlung werden Angelegenheiten einschließlich solcher tarifpolitischer, sozialpolitischer und wirtschaftlicher Art behandelt, die den Betrieb oder seine Arbeitnehmer unmittelbar betreffen (§ 45 BetrVG).

4.3 Jugend- und Auszubildendenvertretung sowie Jugend- und Auszubildendenversammlung

In Betrieben, in denen ein Betriebsrat besteht und mindestens fünf jugendliche Arbeitnehmer oder Auszubildende beschäftigt sind, kann eine Jugend- und Auszubildendenvertretung gewählt werden.

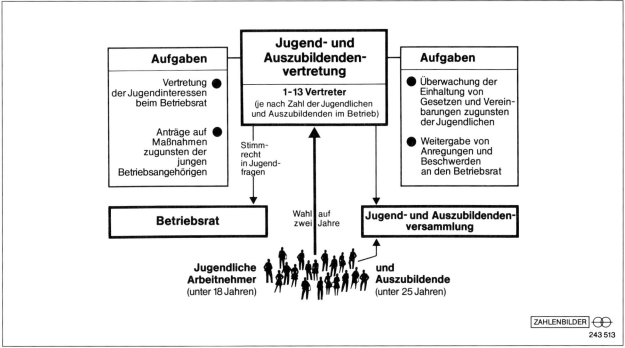

Abb. 9: Jugend- und Auszubildendenvertretung im Betrieb   © Erich Schmidt Verlag

Errichtung und Aufgabe der Jugend- und Auszubildendenvertretung, ihre Mitgliederzahl, Wahlberechtigung und Wählbarkeit, Zeitpunkt der Wahlen und Amtszeit, Geschäftsführung sowie weitere wichtige Vorschriften können aus den §§ 60 ff BetrVG entnommen werden. Für die Mitglieder der Jugend- und Auszubildendenvertretung besteht ebenso wie für die Mitglieder des Betriebsrats ein besonderer Kündigungsschutz (vgl. § 15 KSchG).

§ 60 Errichtung und Aufgabe

(1) In Betrieben mit in der Regel mindestens fünf Arbeitnehmern, die das 18. Lebensjahr noch nicht vollendet haben (jugendliche Arbeitnehmer) oder die zu ihrer Berufsausbildung beschäftigt sind und das 25. Lebensjahr noch nicht vollendet haben, werden Jugend- und Auszubildendenvertretungen gewählt.

(2) Die Jugend- und Auszubildendenvertretung nimmt nach Maßgabe der folgenden Vorschriften die besonderen Belange der im Absatz 1 genannten Arbeitnehmer wahr.

§ 61 Wahlberechtigung und Wählbarkeit

(1) Wahlberechtigt sind alle in § 60 Absatz 1 genannten Arbeitnehmer des Betriebes.

(2) Wählbar sind alle Arbeitnehmer des Betriebs, die das 25. Lebensjahr noch nicht vollendet haben; § 8 Abs. 1 Satz 3 findet Anwendung. Mitglieder des Betriebsrats können nicht zu Jugend- und Auszubildendenvertretern gewählt werden.

§ 62 Zahl der Jugend- und Auszubildendenvertreter, Zusammensetzung der Jugend- und Auszubildendenvertretung

(1) Die Jugend- und Auszubildendenvertretung besteht in Betrieben mit in der Regel

5 bis 20	der in § 60 Abs.1 genannten Arbeitnehmer aus 1 Jugend- und Auszubildendenvertreter,
21 bis 50	der in § 60 Abs.1 genannten Arbeitnehmer aus 3 Jugend- und Auszubildendenvertretern,
51 bis 200	der in § 60 Abs.1 genannten Arbeitnehmern aus 5 Jugend- und Auszubildendenvertretern,
201 bis 300	der in § 60 Abs.1 genannten Arbeitnehmern aus 7 Jugend- und Auszubildendenvertretern,
301 bis 600	der in § 60 Abs.1 genannten Arbeitnehmern aus 9 Jugend- und Auszubildendenvertretern,
601 bis 1000	der in § 60 Abs.1 genannten Arbeitnehmern aus 11 Jugend- und Auszubildendenvertretern,
mehr als 1000	der in § 60 Abs.1 genannten Arbeitnehmern aus 13 Jugend- und Auszubildendenvertretern.

(2) Die Jugend- und Auszubildendenvertretung soll sich möglichst aus Vertretern der verschiedenen Beschäftigungsarten und Ausbildungsberufe der im Betrieb tätigen in § 60 Abs.1 genannten Arbeitnehmer zusammensetzen.

(3) Die Geschlechter sollen entsprechend ihrem zahlenmäßigen Verhältnis vertreten sein.

§ 64 Zeitpunkt der Wahlen und Amtszeit

(1) Die regelmäßigen Wahlen der Jugend- und Auszubildendenvertretung finden alle zwei Jahre in der Zeit vom 1. Oktober bis zum 30. November statt. Für die Wahl der Jugend- und Auszubildendenvertretung außerhalb dieser Zeit gilt § 13 Abs. 2 Nr. 2 bis 6 und Abs. 3 entsprechend.

(2) Die regelmäßige Amtszeit der Jugend- und Auszubildendenvertretung beträgt zwei Jahre. Die Amtszeit beginnt mit der Bekanntgabe des Wahlergebnisses oder, wenn zu diesem Zeitpunkt noch eine Jugend- und Auszubildendenvertretung besteht, mit Ablauf von deren Amtszeit. Die Amtszeit endet spätestens am 30. November des Jahres, in dem nach Absatz 1 Satz 1 die regelmäßigen Wahlen stattfinden. In dem Fall des § 13 Abs.3 Satz 2 endet die Amtszeit spätestens am 30. November des Jahres, in dem die Jugend- und Auszubildendenvertretung neu zu wählen ist. In dem Fall des § 13 Abs. 2 Nr. 2 endet die Amtszeit mit der Bekanntgabe des Wahlergebnisses der neugewählten Jugend- und Auszubildendenvertretung.

(3) Ein Mitglied der Jugend- und Auszubildendenvertretung, das im Laufe der Amtszeit das 25. Lebensjahr vollendet, bleibt bis zum Ende der Amtszeit Mitglied der Jugend- und Auszubildendenvertretung.

§ 65 Geschäftsführung

(1) Für die Jugend- und Auszubildendenvertretung gelten § 23 Abs. 1, § 24 Abs. 1, die §§ 25, 26 Abs. 1 Satz 1 und Abs. 3, die §§ 30, 31, 33 Abs1 und 2 sowie die §§ 34, 36, 37,40 und 41 entsprechend.

(2) Die Jugend- und Auszubildendenvertretung kann nach Verständigung des Betriebsrats Sitzungen abhalten; § 29 gilt entsprechend. An diesen Sitzungen kann der Betriebsratsvorsitzende oder ein beauftragtes Betriebsratsmitglied teilnehmen.

§ 66 Aussetzung von Beschlüssen des Betriebsrats

(1) Erachtet die Mehrheit der Jugend- und Auszubildendenvertreter einen Beschluß des Betriebsrates als eine erhebliche Beeinträchtigung wichtiger Interessen der in § 60 Abs. 1 genannten Arbeitnehmer, so ist auf ihrem Antrag der Beschluß auf die Dauer von einer Woche auszusetzen, damit in dieser Frist eine Verständigung gegebenenfalls mit Hilfe der im Betrieb vertretenen Gewerkschaften, versucht werden kann.

(2) Wird der erste Beschluß bestätigt, so kann der Antrag auf Aussetzung nicht wiederholt werden; dies gilt auch, wenn der erste Beschluß nur unerheblich geändert wird.

§ 67 Teilnahme an Betriebsratssitzungen

(1) Die Jugend- und Auszubildendenvertretung kann zu allen Betriebsratssitzungen einen Vertreter entsenden. Werden Angelegenheiten behandelt, die besonders die in § 60 Abs. 1 genannten Arbeitnehmer betreffen, so hat zu diesen Tagesordnungspunkten die gesamte Jugend- Auszubildendenvertretung ein Teilnahmerecht.

(2) Die Jugend- und Auszubildendenvertreter haben Stimmrecht, soweit die zu fassenden Beschlüsse des Betriebsrats überwiegend die in § 60 Abs. 1 genannten Arbeitnehmer betreffen.

(3) Die Jugend- und Auszubildendenvertretung kann beim Betriebsrat beantragen, Angelegenheiten, die besonders die in § 60 Abs. 1 genannten Arbeitnehmer betreffen und über die sie beraten hat, auf die nächste Tagesordnung zu setzen. Der Betriebsrat soll Angelegenheiten, die besonders die in § 60 Abs 1 genannten Arbeitnehmer betreffen, der Jugend- und Auszubildendenvertretung zur Beratung zuleiten.

§ 70 Allgemeine Aufgaben

(1) Die Jugend- und Auszubildendenvertretung hat folgende allgemeine Aufgaben:

1. Maßnahmen, die den in § 60 Abs. 1 genannten Arbeitnehmern dienen, insbesondere in Fragen der Berufsausbildung, beim Betriebsrat zu beantragen;

2. Darüber zu wachen, daß die zu Gunsten der in § 60 Abs. 1 genannten Arbeitnehmer geltenden Gesetze, Verordnungen, Unfallverhütungsvorschriften, Tarifverträge und Betriebsvereinbarungen durchgeführt werden;

3. Anregungen von in § 60 Abs.1 genannten Arbeitnehmern, insbesondere in Fragen der Berufsbildung, entgegenzunehmen und, falls sie berechtigt erscheinen, beim Betriebsrat auf eine Erledigung hinzuwirken. Die Jugend- und Auszubildendenvertretung hat die betroffenen in § 60 Abs. 1 genannten Arbeitnehmer über den Stand und das Ergebnis der Verhandlungen zu informieren.

(2) Zur Durchführung ihrer Aufgaben ist die Jugend- und Auszubildendenvertretung durch den Betriebsrat rechtzeitig und umfassend zu unterrichten. Die Jugend- und Auszubildendenvertretung kann verlangen, daß ihr der Betriebsrat die zur Durchführung ihrer Aufgaben erforderlichen Unterlagen zur Verfügung stellt.

Abb. 10: §§ 60 bis 62, §§ 64 bis 67 und § 70 Betriebsverfassungsgesetz (BetrVG)

4.4 Wirtschaftsausschuß

In Betrieben mit mehr als 100 Arbeitnehmern ist ein Wirtschaftsausschuß zu bilden, der die Aufgabe hat, wirtschaftliche Angelegenheiten mit dem Unternehmer zu beraten und den Betriebsrat zu unterrichten.

Was im einzelnen zu den „wirtschaftlichen Angelegenheiten" gehört, kann aus § 106 BetrVG entnommen werden. Der Wirtschaftsausschuß besteht aus mindestens drei und höchstens sieben Mitgliedern, darunter mindestens ein Betriebsratsmitglied. Die Mitglieder des Wirtschaftsausschusses werden vom Betriebsrat bestimmt. An den Sitzungen des Wirtschaftsausschusses hat der Unternehmer oder sein Vertreter teilzunehmen.

---

§ 106 Wirtschaftsausschuß

(1) In allen Unternehmen mit in der Regel mehr als einhundert ständig beschäftigten Arbeitnehmern ist ein Wirtschaftsausschuß zu bilden. Der Wirtschaftsausschuß hat die Aufgabe, wirtschaftliche Angelegenheiten mit dem Unternehmer zu beraten und den Betriebsrat zu unterrichten.

(2) Der Unternehmer hat den Wirtschaftsausschuß rechtzeitig und umfassend über die wirtschaftlichen Angelegenheiten des Unternehmens unter Vorlage der erforderlichen Unterlagen zu unterrichten, soweit dadurch nicht die Betriebs- und Geschäftsgeheimnisse des Unternehmens gefährdet werden, sowie die sich daraus ergebenden Auswirkungen auf die Personalplanung darzustellen.

(3) Zu den wirtschaftlichen Angelegenheiten im Sinne dieser Vorschrift gehören insbesondere
1. die wirtschaftliche und finanzielle Lage des Unternehmens;
2. die Produktions- und Absatzlage;
3. das Produktions- und Investitionsprogramm;
4. Rationalisierungsvorhaben;
5. Fabrikations- und Arbeitsmethoden, insbesondere die Einführung neuer Arbeitsmethoden;
6. die Einschränkung oder Stillegung von Betrieben oder von Betriebsteilen;
7. die Verlegung von Betrieben oder Betriebsteilen;
8. der Zusammenschluß von Betrieben;
9. die Änderung der Betriebsorganisation oder des Betriebszwecks sowie
10. sonstige Vorgänge und Vorhaben, welche die Interessen der Arbeitnehmer des Unternehmens wesentlich berühren können.

Abb. 11: § 106 Betriebsverfassungsgesetz (BetrVG)

4.5 Einigungsstelle

Können sich Betriebsrat und Arbeitgeber in einer Angelegenheit nicht einigen, so ist gemäß § 76 BetrVG „zur Beilegung von Meinungsverschiedenheiten zwischen Arbeitgeber und Betriebsrat ... eine Einigungsstelle zu bilden".

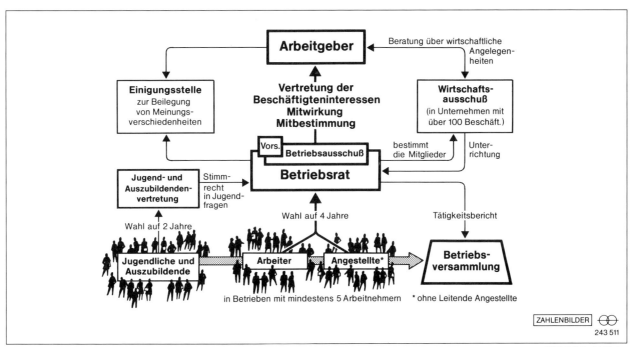

Abb. 12: Organe der Betriebsverfassung gemäß Betriebsverfassungsgesetz

© Erich Schmidt-Verlag

4.6 Sprecherausschuß

Leitende Angestellte werden nach den Vorschriften des Betriebsverfassungsgesetzes nicht vertreten. In Betrieben mit mindestens 10 leitenden Angestellten können auf Grund des Sprecherausschussgesetzes leitendeAngestellte zur Wahrnehmung ihrer Belange gegenüber dem Arbeitgeber Sprecherausschüsse bilden. Sprecherausschüsse haben keine Mitbestimmungsrechte, sondern nur Unterrichtungs- und Anhörungsrechte.

Arbeitsaufträge

1. Zeigen Sie in einer Grafik, welche Stellung das Personalwesen in der Organisation Ihres Ausbildungsbetriebes einnimmt.

2. In welcher Weise arbeitet das Personalwesen Ihres Ausbildungsbetriebes

   a) mit der Materialwirtschaft,

   b) mit der Produktion und

   c) mit dem Rechnungswesen zusammen?

3. Von welchen Faktoren ist der Personalbedarf in Ihrem Ausbildungsbetrieb abhängig?

4. Welche Schwierigkeiten können sich ergeben, wenn der kurz- oder langfristige Personalbedarf in einer Abteilung nicht vorausgeplant wird?

5. Welchen Zwecken dienen Personalbeurteilungen in Ihrem Ausbildungsbetrieb?

6. In welcher Art werden in Ihrem Ausbildungsbetrieb Personalberurteilungen vorgenommen?

7. Kann ein Arbeitnehmer eines Betriebes in die Personalakten der anderen Arbeitnehmer Einsicht nehmen?

8. Kann der Ausbilder die Personalakte eines Auszubildenden einsehen?

9. Nennen Sie aus der Mitbestimmung des Betriebsrats in sozialen und in personellen Angelegenheiten mindestens je drei Fälle, in denen die Personalabteilung nur in Abstimmung mit dem Betriebsrat entscheiden kann.

10. Welche betriebsverfassungsrechtlichen Organe kennt das Betriebsverfassungsgesetz und welche dieser Organe gibt es in Ihrem Ausbildungsbetrieb?

11. Aus wieviel Mitgliedern setzt sich der Betriebsrat zusammen, wenn der Betrieb

   a) 62,

   b) 185 und

   c) 1.250 Arbeitnehmer beschäftigt?

12. Welche gesetzlichen Regelungen gibt es hinsichtlich der Freistellungen für das Betriebsratsamt?

13. Was versteht man unter einem freigestellten und nicht freigestellten Betriebsratsamt?

14. In welchen Abständen finden regelmäßige Betriebsratswahlen statt?

15. Aus welchen Personen könnten sich Minderheitsgruppen zusammensetzen?

16. In welcher Weise können Minderheitsgruppen im Betriebsrat vertreten sein?

17. Nennen Sie je 3 Beispiele für die Mitbestimmungsrechte, die Mitwirkungsrechte und Informationsrechte des Betriebsrates.

18. Wer kann an den Betriebsratsversammlungen teilnehmen?

19. In welchen Abständen müssen Betriebsversammlungen abgehalten werden?

20. Welche Angelegenheiten können gemäß § 45 BetrVG in Betriebsversammlungen behandelt werden?

21. Welche der Arbeitnehmer werden nach dem Betriebsverfassungsgesetz als „Jugendliche Arbeitnehmer" bezeichnet?

22. Welche Mitarbeiter dürfen eine Jugend- und Auszubildendenvertretung wählen und welche Mitarbeiter können für die Jugend- und Auszubildendenvertretung gewählt werden?

23. Welche allgemeinen Aufgaben hat die Jugend- und Auszubildendenvertretung gemäß § 70 BetrVG?

24. Für welche Amtszeit wird die Jugend- und Auszubildendenvertretung gewählt?

25. Aus wieviel Mitgliedern besteht die Jugend- und Auszubildendenvertretung Ihres Ausbildungsbetriebes? Prüfen Sie, ob die Anzahl der Jugend- und Auszubildendenvertreter derjenigen des § 62 BetrVG entspricht.

26. Welche Regelungen gibt es hinsichtlich der Teilnahme der Jugend- und Auszubildendenvertretung an Betriebsratssitzungen?

27. Nennen Sie Themen, die Gegenstand der letzten Jugend- und Auszubildendenvertretungen Ihres Ausbildungsbetriebes waren!

28. In welchen Betrieben ist ein Wirtschaftsausschuß betriebsverfassungsrechtlich vorgeschrieben?

29. Welche Angelegenheiten behandelt der Wirtschaftsausschuß?

30. Wer bestimmt die Mitglieder des Wirtschaftsausschusses, und aus wieviel Mitgliedern besteht er?

31. In welchen Zeitabständen soll der Wirtschaftsausschuß zusammentreten?

32. In welchen Fällen ist eine Einigungsstelle einzurichten?

33. Aus welchen Mitgliedern setzt sich die Einigungsstelle zusammen und wer ernennt diese?

34. Welche Regelungen sieht das BetrVG für die Beschlußfassung der Einigungsstelle vor?

35. In welcher Weise arbeitet das Personalwesen Ihres Ausbildungsbetriebes mit der Geschäftsleitung zusammen?

36. In welcher Weise arbeitet das Personalwesen Ihres Ausbildungsbetriebes

    a) mit der Datenverarbeitung und

    b) mit der Absatzwirtschaft zusammen?

37. Mit welchen DV-Geräten kommuniziert das Personalwesen mit den anderen Funktionsbereichen Ihres Ausbildungsbetriebes?

38. Welche Datensicherungen gibt es für die Datenbestände des Personalwesens in Ihrem Ausbildungsbetrieb?

39. Welcher Zugriffsschutz für die Daten des Personalwesens besteht in Ihrem Ausbildungsbetrieb?

3.2 Einstellen und Ausscheiden von Arbeitnehmern

---

a) Gründe für den Personalbedarf nennen

... auf einen Blick

▶ **Ursachen von Personalbedarfsänderungen**
  ▷ Ökonomische Ursachen
  ▷ Personenbedingte Ursachen, die den Personalbestand verändern
  ▷ Personenbedingte Ursachen, die zu einem vorübergehenden Personalersatzbedarf führen

▶ **Ermitteln des Personalbedarfs**
  ▷ Ermitteln des kurzfristigen Personalbedarfs
  ▷ Ermitteln des langfristigen Personalbedarfs

▶ **Erfassen der Personalbewegungen durch Personalstatistiken**

▶ **Personalplanung und Zusammenarbeit mit dem Betriebsrat**

1 Ursachen von Personalbedarfsänderungen

Um einen ordnungsgemäßen Arbeitsablauf im Betrieb sicherzustellen, muß ausreichend Personal mit der für die jeweiligen Arbeitsplätze notwendigen Qualifikation zur Verfügung stehen. Wenn von „ausreichendem Personalbestand" gesprochen wird, so bedeutet dies, daß die Mitarbeiter des Betriebes die ihnen übertragenen Arbeiten zu erledigen in der Lage sind, ohne daß sie dabei weder überlastet noch unterbeschäftigt sind.

Der Personalbedarf wird insbesondere von ökonomischen (wirtschaftlichen), aber ebenso auch von personenbedingten (menschlichen) Faktoren beeinflußt.

1.1 Ökonomische Ursachen

Ökonomische Ursachen, die den Personalbestand **erhöhen**, sind z.B.

▷ Absatzsteigerungen und damit verbunden zunehmende Auftragsbestände; in solchem Fall wird die Produktionskapazität kurzfristig durch Einführung zusätzlicher Arbeitsschichten und langfristig durch Neu- oder Ausbau der Produktionsstätten erweitert;

▷ Aufnahme zusätzlicher neuer Produkte in das Verkaufs- und/oder Produktionsprogramm.

Solche ökonomischen Ursachen führen dazu, daß neue Arbeitsplätze geschaffen werden. Der durch Betriebserweiterungen erforderlich zusätzliche Personalbedarf wird Personalzusatzbedarf genannt.

Ökonomische Ursachen, die den Personalbestand **verringern**, sind z. B.:

▷ Absatzrückgänge, die zur Folge haben, daß die Produktionskapazität durch Kurzarbeit oder Personalentlassungen gedrosselt wird;

▷ sinkende Produktivität oder fallende Wirtschaftlichkeit; bestimmte Arbeitsplätze oder Produktionsstätten (Zweigwerke) werden stillgelegt, Personal wird entlassen;

▷ Einführung neuer Technologien oder Rationalisierung der Arbeitsabläufe; die geplanten Erzeugnismengen können dann mit weniger Personal produziert werden.

Solche ökonomischen Ursachen führen kurzfristig zur Stillegung von Betriebsteilen und langfristig zur Auflösung von Arbeitsplätzen.

1.2 Personenbedingte Ursachen, die den Personalbestand verändern

Personenbedingte Ursachen, die den Personalbestand häufig **erhöhen**, liegen z.B. vor, wenn

▷ Auszubildende nach ihrer Ausbildung als Mitarbeiter in ein Arbeitsverhältnis übernommen werden;

▷ Mitarbeiter, die ihren Wehrdienst oder Zivildienst abgeleistet haben, wieder an ihren Arbeitsplatz zurückkehren;

▷ Mitarbeiter, die nach längerer Krankheit wieder genesen sind oder wegen Mutterschaft längerfristig beurlaubt waren, wieder in den Arbeitsprozeß eingegliedert werden.

Personenbedingte Ursachen, die den Personalbestand **verringern**, liegen z.B. vor, wenn

▷ Mitarbeiter durch Kündigungen oder Tod ausscheiden;

▷ Mitarbeiter wegen Erreichens der Altersgrenze dauerhaft aus dem Arbeitsprozeß ausscheiden.

1.3 Personenbedingte Ursachen, die zu einem vorübergehenden Personalersatzbedarf führen

Personenbedingte Ursachen, die zu einem vorübergehenden Ersatzbedarf führen, liegen z.B vor, wenn

▷ Mitarbeiter längerfristig erkranken;

▷ werdende Mütter in Mutterschafts- und anschließend in Erziehungsurlaub gehen;

▷ Mitarbeiter zum Wehr- oder Zivildienst eingezogen werden.

2 Ermitteln des Personalbedarfs

Um keine Personalengpässe entstehen zu lassen, muß die Personalabteilung die ständig vorhandene Personalfluktuation sowie die Geschäftsentwicklung in ihre Personalplanung einbringen. Sowohl eine kurzfristige als auch eine langfristige Personalplanung ist folglich erforderlich, um Schwierigkeiten im Betriebsablauf zu vermeiden.

2.1 Ermitteln des kurzfristigen Personalbedarfs

Um keine Personalengpässe entstehen zu lassen, muß die Personalabteilung sowohl den kurzfristigen als auch den langfristigen Personalbedarf ermitteln. Der kurzfristige Personalbedarf für das gesamte Unternehmen ergibt sich aus der Addition der für die einzelnen Abteilungen oder Kostenstellen ermittelten Personalbedarfszahlen. Er kann unter Berücksichtigung der kurzfristigen Personalzu- und -abgänge sowie des Zusatz- und Ersatzbedarfs in nebenstehender Weise ermittelt werden:

> gegenwärtiger Personalbestand
>   − Personalabgänge
>   + Personalzugänge
> ───────────────────────────────
>   = zu erwartender Personalbestand
>   + Ersatzbedarf (z.B. bei langer Erkrankung)
>   + Zusatzbedarf (z.B. bei Betriebserweiterung)
> ───────────────────────────────
>   = geplanter Personalbestand
> ───────────────────────────────

Diese Berechnung ermöglicht lediglich eine zahlenmäßige Planung des Personalbedarfs. Darüber hinaus ist auch eine qualitative Planung des Personalbedarfs erforderlich, weil durch das Fertigungsprogramm des Unternehmens und die dabei verwendeten Technologien „bestimmtes" Personal benötigt wird. Das bedeutet in der Praxis, daß ein Hersteller von hochtechnisierten Produkten als Mitarbeiter besonders qualifizierte Fachkräfte benötigt. Nach diesen muß er zumeist längerfristig suchen, da solche Spezialisten oft durch längere Kündigungsfristen an ihren seitherigen Arbeitgeber gebunden sind und auch wegen der teilweise außertariflichen Bezahlung mit längeren Einstellungsverhandlungen gerechnet werden muß. Dagegen kann ein Hersteller von Massenprodukten, die in Serien- oder Fließbandfertigung produziert werden, relativ kurzfristig ungelernte Arbeiter einstellen .

2.2 Ermitteln des langfristigen Personalbedarfs

Der langfristige Personalbedarf hängt meistens von anderen Faktoren ab als der kurzfristige Personalbedarf. Die wichtigsten Überlegungen bzw. Tatbestände bei der Planung des langfristigen Personalbedarfs sind z.B. :

▷ die langfristige Prognose sowohl für die wirtschaftliche Gesamtentwicklung (Konjunktur) als auch für die Entwicklung der Branche;

▷ die Marktchancen des einzelnen Unternehmens;

▷ die voraussichtlichen technischen Entwicklungen in der Fertigung (z.B. Prozeßsteuerung) und in den Büros (z.B. elektronische Daten- und Textverarbeitung);

▷ die Altersstruktur der Belegschaft;

▷ die veränderten beruflichen Anforderungen in Technik und Verwaltung;

▷ die Analyse der Fähigkeiten und Kenntnisse von Mitarbeitern, die zu Führungsaufgaben geeignet sind (Nachfolgeplanung);

▷ Analyse der erforderlichen Aus- und Weiterbildungskapazität; dabei ist zu berücksichtigen, daß bestimmte Fachkräfte nicht bzw. nur schwer auf dem Arbeitsmarkt zu finden sind;

▷ die Entwicklung der Löhne und Gehälter und damit der Personalkosten; denn die Personalkosten beeinflussen über die Kalkulation die Verkaufspreise und damit den Absatz;

▷ die Einstellungspflicht von Schwerbehinderten (§ 14 SchwbG).

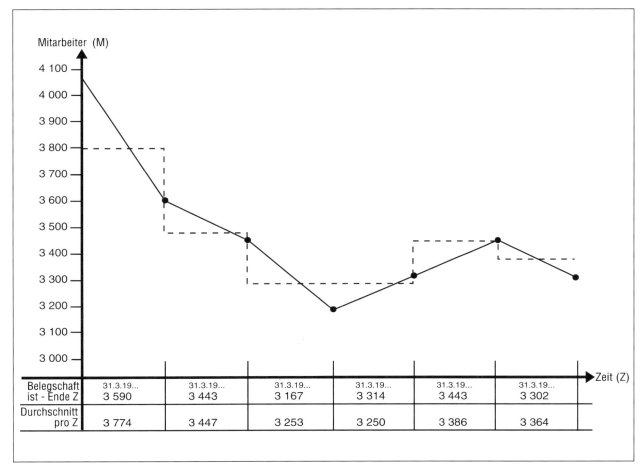

Abb. 13: Personalstatistik „Entwicklung der Belegschaft" als Kurvendiagramm

3   Erfassen der Personalbewegungen durch Personalstatistiken

Personalbewegungen, die sich durch Personalzu- und -abgänge ergeben, bezeichnet man als Personalfluktuation (vom lat. fluere = fließen). Personalbewegungen, die sich innerhalb des Betriebes durch Versetzungen, Beförderungen oder organisatorische Veränderungen (Bilden neuer bzw. Teilen bestehender Abteilungen) ergeben, bezeichnet man als Personalrotation (vom lat. rotare = drehen).

Personalbewegungen werden meist auch statistisch erfaßt und in unterschiedlichen Schaubildern dargestellt. Durch sie lassen sich einerseits die getroffenen Personalentscheidungen erkennen, andererseits bilden sie die Grundlage für zukünftige personalpolitische Entscheidungen. Die nachfolgenden Abbildungen zeigen einige häufig erstellte Personalstatistiken.

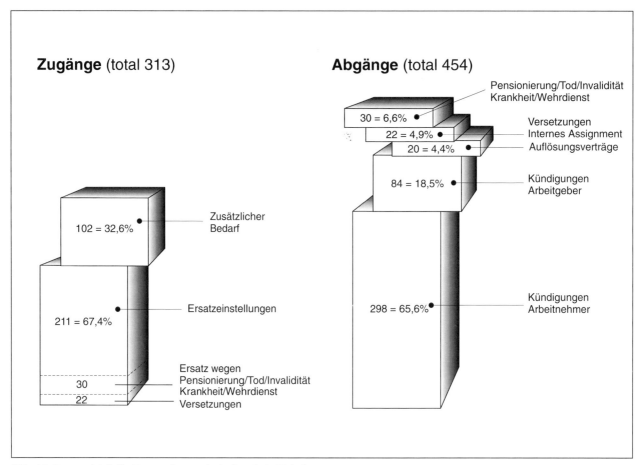

Abb. 14: Personalstatistik „Personalzu- und -abgänge" als Stabdiagramm

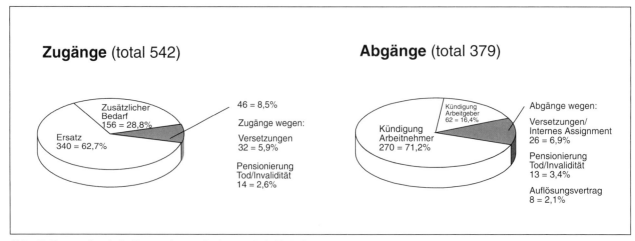

Abb. 15: Personalstatistik „Personalzu- und -abgänge" als Kreisdiagramm

4　Personalplanung und Zusammenarbeit mit dem Betriebsrat

Die Probleme der Personalplanung, insbesondere die des zukünftigen Personalbedarfs, hat der Gesetzgeber für so wesentlich erachtet, daß er im BetrVG dazu entsprechende Vorschriften erlassen hat.

---

§ 92 Personalplanung

(1) Der Arbeitgeber hat den Betriebsrat über die Personalplanung, insbesondere über den gegenwärtigen und künftigen Personalbedarf sowie über die sich daraus ergebenden personellen Maßnahmen und Maßnahmen der Berufsbildung an Hand von Unterlagen rechtzeitig und umfassend zu unterrichten. Er hat mit dem Betriebsrat über Art und Umfang der erforderlichen Maßnahmen und über die Vermeidung von Härten zu beraten.

(2) Der Betriebsrat kann dem Arbeitgeber Vorschläge für die Einführung einer Personalplanung und ihre Durchführung machen.

Abb. 16: § 92 Betriebsverfassungsgesetz (BetrVG)

Arbeitsaufträge

1. Wählen Sie sich eine Ihnen bekannte Abteilung Ihres Ausbildungsbetriebes aus, und erklären Sie, was man unter „ausreichendem Personalbestand" für diese Abteilung versteht.

2. Nennen Sie mindestens je 2 ökonomische Ursachen, die zu einer Erhöhung bzw. Verringerung des Personalbedarfs in Ihrem Ausbildungsbetrieb führen könnten.

3. Nennen Sie mindestens je 2 personengebundene (menschliche) Ursachen, die zu einer Erhöhung bzw. Verringerung des Personalbedarfs in Ihrem Ausbildungsbetrieb führen könnten.

4. Nennen Sie mindestens je zwei Ursachen, die zum Personalersatzbedarf bzw. zum Personalzusatzbedarf führen.

5. Welche Personalbewegungen (zukünftige Verringerung bzw. Erhöhung des Personalbestandes) lösen folgende Nachrichten aus:

   a) Die konjunkturelle Entwicklung wird als außerordentlich günstig eingeschätzt.

   b) Die mengenmäßige Nachfrage nach den Erzeugnissen Ihres Ausbildungsbetriebes ist um 18% gesunken.

   c) Zur weiteren Vervollständigung des Sortiments sind zwei zusätzliche Erzeugnisse in das Fertigungsprogramm aufgenommen worden, die bisherigen Erzeugnisse werden in gleicher Menge weiterhin produziert.

   d) Eine Mitarbeiterin ist schwanger und nimmt sowohl Mutterschafts- als auch Erziehungsurlaub in Anspruch.

6. Das Unternehmen beschäftigt zur Zeit 145 Mitarbeiter (ohne Auszubildende), es liegen 7 Kündigungen von gewerblichen Arbeitnehmern zum 30.06.19.. vor, mit zwei gewerblichen Arbeitnehmern ist ein Arbeitsvertrag mit Arbeitsbeginn am 01.07.19.. geschlossen worden. Am 16.06.19.. beenden drei kaufmännische und am 03.07.19.. beenden 4 gewerbliche Auszubildende ihre Ausbildung (das Bestehen der Abschlußprüfung kann vorausgesetzt werden); ein kaufmännischer und zwei gewerblich Auszubildende verlassen auf eigenen Wunsch das Unternehmen, die anderen werden übernommen. Ab 01.10.19.. werden drei kaufmännische Mitarbeiter zum Wehrdienst eingezogen und eine kaufmännische Angestellte tritt zum gleichen Zeitpunkt ihren Mutterschaftsurlaub an. Der Betrieb richtet wegen stark gestiegener Auslandsnachfrage eine Exportabteilung neu ein, die aus zusätzlich fünf Mitarbeitern bestehen soll.

   a) Ermitteln Sie, wieviel Mitarbeiter am 30.06.19.. das Unternehmen verlassen, wieviel Mitarbeiter am 01.07.19.. zusätzlich zur Verfügung stehen, wieviel Mitarbeiter im Laufe des zweiten Halbjahres ersetzt und wieviel Mitarbeiter im Laufe des zweiten Halbjahres zusätzlich eingestellt werden müssen.

   b) Ermitteln Sie den zu erwartenden Personalbestand und zum 01.10.19.. den geplanten Personalbestand.

   c) Welche Möglichkeiten gäbe es, die schwangere Mitarbeiterin und die zum Wehrdienst einberufenen Mitarbeiter zu ersetzen?

   d) Welche Maßnahmen sind bei der Errichtung der Exportabteilung hinsichtlich der personellen Besetzung nötig?

   e) Erläutern Sie anhand des obigen Falles, was man unter dem quantitativen (zahlenmäßigen) und qualitativen (wissensmäßigen) Personalbedarf versteht.

7. Nennen Sie Gründe, die in Ihrem Ausbildungsbetrieb häufig zur Veränderung des Personalbedarfs führen.

8. Von welchen Überlegungen hängt Ihrer Meinung nach die Anzahl der in Ihrem Ausbildungsbetrieb zur Zeit eingerichteten kaufmännischen Ausbildungsplätze ab?

9. Beschreiben Sie mindestens drei Überlegungen bzw. Tatbestände, die sich auf den langfristigen Personalbedarf Ihres Ausbildungsbetriebes auswirken können.

10. Beschreiben Sie an je einem Beispiel Ihres Ausbildungsbetriebes, was man unter Personalfluktuation und Personalrotation versteht!

11. Welche Rechte hat der Betriebsrat gemäß BetrVG hinsichtlich der Personalplanung?

---

b) Möglichkeiten der Personalbeschaffung unterscheiden

... auf einen Blick

► **Interne Personalbeschaffung durch innerbetriebliche Stellenausschreibung**

► **Externe Personalbeschaffung durch ...**
  ▷ Zeitungsinserate
  ▷ Arbeitsamt
  ▷ Aushang
  ▷ Personal-Leasing
  ▷ Personalberatungunternehmen

► **Sonstige Personalbeschaffungsmöglichkeiten**

Unter Personalbeschaffung sind alle Maßnahmen und Tätigkeiten zu verstehen, mit denen geeignetes Personal für den Betrieb gefunden werden kann. Man unterscheidet dabei die interne und externe Personalbeschaffung sowie sonstige Personalbeschaffungsmöglichkeiten.

1 Interne Personalbeschaffung durch innerbetriebliche Stellenausschreibung

Bei der internen Personalbeschaffung versucht man, geeignetes Personal aus dem eigenen Betrieb zu finden. Durch innerbetriebliche Stellenausschreibung wird dabei den eigenen Mitarbeitern die Möglichkeit zur Veränderung ihres Aufgabengebietes oder zum beruflichen Weiterkommen geboten. Diese interne Personalbeschaffung hat für den Betrieb den Vorteil, daß die Bewerber bekannt sind und deren Fähigkeiten gut beurteilt werden können. Der sich bewerbende Mitarbeiter hat den Vorteil, daß er über seinen zukünftigen Arbeitsplatz mehr Informationen zur Verfügung hat als bei einer Bewerbung in ein fremdes Unternehmen; außerdem dürfte die Einarbeitung in ein anderes Sachgebiet des gleichen Unternehmens leichter fallen.

Die innerbetriebliche Stellenausschreibung ist gemäß § 93 BetrVG dann zwingend notwendig, wenn der Betriebsrat dies fordert. Der Betriebsrat kann verlangen, „daß Arbeitsplätze, die besetzt werden sollen, allgemein oder für bestimmte Arten von Tätigkeiten vor ihrer Besetzung innerhalb des Betriebes ausgeschrieben werden".

2 Externe Personalbeschaffung

Bei der externen Personalbeschaffung versucht man, geeignetes Personal auf dem Arbeitsmarkt zu finden. Dabei gibt es folgende Möglichkeiten.

2.1 Zeitungsinserate in Fachzeitschriften oder Tageszeitungen

Durch **Stellenangebote** suchen Unternehmen geeignete Arbeitskräfte, durch **Stellengesuche** bieten Arbeitnehmer ihre speziellen Leistungen an. Auf Stellenangebote bewerben sich nicht nur Arbeitslose, sondern auch solche Arbeitnehmer, die sich durch einen Wechsel des Arbeitsplatzes bessere berufliche Möglichkeiten, bessere Standorte oder bessere Einkommens-möglichkeiten erhoffen. Mit Zeitungsinseraten wird ein ziemlich großer Interessentenkreis angesprochen. In der Anzeige wird meist in Aussicht gestellt, daß das vorhandene Fachwissen „in bare Münze", d.h. in ein höheres Entgelt, umgesetzt werden kann. Außerdem wird auf die breite Palette der besonderen zusätzlichen, also freiwilligen sozialen Leistungen, die als indirekte Lohnerhöhungen zu betrachten sind, hingewiesen.

Innerbetrieblicher Stellenanzeiger

Auf alle offenen Stellen können sich gleichermaßen männliche und weibliche Mitarbeiter bewerben. Bei gleicher Qualifikation soll im Betrieb beschäftigten Schwerbehinderten bei der Besetzung für sie geeigneter Arbeitsplätze der Vorrang vor anderen Bewerbern gegeben werden.

Abteilungssekretärin

Einsatzort: A854 V9   Kenn-Nr. 6103

Aufgabenstellung:
Selbständige Erledigung aller anfallenden Sekretariatsarbeiten, Schreiben der anfallenden, meist technischen Korrespondenz nach Diktat, Band u. Vorlage (auch in engl. Sprache) mit PC-Textverarbeitungssystemen; Vorbereitung von Dienstreisen, Terminabsprachen, Reisekostenabrechnungen.

Anforderungen:
Verständnis für Technik u. technische Disziplinen; Erfahrungen mit Sekretariatsarbeit, gute Steno- und Schreibmaschinenkenntnisse; Erfahrungen mit Textverarbeitungssystemen; DV-Kenntnisse (Symphonie, dBase); Englischkenntnisse, zuverlässig, flexibel.
Tarifgruppe: K3

Sachbearbeiter für Versand

Einsatzort: A83 K74   Kenn-Nr. 6104

Aufgabenstellung:
Speditionelle Abwicklung von Aufträgen in das In- und Ausland; Abrechnung; Terminverfolgung; Einholung und Bearbeitung von Transport-Offerten; Akkreditiv-Abwicklung.

Anforderungen:
Kaufm. Ausbildung, vorzugsweise mit guten Speditionskenntnissen; Erfahrung im Im- und Export; DV-Kenntnisse; Englischkenntnisse erforderlich.
Tarifgruppe: K4

Sachbearbeiter - Auftragsabwicklung

Einsatzort: A53 V5   Kenn-Nr. 6105

Aufgabenstellung:
Auftragsabrechnung; Bearbeitung von Kundenordern/ techn. und kaufm. Klarstellung; Erstellung Materialanforderungen/Innenaufträge, Terminverfolgung; Klärung mit Lager/Versand/Einkauf; Kundenbetreuung im Rahmen der Abwicklung.

Anforderungen:
Techniker mit kaufm. Kenntnissen oder Industriekaufmann mit technischem Verständnis; DV-Kenntnisse (PC-Erfahrung) sind wünschenswert.
Tarifgruppe: K4

Sachbearbeiterin

Einsatzort: Z144   Kenn-Nr. 6106

Aufgabenstellung:
Schwerpunkt der Aufgabe liegt in der Produktion von Unternehmensfilmen, -Fotos, und -Folien; Unterstützung bei der Erstellung audiovisueller Kommunikationsmittel im Rahmen des Corporate-Design; übergreifende Betreuung weiterer Kommunikationsfelder.

Anforderungen:
Erfahrung mit der Produktion von Filmen, Fotos und Folien; Basiswissen auf dem Gebiet Marketing/ Werbung ist erwünscht; PC-Erfahrung (Word4) sowie selbständiges Arbeiten sind Voraussetzung.
Tarifgruppe: K4/K5, je nach Qualifikation.

Referentin für CD-Anzeigengestaltung

Einsatzort: Z144   Kenn-Nr. 6107

Aufgabenstellung:
Organisation des gesamten Anzeigenbereichs; selbständige Organisation und Koordination einer Mediaabteilung; Erstellung und Umsetzungsüberwachung von Agentur-Briefings; Zusammenarbeit mit internationalen und nationalen Werbeagenturen;

Koordination und Beratung der Bereiche bei der Erstellung von Anzeigen, Inland und Ausland.

Anforderungen:
Umfangreiche Erfahrungen im Bereich Media, Creation, Kontakt; große PC-Praxis ist notwendig; gute Englischkenntnisse werden vorausgesetzt.
Tarifgruppe: K4

Referent in der Strategischen Planung

Einsatzort: Z313   Kenn-Nr. 6108

Aufgabenstellung:
Mitarbeit im Rahmen der periodischen strategischen Planung (PSP) des Konzerns; Mitarbeit im Rahmen von Strategischen Projekten bzw. von Konzernprojekten; Erstellung von strategischen Markt- und Wettbewerbsanalysen; Bearbeitung von Sonderfrage-stellungen; Mitwirkung bei der Datenbank.

Anforderungen:
Dipl.-Wirtschaftsingenieur mit starkem Intersse an zukunftsorientierten, konzeptionellen Themen, analytische Fähigkeiten; sehr gute mündliche und schriftliche Ausdrucksfähigkeit; Bereitschaft zur interdisziplinären Teamarbeit; PC- und Englisch-kenntnisse notwendig.
Tarifgruppe: K6/AT, je nach Qualifikation.

Projektingenieur

Einsatzort: A831 V2   Kenn-Nr. 6109

Aufgabenstellung:
Akquisition, Vertrieb und Abwicklung von Montagen und Inbetriebssetzungsleistungen für elektrische Ausrüstungen im Energieerzeugungs-, -verteilungs- und Industrieanlagenbereich mit den Schwerpunkten Energietechnik und Installationstechnik; hierunter fallen technische Klärung, Montageingeneering, Kalkulation, Angebotserstellung, kosten- und termingerechte Abwicklung.

Anforderungen:
Dipl.-Ing. (FH) mit Erfahrung auf den Gebieten der HS-, MS- und NS-Technik und /oder der Installationstechnik; Grundkenntnisse im Umgang mit PC als Kalkulations- und Abwicklungshilfsmittel; Verhandlungsgeschick; Zielstrebigkeit; Interesse an eigenverantwortlicher, selbständiger Tätigkeit; Englischkenntnisse und die Bereitschaft zu In- und Auslandsreisen sind erforderlich.
Tarifgruppe: T5

Vertriebsingenieur Schutz- und Schaltanlagenleittechnik

Einsatzort: A232 V3   Kenn-Nr. 6110

Aufgabenstellung:
Vertrieb von Schutz- und Leittechnikanlagen und ihrer Komponenten; Systemberatung; Störungs- und Betriebsanalyse in Kundenanlagen und -netzen; Akquisition und Verhandlung; Anleitung und technische Führung der Außenvertriebsorganisation im Rahmen der jeweiligen Vertriebsplanung(den Vertriebs-gruppen sind einzelne Regionen des in- und ausländischen Marktes zugeordnet); Aufnahmen von Marktdaten, Marketingzuarbeit an die Vertriebsleitung im Fachgebiet Schutz- und Schaltanlagenleittechnik.

Anforderungen:
Dipl.-Ing. der allgemeinen Elektrotechnik; Elektrische Energietechnik, Regelungstechnik; englische Sprachkenntnisse in Wort und Schrift.
Tarifgruppe: T4-T6, je nach Qualifikation.

Bewerbungen sind dem Formular DV 456 (erhältlich in Zimmer 7) an Z145 einzureichen.

Abb. 17: Beispiele von innerbetrieblichen Stellenanzeigen

Wir sind ein bedeutendes deutsches Industrieunternehmen mit unserer Hauptverwaltung in Düsseldorf.
In unserem Kasino werden täglich fast 1.000 Mittagessen eingenommen, wobei die Essenteilnehmer ihre Auswahl unter drei angebotenen Gerichten treffen können. Außerdem müssen regelmäßig Teilnehmer an Seminaren aus unserem Kundenkreis betreut werden.
Für die Leitung der Küche suchen wir zum 1. Juli einen

Küchenchef/Küchenmeister

der die Aufgaben unseres nach über 20 Jahren ausscheidenden Chefs, Herrn Rolf Berger, im gleichen Sinne weiterführt.
Wir erwarten von Ihnen neben fundierten Fachkenntnissen in der Gastronomie mehrjährige Berufserfahrungen - möglichst auch aus der betrieblichen Gemeinschaftsverpflegung - und betriebswirtschaftliche Kenntnisse.
Weitere wesentliche Voraussetzungen sind eine positive Einstellung und Aufgeschlossenheit zu neuen Trends in der betrieblichen Großverpflegung und die Bereitschaft zur kooperativen Mitarbeiterführung.
Haben Sie Interesse an dieser verantwortungsvollen Position?
Dann richten Sie Ihre ausführliche Bewerbung mit tabellarischem Lebenslauf, Lichtbild und mit Angabe Ihrer Gehaltsvorstellungen an unsere Personalabteilung, Herrn Sonin, Rheinuferallee 16, Düsseldorf

Nordwest AG
Anlagenbau
Düsseldorf

· Wir brauchen zum nächstmöglichen Termin Verstärkung in unserer stark wachsenden Export-Abteilung und suchen daher einen erfahrenen

Export-Kaufmann

mit Know-how im Verkauf von Investitionsgütern, in der Abwicklung von Frachten und Grenzformalitäten sowie in der Dokumentation abgewickelter Aufträge.

Sie arbeiten gern eigenverantwortlich, besitzen Eigeninitiative, Ideen und Organisationstalent. PC ist für Sie selbstverständlich, Englisch und/oder Russisch wären hilfreich.

Es erwarten Sie eine angemessene Vergütung und gute Sozialleistungen. Zurückzahlbares Weihnachtsgeld wird erstattet.

Ihre Bewerbung erbitten wir unter PE 2756 HA.

Abb. 18: Stellenanzeigen aus einer Tageszeitung (linke Anzeige stark verkleinert)

Als weiterer Anreiz, Fachkräfte zu einer Bewerbung zu veranlassen, wird in Inseraten auch häufig auf die Vielfalt der Aufstiegs- und Weiterbildungsmöglichkeiten hingewiesen. Stellen, die eine besondere oder seltene berufliche Qualifikation erfordern (z.B. Vorstandsmitglied, Leiter des Personalwesens, Ausbilder für mathematisch-naturwissenschaftliche Assistenten, Werksarzt), werden im allgemeinen in überregionalen Zeitungen oder in einer geeigneten Fachzeitschrift ausgeschrieben. Stellen, die eine häufig vorkommende berufliche Qualifikation erfordern (z.B. Sachbearbeiter für Lohnabrechnung, Stenokontoristin, Maschinenschlosser, Chemielaborant, Möbelschreiner), werden mit einer Anzeige in den regionalen Tageszeitungen ausgeschrieben.

2.2 Ausschreibung beim Arbeitsamt

Auf Grund des Arbeitsförderungsgesetzes besitzt die Bundesanstalt für Arbeit (BfA) mit den ihr nachgeordneten Arbeitsämtern das alleinige Recht der Arbeitsvermittlung (Arbeitsvermittlungsmonopol). Die Aufnahme von Stellenangeboten und Stellengesuchen in Zeitungen, Zeitschriften und ähnlich periodisch erscheinenden Druckschriften ist jedoch zulässig.

Die Zuweisung von Arbeitskräften durch das Arbeitsamt hat den Vorteil, daß bereits eine fachliche Vorauswahl getroffen wird und hat den Nachteil, daß nur Stellensuchende angesprochen werden.

2.3 Aushang vor dem eigenen Unternehmen

Durch Plakate oder Tafeln, meist am Haupteingang angebracht, werden Passanten auf offene Stellen aufmerksam gemacht. Diese Art der Stellenangebote hat den Vorteil, daß nur geringe Kosten anfallen und den Nachteil, daß nur ein begrenzter Personenkreis angesprochen wird.

2.4 Personal-Leasing (Zeitarbeit, Leiharbeit)

Es gibt Unternehmen, die Arbeitskräfte für einen bestimmten oder auch unbestimmten Zeitraum verleihen. Man wendet sich an solche Unternehmen z.B., um einmalige Sonderaufträge annehmen zu können, ohne zusätzlich festes Personal einstellen zu müssen, aber auch in der Urlaubszeit oder bei hohem Krankenstand, um die Betriebstätigkeit reibungslos weiterführen zu können. Der Vorteil des Personal-Leasing besteht darin, schnell geeignete Arbeitskräfte zu erhalten; der Nachteil jedoch ist, daß die Lohnkosten höher als bei eigenen Angestellten sind.

2.5 Personalberatungsunternehmen

Personalberatungsunternehmen sind Unternehmen, die sich auf Personalberatung spezialisiert haben. Sie werden gegen Honorar beauftragt, geeignete Bewerber – meist für die Führungsebene – zu suchen. Zu ihren Aufgaben bei der Personalbeschaffung gehören die Stellenausschreibung (in der der Auftraggeber häufig nicht genannt wird), das Führen der ersten Kontaktgespräche und das Treffen einer Vorauswahl. Den personalsuchenden Unternehmen werden schließlich die Unterlagen der als geeignet erscheinenden Bewerber zur Entscheidung vorgelegt.

Personalberatungsunternehmen dürfen grundsätzlich keine Arbeitsvermittlung betreiben, es sei denn, sie wären von der Bundesanstalt für Arbeit dazu beauftragt. Soweit ihre Tätigkeit jedoch überwiegend Beratertätigkeit ist, dürfen sie jederzeit bei der Personalbeschaffung tätig sein.

3   Sonstige Personalbeschaffungsmöglichkeiten

Sonstige Personalbeschaffungsmöglichkeiten bestehen darin, Kontakte zu Universitäten, Fachschulen und anderen Ausbildungsstätten zu knüpfen. Am „Schwarzen Brett" der genannten Institutionen wird meist durch Aushang auf offene Stellen aufmerksam gemacht. Dies hat den Vorteil, daß gezielt eine bestimmte Personengruppe mit den für die offene Stelle erforderlichen Vorkenntnissen angesprochen werden kann.

 Arbeitsaufträge

1. Was versteht man unter interner und externer Personalbeschaffung?

2. In welchem Gesetz sind Vorschriften für die innerbetriebliche Stellenausschreibung enthalten und welche wesentlichen Bestimmungen müssen im einzelnen beachtet werden?

3. Beschreiben Sie kurz, auf welche Weise Ihr Ausbildungsbetrieb intern Personal beschafft?

4. Nennen Sie Möglichkeiten, die Ihr Ausbildungsbetrieb zur externen Personalbeschaffung anwendet.

5. Welche sonstigen Personalbeschaffungsmöglichkeiten nutzt Ihr Ausbildungsbetrieb?

6. Welche Vor- und Nachteile hat das Personal-Leasing?

7. Aufgrund der steigenden Umsätze wird in Ihrem Ausbildungsbetrieb ein zusätzlicher Außendienstmitarbeiter benötigt, der u.a. die erforderlichen Warenkenntnisse besitzt und Verhandlungsgeschick mitbringt. Wählen Sie das Verkaufsprogramm sowie das Verkaufsgebiet und die für die offene Stelle notwendigen Anforderungen selbst aus. Weisen Sie auf die Vorteile hin, die Ihr Ausbildungsbetrieb den Mitarbeitern bietet.

   Entwerfen Sie ein ansprechendes Zeitungsinserat für die Stelle des Außenmitarbeiters.

8. Begründen Sie, warum Ihr Ausbildungsbetrieb

   a) mit bzw.

   b) nicht mit einem Personalberater zusammenarbeitet?

9. Welche Kosten verursacht die Personalbeschaffung in Ihrem Ausbildungsbetrieb?

10. Ermitteln Sie, auf welche Art der Personalbeschaffung Ihr Ausbildungsbetrieb

   a) Arbeiter und

   b) Angestellte

   gefunden und eingestellt hat.

---

c) Gesichtspunkte für die Einstellung von Arbeitnehmern nennen

---

... auf einen Blick

► **Wesentliche Gesichtspunkte für das Einstellungsverfahren**
  ▷ Stellen- oder Arbeitsplatzbeschreibung
  ▷ Bewerbungsschreiben
  ▷ Zeugnisse
  ▷ Referenz
  ▷ Vorstellungsgespräch
  ▷ Eignungstest
  ▷ Einstellungsgespräch
  ▷ Ärztliche Untersuchung für die gesundheitliche Eignung

► **Unterrichtung des Betriebsrates**

► **Ablauf von der Bewerbung bis zur Einstellung**

1   Wesentliche Gesichtspunkte für das Einstellungsverfahren

Die bei der Einstellung von Arbeitnehmern zu berücksichtigenden Gesichtspunkte hängen sehr wesentlich von dem Arbeitsplatz ab, der besetzt werden soll. Im allgemeinen werden die nachfolgenden Gesichtspunkte bedacht.

1.1   Stellen- oder Arbeitsplatzbeschreibung

Bei jeder Einstellung eines Arbeitnehmers sollte der Betrieb die Anforderungen an die berufliche Qualifikation des künftigen Mitarbeiters möglichst genau festlegen. Dies geschieht durch Stellen- oder Arbeitsplatzbeschreibungen.

In einer solchen Stellen- oder Arbeitsplatzbeschreibung ist im wesentlichen niedergeschrieben, welche Arbeiten an dem jeweiligen Arbeitsplatz ausgeführt werden müssen und welche Qualifikationen, Prüfungen, Kenntnisse und Erfahrungen der Mitarbeiter für diese Tätigkeit mitbringen muß. Sie enthält vor allem:

▷ Eine sachliche Festlegung der Aufgaben, d.h. eine Liste mit den zu leistenden Arbeiten;

▷ Erläuterungen hinsichtlich der organisatorischen Eingliederung der Stelle bzw. des Arbeitsplatzes in den Betriebsaufbau und hinsichtlich des Betriebsablaufs;

▷ Anleitungen zur zweckmäßigen Aufgabenlösung;

▷ Darstellung personeller Anforderungen des Stelleninhabers und

▷ Aussagen darüber, ob der Arbeitsplatz auch von einem Behinderten ausgefüllt werden kann; diese Angaben erlauben dann einen Überblick über alle Arbeitsplätze, die auch mit Behinderten besetzt werden können.

Stellenbeschreibungen sind ein wichtiges und nützliches Hilfsmittel für den richtigen Einsatz der Arbeitnehmer. Der Hauptzweck besteht also darin sicherzustellen, daß die aufgrund des Betriebszwecks erforderlichen Arbeiten reibungslos erfüllt werden können.

Stellenbeschreibungen müssen sorgfältig formuliert sein. Bei unklaren Angaben besteht die Gefahr, daß ein Mitarbeiter eingestellt wird, der nicht über die für die Stelle notwendigen Qualifikationen verfügt und deshalb nach einiger Zeit für den gleichen Arbeitsplatz wieder ein neuer Mitarbeiter gesucht und eingestellt werden muß.

Stellenbeschreibung für Angestellte

Name, Vorname	Personal-Nr.
Hehn, Irmgard	30021

Stellenbezeichnung	Stellenkennzahl
Sachbearbeitung Zentralverkauf	32.41

Kostenstellenbezeichnung	Kostenstellen-Nr.
Vertrieb	32

Stellenbezeichnung des direkten Vorgesetzten	Standort
Innendienstleiter Zentralverkauf	Haus B2

Ziel/Zweck der Stelle: Beschreiben Sie kurz und präzise den Zweck, die Hauptfunktionen und die erwarteten Endresultate

Bearbeitung und Erledigung der im Zusammenhang mit der Kundenbetreuung anfallenden administrativen Aufgaben gemäß detaillierter Arbeitsplatzbeschreibung (siehe Arbeitsaufgaben).

Erforderliche Qualifikation:　　　a) Ausbildung　　　b) Erfahrung　　　c) Zusatzkenntnisse

a) mittlerer Schulabschluß, kaufmännische Ausbildung

b) fundamentierte Vertriebserfahrung im Innendienst

c) Schreibmaschinenkenntnisse, Kenntnisse über EDV-Bildschirmeingaben und -abfragen, PC-Anwenderkenntnisse

Geschäftliche Kontakte:　　　a) intern　　　b) extern

a) Verkaufsabwicklung, Controlling, Marketing, Verkaufsförderung, Buchhaltung, Einkauf, Kundendienst, Zentrallager

b) Zentralen und/oder Geschäftsstellen der jeweiligen Kunden, Verkaufsbüros der jeweiligen Kunden

Direkt unterstellte Stellen:　　　Anzahl　　　Stellenbezeichnung

Anzahl der indirekt unterstellten Stellen: _____

Abb. 19: Beispiel einer Stellenbeschreibung für einen kaufmännischen Arbeitsplatz (Teil 1)

Arbeitsaufgaben: Beschreiben Sie die wesentlichen Arbeitsaufgaben des Stelleninhabers in der Reihenfolge ihrer Bedeutung (was wird wo in welcher Weise warum gemacht?)	Anteil in % der Gesamt- arbeits- zeit
1. Sekretariatsarbeit	10%
1.1. Erledigung der Korrespondenz – selbständig oder nach Diktat –, z.B. Geschäftsbriefe, Fernschreiben, Telefax, Rundschreiben etc.	
1.2. Vorbereitung von Kundengesprächen, Tagungen, Börsen	
1.3. Terminplanung, Terminverfolgung, Reisekostenabrechnung	
1.4. Erledigung der anfallenden Registraturarbeiten	
2. Sachbearbeitung	60%
2.1. Eigenständige Bearbeitung und termingerechte Erledigung aller einge- henden Aufträge / Bestellungen, d.h. – Auftragsüberprüfung / Klärung – Auftragseingabe über Bildschirm – Auftragsverfolgung / Lieferung – Kontrolle der Auftragsrückstände	
2.2. Telefonische und schriftliche Bearbeitung und termingerechte Erledi- gung von Anfragen und/oder Reklamationen aus dem zugeordneten Kundenkreis	10%
2.3. Eigenständige Prüfung, Bearbeitung, Aufbereitung und Erfassung der vorgegebenen Verkaufsrunden, Börsen, Foren und Sonderaktionen	5%
2.4. Bedienung des IBM-Bildschirmgerätes, Abfrage der im System erfaßten Daten nach bestimmten Kriterien und schriftliche Darstellung dieser Informationen für Tagungen und/oder Kundengespräche	5%
2.5. Erstellen individueller und monatlicher Umsatzvergleiche nach Grup- pierungen, Produktlinien und Artikeln für den zugeordneten Kunden- kreis	5%
2.6. Aufbereitung eingesetzter Etatmittel aus Börsen, Foren, Arbeitstagun- gen und sonstiger Verkaufsaktionen nach vorgegebenen Richtlinien	5%
3. Vertretungsregelung	
3.1. Vertretung der Verkaufssachbearbeiterin Fachmärkte/Kaufring/Export	

Aktionsradius/Kennzahlen/Besondere Hinweise: Kurzer Hinweis auf Entscheidungsfreiräume, Verantwortung, besondere Probleme, Arbeitsmittel etc. soweit zweckmäßig und nicht bereits unter »Arbeitsaufgabe« erläutert.

Erstellt: (Datum/Vorgesetzter) 1.3.93 *Baumann*	Genehmigt: (Datum/nächsthöherer Vorgesetzter) 11./3.93 *Patjen*
Zur Kenntnis: (Datum/Stelleninhaber) *Irmgard Hehn* 21.3.1993	Zugestimmt: (Datum/Personalabteilung) 15.3.93 *Curtze*

Abb. 19: Beispiel einer Stellenbeschreibung für einen kaufmännischen Arbeitsplatz (Teil 2)

1.2 Bewerbungsschreiben

Schon das Bewerbungsschreiben ermöglicht eventuell eine Beurteilung und Bewertung des Bewerbers. Eine vorzunehmende Beurteilung sollte vier Gesichtspunkte berücksichtigen:

▷ die formale Gestaltung der Unterlagen, d. h. die äußere Form und die Gliederung der Aussagen;

▷ die Vollständigkeit der Unterlagen, wobei insbesondere darauf zu achten ist, ob die in der Stellenanzeige geforderten Unterlagen alle beigefügt worden sind und für jede im Lebenslauf angegebene wichtige Entwicklungsstation ein entsprechendes Zeugnis zur Verfügung steht;

▷ stilistische Gestaltung der Unterlagen, die Aufschluß über sprachliche Fähigkeiten des Bewerbers geben können;

▷ inhaltliche Angaben im Bewerbungsschreiben geben Aufschluß über Schul- und Berufsbildung, den Grund der Bewerbung, Häufigkeit des Berufs- oder Arbeitsplatzwechsels u. a. m.

1.3 Zeugnisse

Man unterscheidet Schulzeugnisse und Arbeitszeugnisse. Schulzeugnisse enthalten normalerweise Leistungsbewertungen in Form von Schulnoten. Arbeitszeugnisse dagegen geben Auskunft über Art und Dauer der Tätigkeit sowie über die Leistung und Verhaltensweisen des Arbeitsnehmers.

Bei den Arbeitszeugnissen werden zwei Zeugnisarten unterschieden:

▷ das **einfache Arbeitszeugnis**, das sich nur auf Fakten wie Personalien sowie auf Art und Dauer der Tätigkeit erstreckt;

▷ das **qualifizierte Arbeitszeugnis**, das über die reinen Fakten des einfachen Arbeitszeugnisses hinaus noch Leistungen und Verhaltensweisen bewertet. Denn berufserfahrene Bewerber hatten während ihrer beruflichen Tätigkeit genügend Gelegenheit fachliches Können, Leistungsfähigkeit und Leistungswillen unter Beweis zu stellen.

Eine Beurteilung des Arbeitszeugnisses bezieht sich vor allem auf folgende Bewertungskriterien: auf die Tätigkeitsdauer, auf den Inhalt der Tätigkeit, auf die erbrachten Leistungen und gezeigten Verhaltensweisen sowie auf den Grund des Ausscheidens (Siehe Abb. 20, 21 und 22, S. 47 und 48).

1.4 Referenz

Eine Referenz (Empfehlung) ist eine Bezugsperson, ein Betrieb oder eine Institution, die der Stellenbewerber angibt und bei denen man eine Auskunft über den Stellenbewerber einholen kann. Eine Referenzauskunft dient dazu, die in den Bewerbungsunterlagen genannten Kenntnisse und Erfahrungen durch eine „persönliche" Bestätigung der Auskunft gebenden Person oder Institution abzusichern. Darüber hinaus enthalten Referenzauskünfte Angaben über Charakter und andere menschliche Eigenschaften, die der Stellenbewerber in seinem Bewerbungsschreiben selbst nicht nennen kann, die aber andererseits für bestimmte Positionen wichtig sind, z.B. besondere Vertauenswürdigkeit (eines Kassierers oder Buchhalters) oder Führungsqualitäten (eines Abteilungsleiters). Über die Zeugnisse hinaus sind Refenzauskünfte ein wertvolles Hilfsmittel bei der Auswahl eines Bewerbers.

1.5 Vorstellungsgespräch

In einem Vorstellungsgespräch möchte man sich einen persönlichen Eindruck über den Stellenbewerber verschaffen; denn im allgemeinen kennt man den Bewerber ja nur aus den schriftlichen Bewerbungsunterlagen. Ein Vorstellungsgespräch ist vor allem dann erforderlich, wenn die Bewerbungsunterlagen keinen genügenden Aufschluß über den Bewerber geben oder wenn das persönliche Erscheinungsbild wichtiger Bestandteil der ausgeschriebenen Stelle ist (z.B. bei Vertretern oder Empfangsdamen).

Abb. 20: Einfaches Arbeitszeugnis

 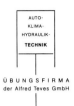

ALTEV GmbH · Auto – Hydraulik – Klima · Guerickestraße 7 · 60488 Frankfurt

ÜBUNGSFIRMA
der Alfred Teves GmbH

Frankfurt, den 16.12.1993

ZEUGNIS

Herr Helmut Balser, geboren am 13.05.64, absolvierte vom 01.09.81 bis zum 31.08.84 in unserem Unternehmen eine Ausbildung zum Mechaniker.

Nach erfolgreichem Abschluß seiner Ausbildung verblieb er bis zum 31.07.1985 in unserer Abteilung Versuchstechnik, um anschließend die Fachoberschule zu besuchen. Nach Beendigung der Schule und Erwerb der Fachhochschulreife trat er am 01.08.1987 wieder in unser Unternehmen ein.

Sein Einsatz erfolgte als Einrichter innerhalb des Werkes Kronberg in der Abteilung Baugruppenmontage. Dort war er an verschiedenen Montagevorrichtungen, Sondermaschinen, Fügeautomaten und Ultraschallschweißmaschinen zur Montage von Rasiererteilen tätig. Zu seinem Aufgabengebiet gehörte im wesentlichen:

- Überwachung der Arbeitsabläufe einschließlich Kontrolle von Stückzahl und Qualität der gefertigten Teile,
- Fehlersuche an mechanischen und elektronischen Baugruppen und Geräten, Reparaturen sowie Durchführung vorbeugender Instandhaltungsmaßnahmen,
- Einteilung und Beaufsichtigung des zugeordneten Personals.

Herr Balser scheidet am 31.12.1993 auf eigenen Wunsch aus unserem Unternehmen aus.

ALTEV GMBH
Personalabteilung

ppa. *Ehrlich*   i.V. *Simon*

Manfred Ehrlich   Jutta Simon

Ü 01 4.85

Sitz der Gesellschaft: Geschäftsführer: Bankverbind
Frankfurt am Main   Rainer Albertin   Ruhrtal-Bank
HR Dortmund B 1596   Dr. Ing. Herbert Tevier   Handels- un

ALTEV GmbH · Auto – Hydraulik – Klima · Guerickestraße 7 · 60488 Frankfurt

ÜBUNGSFIRMA
der Alfred Teves GmbH

Frau
Claudia Schmidt
Schellingstrasse 2

60316 Frankfurt   Frankfurt, den 30.07.1993

ZEUGNIS

Frau Claudia Schmidt, geboren am 16.04.1971, hat in unserem Hause in der Zeit vom 01.09.1991 bis 16.07.1993 eine Berufsausbildung zur Industriekauffrau absolviert.

Frau Schmidt hat gemäß der für diesen Beruf gültigen Ausbildungsordnung alle betrieblichen Abteilungen wie Materialwirtschaft, Produktion, Personal, Absatzwirtschaft und Rechnungswesen durchlaufen und sich die vorgegebenen Kenntnisse und Fertigkeiten angeeignet.

Aufgrund ihrer besonders guten Auffassungsgabe konnten wir auf Wunsch von Frau Schmidt den üblichen Abteilungsdurchlauf straffen und sie im Bereich Marketing kurzzeitig mit einer selbständigen Sachbearbeitung betrauen.

Die persönliche und fachliche Beurteilung von Frau Schmidt war in allen Abteilungen sehr gut. Ihre schnelle Auffassungsgabe, Arbeitsbereitschaft, Zuverlässigkeit, Höflichkeit und Pünktlichkeit wurden in den Beurteilungen der Abteilungen immer wieder besonders hervorgehoben.

Am 16.07.1993 hat Frau Schmidt ihre Abschlußprüfung mit einem sehr guten Ergebnis vor einem Prüfungsausschuß der Industrie- und Handelskammer Frankfurt am Main abgelegt und somit die Berufsausbildung beendet.

Frau Schmidt verläßt uns auf eigenen Wunsch, um ein Studium zu beginnen. Wir bedauern ihr Ausscheiden sehr und wünschen Frau Schmidt für die Zukunft alles Gute.

ALTEV GMBH
Personalabteilung

ppa. *Ehrlich*   i.V. *Simon*

Manfred Ehrlich   Jutta Simon

Ü 01 4.85

Sitz der Gesellschaft: Geschäftsführer: Bankverbindungen:
Frankfurt am Main   Rainer Albertin   Ruhrtal-Bank AG, Essen   Kto. 2 100 717 300 (BLZ 360 440 81)
HR Dortmund B 1596   Dr. Ing. Herbert Tevier   Handels- und Investitionsbank AG, HD Kto. 134 902   (BLZ 672 111 00)

Abb. 21: Qualifiziertes Arbeitszeugnis für einen kaufmännischen Auszubildenden

ALTEV GMBH

AUTO-
KLIMA-
HYDRAULIK-
TECHNIK

ÜBUNGSFIRMA
der Alfred Teves GmbH

ALTEV GmbH · Auto – Hydraulik – Klima · Guerickestraße 7 · 60488 Frankfurt

Frau
Tanja Bleienstein
Am Römerbrunnen 6

60437 Frankfurt   Frankfurt, den 30.11.1993

ZEUGNIS

Frau Tanja Bleienstein, geboren am 13. Mai 1958, trat am 01.01.1986 als Personalreferentin
in unser Unternehmen ein.

Zu ihren Aufgaben gehörte:

– die Betreuung von 300 Mitarbeitern der zur Unternehmensgruppe gehörenden Firmen;

– das Texten und Plazieren von Stellenanzeigen in Koordination mit einer Agentur;

– das Auswerten von Bewerbungen und das Führen von Vorstellungsgesprächen sowohl mit
  kaufmännischen als auch mit gewerblichen Bewerbern;

– das Bereitstellen von Zeitarbeitspersonal und Aushilfen;

– das Ausstellen von Zeugnissen;

– das Führen diverser Personalstatistiken und das Überwachen des Personalbudgets;

– das Vorbereiten von Gehaltsvergleichen;

– das Ausarbeiten eines Leistungsbeurteilungssystems für die kaufmännischen und
  gewerblichen Mitarbeiter.

U 01 4.85

Sitz der Gesellschaft: Geschäftsführer: Bankverbindu
Frankfurt am Main   Rainer Albertin   Ruhrtal-Bank
HR Dortmund B 1596   Dr. Ing. Herbert Tevier   Handels- und

- 2 -

Frau Bleienstein zeigte ein hohes Maß an Selbständigkeit, Eigeninitiative,
Durchsetzungsvermögen und Organisationstalent. Sie war jederzeit zu weit
überdurchschnittlichem Arbeitseinsatz bereit. Frau Bleienstein hat dabei verschiedene
Vorschläge zur Verbesserung der Arbeitsabläufe eingebracht und erfolgreich umgesetzt.

Aufgrund ihres persönlichen Einsatzes, ihrer Argumentationsfähigkeit und ihres Interesses
an allen betrieblichen Vorgängen war sie eine anerkannte Gesprächspartnerin
im Unternehmen.

Frau Bleienstein war eine sehr verantwortungsbewußte und souveräne Mitarbeiterin, die
ebenso rasch wie rationell die ihr übertragenen Aufgaben zu unserer vollsten
Zufriedenheit erledigte. Ihre Leistungen haben unsere volle Anerkennung gefunden.

Aufgrund ihres freundlichen Wesens und ihres sicheren Auftretens hat sie sich auch in
anderen Abteilungen große Anerkennung erworben. Ihr Verhalten gegenüber
Mitarbeitern und Vorgesetzten war stets einwandfrei.

Frau Bleienstein verläßt unser Unternehmen zum 31.12.1993 auf eigenen Wunsch. Wir
danken ihr für die geleistete Arbeit und wünschen ihr für ihre berufliche und private Zukunft
viel Glück und Erfolg.

ALTEV GMBH
Personalabteilung

ppa. *Ehrlich*   i.V. *Simon*

Manfred Ehrlich   Jutta Simon

Abb. 22 : Qualifiziertes Arbeitszeugnis für einen
          kaufmännischen Arbeitnehmer

ALTEV GmbH · Auto – Hydraulik – Klima · Guerickestraße 7 · 60488 Frankfurt

AUTO-
KLIMA-
HYDRAULIK-
TECHNIK

Ü B U N G S F I R M A
der Alfred Teves GmbH

Herrn
Alexander Schindler
Taunusstraße 29

61348 Bad Homburg

05.07.1993

Referenzauskunft über Herrn Markus Weinert

Sehr geehrter Herr Schindler,

in unserem Hause ist es üblich, daß bei Stellenausschreibungen für bestimmte
verantwortungsvolle Positionen von den Bewerbern drei Personen benannt werden, bei denen
wir Referenzauskünfte einholen können.

Herr Weinert hat uns in seiner Bewerbung Ihren Namen genannt. Wir bitten Sie deshalb, um
Auskunft über seine Person und um Hinweise, durch welche besonderen Eigenschaften er
Ihrer Meinung nach befähigt ist, die verantwortungsvolle Aufgabe eines Kassenverwalters zu
übernehmen.

Selbstverständlich behandeln wir Ihre Referenzauskunft mit der gebotenen Vertraulichkeit.

Für Ihre baldige Antwort bedanken wir uns im voraus.

Mit freundlichen Grüßen

ALTEV GMBH

ppa.   i.V.

Manfred Ehrlich   Jutta Simon

U 01 4.85

Sitz der Gesellschaft: Geschäftsführer: Bankverbind
Frankfurt am Main   Rainer Albertin   Ruhrtal-Bank
HR Dortmund B 1596   Dr. Ing. Herbert Tevler   Handels- un

Abb. 23: Aufforderung zur Abgabe einer
Referenzauskunft

Alexander Schindler
Taunusstraße 29 • 61348 Bad Homburg • Telefon (0 61 72) 4 30 56

ALTEV GmbH
Guerickestr. 7

60488 Frankfurt   Bad Homburg, den 10. Juli 1993

Referenzauskunft über Herrn Markus Weinert
Ihr Schreiben vom 05. 07. 1993

Sehr geehrte Damen und Herren,

gerne bin ich bereit, die von Ihnen gewünschten Auskünfte zu erteilen.

Ich kenne Herrn Weinert seit zehn Jahren. Wir haben uns im örtlichen Tanzsportclub
kennengelernt, dessen Vorsitzender ich bin. Herr Weinert ist bereits in der dritten Wahlperiode
Kassenwart des Clubs.

Herr Weinert hat die Kasse – immerhin mit einem Volumen von einer halben Million DM
jährlich – immer korrekt geführt. Die jährlichen Kassenprüfungen haben noch nie Anlaß zu
einer Beanstandung seitens der Kassenprüfer gegeben. Im Gegenteil sind stets die besonders
ordentliche und transparente Belegverwaltung sowie die fehlerlosen Buchungen herausgestellt
worden.

Tanzsportveranstaltungen sind mit umfangreichen kassentechnischen Verwaltungsarbeiten
verbunden, die Herr Weinert stets zu unserer vollen Zufriedenheit erledigt hat, ebenso wie die
Abrechnungen mit Trainern, Übungsleitern und Gastronomen. Die Überschüsse hat er so
günstig angelegt, daß die Zinserträge eine beträchtliche Nebeneinnahme für den Verein
geworden sind.

Auf Grund der immer umfangreicher gewordenen kassentechnischen Verwaltungsarbeiten hat
Herr Weinert es auf sich genommen, die Kassenführung auf elektronische Datenverarbeitung
umzustellen, so daß es uns möglich ist, täglich einen Status über das Vermögen, die
Einnahmen und Ausgaben sowie über die liquiden Mittel zu erhalten.

Herr Weinert ist im Verein ein gern gesehenes Mitglied. Sein Verhalten ist diszipliniert und
freundlich. Er ist selbstbewußt und dennoch zurückhaltend. Auf seine Zusagen ist stets Verlaß.
Er ist kontaktfreudig und zeigt ein überaus hohes Maß an sozialem Engagement.

Aus unserer privaten freundschaftlichen Verbundenheit kann ich Ihnen versichern, daß Herr
Weinert in geordneten Familienverhältnissen lebt und ein fürsorglicher Familienvater seiner
zwei Kinder ist.

Ich halte Herrn Weinert in jeder Hinsicht für befähigt, die Kassenverwaltung Ihres Betriebes zu
Ihrer Zufriedenheit zu führen.

Mit freundlichen Grüßen

A. Schindler

Abb. 24: Referenzauskunft

1.6 Eignungstest

In Eignungstests soll durch gezielte Fragen die vorhandene Wissensbreite und -tiefe geprüft werden. Die Tests werden von der Personalabteilung durchgeführt, die Fragen sind jedoch von Fachleuten erarbeitet, die zumeist auch die Antworten auswerten. Mit den Eignungstests möchte man Informationen über Intelligenz, Wissensumfang, Begabung, Neigung und Persönlichkeit des einzelnen Bewerbers erhalten. Dadurch erspart sich der Betrieb eine wesentlich umfassendere zeit- und personalaufwendige Befragung der Bewerber.

Folgende Tests sind möglich:

▷ **Intelligenz- und Leistungstests** zur Überprüfung der sprachlichen Ausdrucksweise, der Auffassungsgabe und der Denkfähigkeit;

▷ **Begabungstests** zur Feststellung der besonderen Eignung für den angebotenen Arbeitsplatz und andere besondere Begabungen;

▷ **Neigungstests**, **Berufsinteressen-Tests** zur Feststellung der persönlichen Neigung und der vorhandenen Interessen;

▷ **Persönlichkeitstests** zur Feststellung der persönlichen Eigenschaften wie Ausdauer, Kontaktfähigkeit oder Selbstbewußtsein.

1.7 Einstellungsgespräch

Ein Einstellungsgespräch wird mit denjenigen Bewerbern geführt, die in die engere Wahl gezogen werden. Es dient dazu, zusätzliche Eindrücke, insbesondere über die Persönlichkeit des Bewerbers zu erhalten, aber auch dazu, wichtige Arbeitsvertragsbestandteile zu besprechen. In einem Einstellungsgespräch werden häufig folgende Komplexe angesprochen:

▷ Falls kein Eignungstest durchgeführt wurde, werden den Bewerbern **Fachfragen** zur bisherigen Tätigkeit gestellt. Andererseits wird dem Bewerber eingehend Art und Umfang seines zukünftigen Aufgabengebietes erläutert; so kann der Bewerber selbst einschätzen, ob er den gestellten Aufgaben gewachsen ist.

▷ Die **Lohn- und Gehaltsvorstellungen** des Bewerbers werden erfragt, ein Gegenangebot unterbreitet, wobei neben dem Gehalt auch auf die freiwilligen sozialen Leistungen des Betriebes hingewiesen wird.

▷ Es werden dem Bewerber gezielte Fragen gestellt, um die **Gründe für den Stellenwechsel** festzustellen.

▷ Es werden die Möglichkeiten von **Aufstiegschancen** besprochen.

▷ Es muß geklärt werden, zu welchem **Termin** der neue Mitarbeiter die neue Stelle antreten kann.

▷ Die **Dauer der Probezeit**.

▷ Sollte der Bewerber seinen Wohnsitz verlegen müssen, muß über eventuelle **Zuschüsse zu den Umzugskosten** verhandelt werden.

Einstellungsgespräche sind besonders deshalb wichtig, weil sie sowohl den neuen Mitarbeiter als auch den Betrieb vor Enttäuschungen bewahren können. Enttäuschungen des neuen Mitarbeiters können zu einer schlechteren Arbeitsmotivation sowie zur Zerstörung des Betriebsklimas führen, wenn die Arbeitskollegen die unqualifizierte Arbeit des „Neuen" beanstanden oder laufend unzufriedene Äußerungen des „Neuen" Auseinandersetzungen hervorrufen. Ein schlechtes Betriebsklima wiederum kann erhöhte Personalfluktuation und schlechtes Unternehmensimage zur Folge haben.

1.8 Ärztliche Untersuchung für die gesundheitliche Eignung

Eine ärztliche Untersuchung ist manchmal zwingend erforderlich; z.B. dann, wenn ein Jugendlicher unter 18 Jahren eingestellt werden soll (§ 32 JArbSchG). Darüber hinaus gibt es für bestimmte Arbeitsplätze Vorschriften, die eine ärztliche Untersuchung vorschreiben, z.B. aufgrund einschlägiger Hygienebestimmungen. In Großbetrieben werden die zukünftigen Mitarbeiter unter Umständen durch einen Betriebsarzt auf ihre gesundheitliche Eignung für den in Aussicht gestellten Arbeitsplatz untersucht.

2   Unterrichtung des Betriebsrates

Der Betriebsrat muß in Betrieben mit mehr als 20 wahlberechtigten Arbeitnehmern vom Arbeitgeber über jede Einstellung vorher unterrichtet werden (§ 99 BetrVG). Der Arbeitgeber muß ihm die Bewerbungsunterlagen vorlegen und Auskunft über die einzustellende Person geben. Ist der Betriebsrat mit der Einstellung nicht einverstanden, so muß er

▷ schriftlich

▷ innerhalb einer Woche nach Information durch den Arbeitgeber und

▷ unter Angabe der Gründe

dem Arbeitgeber dies mitteilen. Geschieht dies nicht, gilt die Zustimmung als erteilt.

---

§ 99 Mitbestimmung bei personellen Einzelmaßnahmen

(1) In Betrieben mit in der Regel mehr als 20 wahlberechtigten Arbeitnehmern hat der Arbeitgeber den Betriebsrat vor jeder Einstellung, Eingruppierung, Umgruppierung und Versetzung zu unterrichten, ihm die erforderlichen Bewerbungsunterlagen vorzulegen und Auskunft über die Person der Beteiligten zu geben; er hat dem Betriebsrat unter Vorlage der erforderlichen Unterlagen Auskunft über die Auswirkungen der geplanten Maßnahmen zu geben und die Zustimmung des Betriebsrats zu der geplanten Maßnahme einzuholen. Bei Einstellungen und Versetzungen hat der Arbeitgeber insbesondere den in Aussicht genommenen Arbeitsplatz und die vorgesehene Eingruppierung mitzuteilen. Die Mitglieder des Betriebsrats sind verpflichtet, über die ihnen im Rahmen der personellen Maßnahmen nach den Sätzen 1 und 2 bekanntgewordenen persönlichen Verhältnisse und Angelegenheiten der Arbeitnehmer, die ihrer Bedeutung oder ihrem Inhalt nach einer vertraulichen Behandlung bedürfen, Stillschweigen zu bewahren; § 79 Abs.1 Satz 2 bis 4 gilt entsprechend.

(2) Der Betriebsrat kann die Zustimmung verweigern, wenn
　1. die personelle Maßnahme gegen ein Gesetz, eine Verordnung, eine Unfallverhütungsvorschrift oder gegen eine Bestimmung in einem Tarifvertrag oder in einer Betriebsvereinbarung oder gegen eine gerichtliche Entscheidung oder eine behördliche Anordnung verstoßen würde,

　2. die personelle Maßnahme gegen eine Richtlinie nach § 95 verstoßen würde,
　3. die durch Tatsachen begründete Besorgnis besteht, daß infolge der personellen Maßnahme im Betrieb beschäftigte Arbeitnehmer gekündigt werden oder sonstige Nachteile erleiden, ohne daß dies aus betrieblichen oder persönlichen Gründen gerechtfertigt ist,
　4. der betroffene Arbeitnehmer durch die personelle Maßnahme benachteiligt wird, ohne daß dies aus betrieblichen oder in der Person des Arbeitnehmers liegenden Gründen gerechtfertigt ist,
　5. eine nach § 93 erforderliche Ausschreibung im Betrieb unterblieben ist oder
　6. die durch Tatsachen begründete Besorgnis besteht, daß der für die personelle Maßnahme in Aussicht genommene Bewerber oder Arbeitnehmer den Betriebsfrieden durch gesetzwidriges Verhalten oder durch grobe Verletzung der in § 75 Abs. 1 enthaltenen Grundsätze stören werde.

(3) Verweigert der Betriebsrat seine Zustimmung, so hat er dies unter Angabe von Gründen innerhalb einer Woche nach Unterrichtung durch den Arbeitgeber diesem schriftlich mitzuteilen. Teilt der Betriebsrat dem Arbeitgeber die Verweigerung seiner Zustimmung nicht innerhalb der Frist schriftlich mit, so gilt die Zustimmung als erteilt.

(4) Verweigert der Betriebsrat seine Zustimmung, so kann der Arbeitgeber beim Arbeitsgericht beantragen, die Zustimmung zu ersetzen.

Abb. 25: § 99 Betriebsverfassungsgesetz (BetrVG)

Bei Einstellung von Vorstandsmitgliedern, Geschäftsführern und leitenden Angestellten muß der Betriebsrat nicht beteiligt werden. Der Arbeitgeber hat jedoch dem Betriebsrat lediglich deren Einstellung rechtzeitig mitzuteilen (§ 105 BetrVG).

3   Ablauf von der Bewerbung bis zur Einstellung

Die genannten Gesichtspunkte für die Einstellung von Arbeitnehmern werden im allgemeinen in einer bestimmten Reihenfolge beachtet. Das nachfolgende Schaubild zeigt eine sinnvolle Reihenfolge, in der man bei der Auswahl von Bewerbern vorgehen kann.

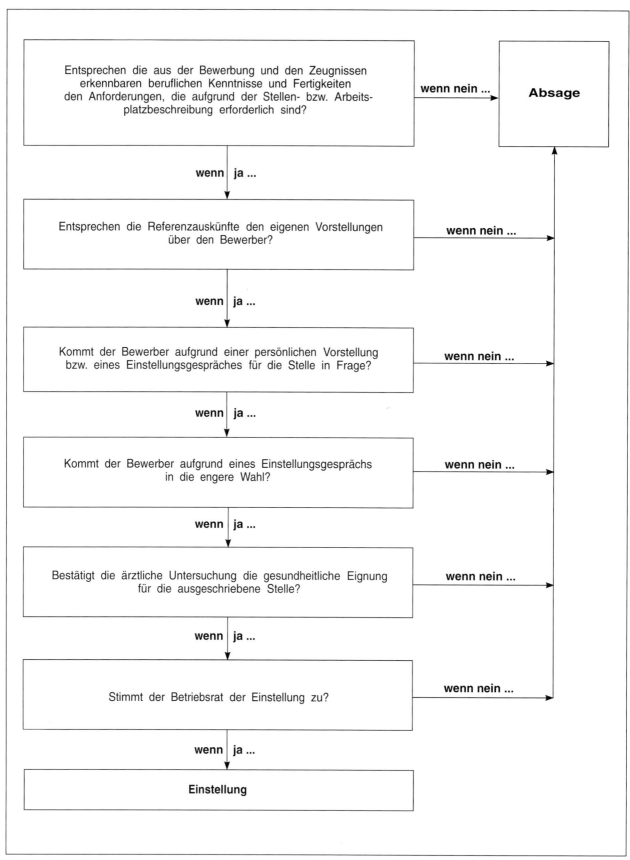

Abb. 26: Abwicklung von der Bewerbung bis zur Einstellung

Arbeitsaufträge

1. Wählen Sie einen Ihnen bekannten Arbeitsplatz aus dem Bereich Materialwirtschaft oder Personalwirtschaft Ihres Ausbildungsbetriebes aus und nennen Sie die wesentlichsten Inhalte einer Stellen- oder Arbeitsplatzbeschreibung für diesen Arbeitsplatz.

2. Welchen Zwecken dient eine Stellen- oder Arbeitsplatzbeschreibung?

3. Aufgrund eines Zeitungsinserates haben sich für die Stelle eines Buchhalters vier Bewerber gemeldet. Für jeden von Ihnen liegen entsprechende Referenzauskünfte sowie die erforderlichen ärztlichen Gesundheitszeugnisse vor. Nach dem Ergebnis eines Einstellungstests kämen alle vier Bewerber in die engere Wahl; der Betrieb verfügt über eine Arbeitsplatzbeschreibung für die ausgeschriebene Stelle. Der Betriebsrat ist über die geplante Einstellung unterrichtet. Ein ausführliches Einstellungsgespräch ist mit allen vier Bewerbern geplant.

   a) Bringen Sie die genannten Maßnahmen für die Einstellung von Arbeitnehmern in eine sinnvolle Reihenfolge.

   b) Vergleichen Sie diese Maßnahmen mit denen, die Ihr Ausbildungsbetrieb bei der Einstellung von Arbeitnehmern berücksichtigt. Geben Sie an, welche der oben genannten Maßnahmen Ihr Ausbildungsbetrieb nicht bzw. welche er zusätzlich berücksichtigt.

4. Angenommen, Ihr Ausbildungsbetrieb eröffnet ein Zweigwerk und sucht dafür u.a. folgende Mitarbeiter:

   1 Bilanzbuchhalter mit Handlungsvollmacht,

   2 Raumpflegerinnen: 1 für den Versand und 1 für das Vorstandsbüro,

   4 Packer für den Versand,

   1 Vorstandssekretärin mit Kenntnissen in mindestens zwei Fremdsprachen,

   2 Programmierer für die Datenverarbeitung und

   1 Personalleiter.

   Entscheiden Sie, für welche der gesuchten Mitarbeiter eine Referenz angefordert wird und begründen Sie Ihre Entscheidung.

5. Welcher Unterschied besteht zwischen einer Referenzauskunft und einem Zeugnis?

6. a) Welche Erkenntnisse bzw. Entscheidungshilfen erwartet ein Personalsachbearbeiter von einem Vorstellungsgespräch?

   b) Geben Sie mindestens je drei zu besetzende Arbeitsplätze (Stellen) an, für die ein Vorstellungsgespräch aufschlußreich ist bzw. unterbleiben kann.

7. Angenommen, Ihr Ausbildungsbetrieb führt bei der Einstellung von kaufmännischen Auszubildenden einen Leistungs-, einen Begabungs-, einen Berufsinteressen- und einen Persönlichkeitstest durch. Über welche Eigenschaften können die einzelnen Tests zusätzliche Aufschlüsse geben?

8. Zählen Sie wichtige Einzelheiten auf, die in einem Einstellungsgespräch verhandelt werden.

9. Aus welchen Gründen schreibt das Jugendarbeitsschutzgesetz eine ärztliche Untersuchung für Arbeitnehmer bzw. Auszubildende unter 18 Jahren vor Arbeitsbeginn Ihrer Meinung nach zwingend vor?

10. Lesen Sie den § 99 BetrVG und erklären Sie, in welchen Fällen der Betriebsrat die Zustimmung zu einer Neueinstellung verweigern kann!

11. Nennen Sie Positionen bzw. Stellen, bei deren Neubesetzung der Betriebsrat nicht beteiligt sein muß.

12. In welcher Art und Weise werden Schul- und Arbeitszeugnisse beim Einstellen von Arbeitnehmern in Ihrem Ausbildungsbetrieb zur Beurteilung bei der Einstellung herangezogen?

---

d) Arbeitsablauf bei der Einstellung von Arbeitnehmern beschreiben

... auf einen Blick

► **Abschluß des Arbeitsvertrages**

► **Arbeiten im Zusammenhang mit dem Einstellen von Arbeitnehmern**

▷ Anlegen der Personalakte

▷ Anlegen einer Personalkarte bzw. EDV-Stammkarte

▷ Entgegennahme aller notwendigen Unterlagen des neuen Mitarbeiters

▷ Übergabe von Unterlagen an den neuen Mitarbeiter

▷ Anmeldung des neuen Mitarbeiters bei den Sozialversicherungen

▷ Anmeldung eines Auszubildenden bei der zuständigen Berufsschule

▷ Einweisung am Arbeitsplatz

1   Abschluß des Arbeitsvertrages

Nachdem sich der Betrieb entschlossen hat, einen bestimmten Bewerber einzustellen und auch der Bewerber das Angebot angenommen hat, wenn sich also Arbeitgeber und Arbeitnehmer über ein zukünftiges Arbeitsverhältnis geeinigt haben, ist mündlich ein Arbeitsvertrag abgeschlossen worden. Die Personalabteilung hat danach noch eine Reihe von Arbeiten zu erledigen.

▷ Zunächst erhält der Bewerber eine **kurze schriftliche Mitteilung**, die die verbindliche Einstellungszusage sowie den vereinbarten Einstellungstermin bestätigt. Eine derartige Mitteilung bietet dem Arbeitnehmer die Sicherheit, daß er zum vereinbarten Termin eingestellt wird, und bietet dem Arbeitgeber die Gewißheit, daß ab dem vereinbarten Termin der neue Mitarbeiter zur Verfügung steht. Der schriftliche Arbeitsvertrag mit den vereinbarten Einzelheiten wird zu einem späteren Zeitpunkt nachgereicht.

▷ Der **Arbeitsvertrag wird geschrieben**. Die persönlichen Daten des Arbeitnehmers wie Name, Geburtstag usw. können den Bewerbungsunterlagen oder einem bereits ausgefüllten Personalfragebogen entnommen werden. Inhaltlich werden die bei den Einstellungsverhandlungen ausgehandelten Bedingungen aufgenommen. Dazu gehören: Angaben zum Aufgabenbereich, Eintrittstermin, Dauer der Probezeit, Kündigungsfrist, Einkommenshöhe (Gehaltsgruppe), evtl. vorgesehen längerfristige Einkommenssteigerungen, Umfang der sonstigen Leistung (wie Weihnachtsgeld, Urlaubsvergütung), Angaben über Sonderregelungen, die von den allgemein geltenden Bestimmungen (z. B. im Tarifvertrag) abweichen und frei vereinbart werden (z.B. betriebliche Sonderzulagen, Fahrtkostenerstattung), Regelungen über die private Nutzung eines Dienstfahrzeuges usw.

Der Arbeitsvertrag wird von dem Unterzeichnungsberechtigen des Betriebes rechtsverbindlich unterschrieben und dem Bewerber in doppelter Ausfertigung zur Unterschrift zugesandt. Der Bewerber prüft den übersandten Arbeitsvertrag daraufhin, ob dieser die mündlichen Vereinbarungen enthält. Ist dies der Fall, unterschreibt er den Arbeitsvertrag, behält ein Exemplar für sich und sendet das andere an das Unternehmen zurück.

Zu den rechtlichen Grundlagen des Arbeitsvertrages vergleichen Sie bitte auch Lernziel 3.2 g und Abb. 27 auf Seite 55.

2   Arbeiten im Zusammenhang mit dem Einstellen von Arbeitnehmern

2.1 Anlegen der Personalakte

Für den neuen Mitarbeiter wird eine Personalakte angelegt. In dieser Akte werden alle Schriftstücke, Notizen und Unterlagen aufbewahrt, die im Zusammenhang mit dem jeweiligen Arbeitnehmer anfallen. Vor allem werden dort abgeheftet:

▷ alle bereits vor Arbeitsbeginn angefallenen Unterlagen wie Bewerbungsschreiben, Zeugnisse, ärztliches Untersuchungsergebnis und Aufzeichnungen über die Einstellungsverhandlungen;

Anstellungsvertrag

Zwischen der Firma   Maschinenbau GmbH   - nachstehend kurz Firma genannt -

und Herrn/Frau/Fräulein   Manfred Kurz   - nachstehend kurz Angestellter genannt -

geb. am   04.10.47   Geburtsort   Schulzendorf/Berlin

wohnhaft (22763)   Hamburg, Fischers Allee 4

telefonisch zu erreichen   977 24 62

wird folgender Vertrag abgeschlossen:

§ 1   Beginn des Arbeitsverhältnisses und Tätigkeit

Der Angestellte wird ab   01.04. 1994   als   Industriekaufmann   eingestellt.

Sein Aufgabengebiet umfaßt: Produktionsplanung, Fertigungsplanung und Fertigungssteuerung sowie alle damit zusammenhängenden Tätigkeiten.

§ 2   Dienstbezüge

1. Als Vergütung erhält der Angestellte:

Tarifgehalt (Gruppe _____)	DM	_____
freiwillige übertarifliche betriebliche Zulage	DM	_____
Gesamt-Bruttogehalt:	DM	3 300,-
in Worten -dreitausenddreihundert-		

Alle zusätzlichen übertariflichen Leistungen der Firma werden mit dem ausdrücklichen Vorbehalt des jederzeitigen Widerrufs und der Anrechnung auch rückwirkend im Falle von Tariferhöhungen gewährt.

§ 3   Probezeit, Kündigung, Vertragsbruch

Der Anstellungsvertrag wird auf unbestimmte Zeit abgeschlossen. Die ersten drei Monate des Anstellungsverhältnisses gelten als Probezeit. Während der Probezeit kann das Anstellungsverhältnis beiderseits mit einer Frist von 1 Monat zum Monatsende gekündigt werden. Nach Ablauf der Probezeit gilt beiderseits eine Kündigungsfrist von 6 Wochen zum Quartal. Kann die Firma nur unter Einhaltung längerer gesetzlicher Kündigungsfristen kündigen, so gelten diese Fristen auch für eine vom Angestellten ausgehende Kündigung. Das Arbeitsverhältnis endet spätestens mit Ablauf des Monats, in dem der Angestellte das 65. Lebensjahr vollendet.

§ 4   Dienstpflichten

1. Der Angestellte ist verpflichtet,
    a) seine berufliche und geschäftliche Tätigkeit ausschließlich der Firma zu widmen und alle ihm übertragenen Aufgaben sorgfältig auszuführen,
    b) alle Anordnungen seiner Vorgesetzten gewissenhaft zu befolgen,
    c) die festgesetzten Arbeitszeiten einzuhalten,
    d) zur Teilnahme an der gleitenden Arbeitszeit,
    e) alle seine dienstliche Tätigkeit betreffenden Schriftstücke und Aufzeichnungen, auch soweit es sich um persönliche Aufzeichnungen, die Geschäftsvorgänge betreffen, handelt als ihm anvertrautes Eigentum der Firma sorgfältig zu behandeln und aufzubewahren und sie der Geschäftsführung oder deren Beauftragten auf Wunsch jederzeit, spätestens aber bei Beendigung des Arbeitsverhältnisses, unaufgefordert herauszugeben. Dies gilt auch für Abschriften, Vervielfältigungen und Auszüge.
    f) alle Geschäfts- und Betriebsgeheimnisse der Firma unbedingt geheimzuhalten, weder unmittelbar für sich oder Dritte davon Gebrauch zu machen. Gleiches gilt für Geschäfts- oder Betriebsgeheimnisse Dritter, die der Firma anvertraut sind.
    Ein Verstoß hiergegen berechtigt die Firma zur fristlosen Kündigung des Arbeitsverhältnisses. Die Verpflichtung bleibt auch nach dem Austritt des Angestellten vom Dienste der Firma in Kraft.
2. Die Firma ist berechtigt, Pakete oder Taschen nach Benachrichtigungen des BR kontrollieren zu lassen. Ein Widersetzen kann eine Entlassung nach sich ziehen.

    Insbesondere ist untersagt:
    a) Alkoholgenuß auf dem Betriebsgelände und/oder dem unserer Kunden innerhalb oder außerhalb der Arbeitszeit,
    b) die gesetzlichen Unfallverhütungsvorschriften und die besonderen Werksvorschriften zu mißachten,
    c) Betreten von Baustellen ohne Schutzhelm,
    d) im Betrieb oder im Werksgelände zu fotografieren.

§ 5   Überstunden

Soweit es die betrieblichen Verhältnisse erfordern, kann die Firma verlangen, Überstunden zu leisten. Die Vergütung erfolgt entsprechend den jeweiligen Bestimmungen des Manteltarifvertrages für die Metall- und Elektroindustrie in Hamburg. Die Vergütung wird nur gewährt, wenn die Überstunden auf Anordnung des Vorgesetzten geleistet wurden.

§ 6   Urlaub

Für die Urlaubsregelung des Angestellten gelten die jeweils gültigen Bestimmungen des Manteltarifvertrages der Metall- und Elektroindustrie in Hamburg. Der Urlaub soll in Abstimmung mit den betrieblichen Erfordernissen (z.B. Werksferien, Auftragslage usw.) im laufenden Kalenderjahr genommen werden.

§ 7   Einstellungs- und Erfüllungsort ist: 22045 Hamburg

§ 8   Zugehörige Abteilung ist: Produktion

§ 9   Nächster Fachvorgesetzter ist: Paul Meyer

§ 10   Aufgabengebiet: siehe § 1; bei Arbeitsmangel im zugewiesenen Gebiet müssen kurzfristig vergleichbare, andere Tätigkeiten ausgeführt werden.

Manfred Kurz   10.3.94   ppa. _Meyer_   8.3.94

     Arbeitnehmer/Datum   Für die Firma/Datum

Abb. 27: Beispiel eines Arbeitsvertrages für einen kaufmännischen Angestellten

▷ alle Unterlagen, die der Arbeitnehmer beim Arbeitsantritt abgeben muß wie Lohnsteuerkarte, Versicherungsnachweisheft und Urlaubsbescheinigung;

▷ alle während der anschließenden Betriebszugehörigkeit anfallenden Unterlagen wie Beurteilungen, Krankmeldungen, genommene Urlaubstage;

▷ alle im Zusammenhang mit dem Ausscheiden verbundenen Unterlagen wie Kündigungsschreiben, Kopie des Arbeitszeugnisses.

Weitere Ausführungen zur Personalakte sind im Lernziel 3.3 a) Personalverwaltung zu finden.

2.2 Anlegen einer Personalkarte bzw. EDV-Stammkarte

Nunmehr wird eine **Personalkarte (ein Personalbogen)** eröffnet und/oder eine **EDV-Stammkarte** angefertigt. Dem neuen Mitarbeiter wird eine Personalnummer zugeteilt. Häufig ist diese eine Schlüsselnummer, in der verschiedene personalbezogene Daten des Mitarbeiters bzw. seines Arbeitsplatzes enthalten sind. (Weitere Ausführungen zur Personalkarte vgl. Lernziel 3.3 a) Personalverwaltung)

2.3 Entgegennahme aller notwendigen Unterlagen des neuen Mitarbeiters

Bei Arbeitsantritt überreicht der neue Mitarbeiter der Personalabteilung folgende Unterlagen: Lohnsteuerkarte, Versicherungsnachweisheft für Angestellten- bzw. Rentenversicherung, Arbeitszeugnis und Urlaubsbescheinigung des letzten Arbeitgebers, bei Ausländern aus Nicht-EG-Ländern die Arbeitserlaubnis und Aufenthaltsgenehmigung, Angabe der Bankverbindung für die bargeldlose Lohn- bzw. Gehaltszahlung, Angabe des Zahlungsempfängers für vermögenswirksame Leistungen gemäß Vermögensbildungsgesetz (936,– DM - Gesetz).

2.4 Übergabe von Unterlagen an den neuen Mitarbeiter

Bei Arbeitsantritt erhält der neue Mitarbeiter gegebenenfalls einen Firmenausweis, eine Stechkarte zur Arbeitszeitermittlung, evtl. Essenmarke sowie eine Arbeitsordnung mit Arbeits- und Pausenzeiten.

2.5 Anmeldung des neuen Mitarbeiters bei den Sozialversicherungen

Die Anmeldung des neuen Mitarbeiters für alle drei Sozialversicherungsträger – Krankenkasse, Renten- und Arbeitslosenversicherung – erfolgt ausschließlich bei der gesetzlichen Krankenkasse als Meldestelle (Dateneingabestelle) entweder schriftlich auf einem Meldevordruck oder auf einem elektronischen Datenträger. Dabei sind besondere Vorschriften über die Erfassung von Daten auf maschinell verwertbaren Datenträgern nach der Datenerfassungs-Verordnung (DEVO) und der Datenübermittlungs-Verordnung (DÜVO) zu beachten. Darüber hinaus ist der Betrieb verpflichtet, den neuen Mitarbeiter bei der Unfallversicherung (Berufsgenossenschaft) anzumelden.

2.6 Anmeldung eines Auszubildenden bei der zuständigen Berufsschule

Eingestellte Auszubildende müssen bei der zuständigen Berufsschule angemeldet werden. Die Anmeldung enthält Angaben über den Ausbildungsberuf, die Ausbildungszeit sowie die schulische Vorbildung (Realschule, Berufsfachschule, Gymnasium).

2.7 Einweisung am Arbeitsplatz

Von den zuständigen Vorgesetzten wird der neue Mitarbeiter am Arbeitsplatz eingewiesen und seinen Arbeitskollegen vorgestellt.

Arbeitsaufträge

1. Welche rechtliche und welche praktische Bedeutung hat die kurze Mitteilung des Betriebes an den Arbeitnehmer mit der Einstellungsbestätigung und dem Einstellungstermin?

2. Nennen Sie wesentliche Inhalte eines in Ihrem Ausbildungsbetrieb üblichen Arbeitsvertrages sowohl für einen kaufmännischen als auch für einen gewerblichen Arbeitnehmer.

3. Nennen Sie mindestens je drei Unterlagen, die in der Personalakte abgelegt werden, und zwar

   a) vor Beschäftigungsbeginn,

   b) bei Arbeitsantritt,

   c) während der Betriebzugehörigkeit und

   d) beim Ausscheiden aus dem Betrieb.

4. Zählen Sie wesentliche Daten auf, die eine Personalkarte (ein Personalbogen) bzw. eine EDV-Stammkarte Ihres Ausbildungsbetriebes enthält.

5. Welchen Zwecken dienen

   a) die Personalakte und

   b) die Personalkarte (der Personalbogen) bzw. die EDV-Stammkarte?

6. Zählen Sie die Unterlagen auf, die ein neuer Mitarbeiter dem Personalbüro bei Beschäftigungsbeginn überreichen muß.

7. Warum benötigen Ausländer aus EG-Ländern keine Arbeitserlaubnis, Ausländer aus Nicht-EG-Ländern jedoch eine solche?

8. Welche Unterlagen erhält jeder neue Mitarbeiter in Ihrem Ausbildungsbetrieb bei Arbeitsantritt ausgehändigt?

9. Welche Bedeutung hat ein Firmenausweis

   a) für den Mitarbeiter Ihres Ausbildungsbetriebes,

   b) für Ihren Ausbildungsbetrieb selbst?

10. Wer bestimmt, in welcher Krankenkasse ein sozialversicherungspflichtiger Arbeitnehmer anzumelden ist?

11. Beantworten Sie hinsichtlich der Unfallversicherung folgende Fragen:

    a) Welcher Berufsgenossenschaft gehört Ihr Ausbildungsbetrieb an?

    b) Welche Risiken deckt die Unfallversicherung ab?

    c) In welcher Weise erfolgt die An- bzw. Abmeldung?

    d) Was muß der Betrieb tun, wenn ein Arbeitnehmer im Betrieb einen Arbeitsunfall erleidet?

    e) Die Risiken auf dem Weg von der Wohnung des Arbeitnehmers zum Arbeitsplatz und zurück sind ebenfalls durch die Unfallversicherung gedeckt. Informieren Sie sich darüber, wo genau dieser Weg beginnt und ob die Unfallversicherung auch Umwege versicherungsmäßig abdeckt!

12. Ihr Ausbildungsbetrieb hat einen kaufmännischen Auszubildenden mit Realschulabschluß für den Ausbildungsberuf Industriekaufmann, Vertragsdauer 2 1/2 Jahre, eingestellt. Verfassen Sie ein formloses Schreiben, in dem Sie diesen Auszubildenden für den Berufsschulunterricht anmelden.

13. a) Welche Bedeutung haben die Personalnummern in Ihrem Ausbildungsbetrieb?

    b) Für den Fall, daß die Personalnummer Ihres Ausbildungsbetriebes Schlüsselnummern sind, erläutern Sie die Bedeutung jeder einzelnen Ziffer Ihrer eigenen Personalnummer.

14. Schildern Sie den üblichen Arbeitsablauf beim Einstellen eines kaufmännischen Angestellten oder eines Arbeiters in Ihrem Ausbildungsbetrieb.

---

e) Gründe für die Beendigung von Arbeitsverhältnissen nennen und erklären

 ... auf einen Blick

Gründe für die Beendigung des Arbeitsverhältnisses
► aus der **Sicht des Arbeitnehmers**
► aus der **Sicht des Arbeitgebers**

Nur in den seltensten Fällen bleibt ein Arbeitnehmer von Beginn seiner beruflichen Tätigkeit an im gleichen Unternehmen. Es gibt eine Reihe von Gründen, welche die Arbeitnehmer veranlassen, in einem anderen Betrieb einen Arbeitsplatz zu suchen. Ebenso kann es für den Arbeitgeber eine Reihe von Gründen geben, sich von einem Arbeitnehmer zu trennen.

Kein Unternehmen kann also damit rechnen, daß die einmal eingestellten Mitarbeiter immer im Betrieb bleiben. Jedes Unternehmen unterliegt daher einer gewissen Personalfluktuation (Personalbewegung, Personalwechsel).

1   Gründe für die Beendigung des Arbeitsverhältnisses aus der Sicht des Arbeitnehmers

Gründe für die Beendigung des Arbeitsverhältnisses aus der Sicht des Arbeitnehmers können beispielsweise sein:

▷ **Betrieblich bedingte Gründe:**

- Unzufriedenheit mit dem Lohn bzw. Gehalt;

- unbefriedigendes Betriebsklima (z.B. die Mitarbeiter verstehen sich nicht);

- unzureichende Arbeitsbedingungen (z.B. Arbeit mit technisch veralteten Produktions- oder Arbeitsmitteln);

- ständige Arbeitsüberlastung (z.B. durch regelmäßige Überstunden);

- andauernde gesundheitliche Gefährdung (z.B. Arbeit mit gesundheitsgefährdenden Chemikalien);

- verhältnismäßig große Entfernung zwischen Wohnung und Arbeitsplatz (z.B. lange Fahrzeiten, hohe Fahrtkosten);

- Unsicherheit des Arbeitsplatzes (z.B. wegen bekannt gewordener finanzieller Schwierigkeiten des Unternehmens).

▷ **Persönlich bedingte Gründe:**

- Erreichen der Altersgrenze (bei Anspruch auf Altersruhegeld, Rente z.B. bei Erreichen des 63. oder 65. Lebensjahres);

- wegen Invalidität (bei berufsbedingter Erwerbsunfähigkeit, d.h. Berufskrankheit, Anspruch auf Invalidenrente);

- Aufgabe des Berufs (z.B. wegen Ausbildung für einen neuen Beruf)

- bessere Wohnverhältnisse an einem anderen Ort (z.B. günstiger Bauplatz oder bessere klimatische Bedingungen);

- Änderung der Familienverhältnisse (z.B. Heirat oder Geburt eines Kindes);

- Nichtannahme einer Änderungskündigung (z.B. wegen Umstellung auf einen Vollautomaten wird eine menschliche Arbeitskraft nicht mehr benötigt, der betreffende Arbeitnehmer bekommt durch eine Änderungskündigung einen neuen Arbeitsplatz angeboten, den er jedoch nicht annimmt);

- keine oder nur geringe Aufstiegsmöglichkeiten;

- das Bestreben, andere Betriebe, Menschen, Arbeitsbereiche, Branchen kennenzulernen.

2 Gründe für die Beendigung des Arbeitsverhältnisses aus der Sicht des Arbeitgebers

Gründe für die Beendigung des Arbeitsverhältnisses aus der Sicht des Arbeitgebers können beispielsweise sein:

▷ **Betrieblich bedingte Gründe:**

- Stillegung von Maschinen oder ganzen Abteilungen (z.B. wegen Arbeitsmangel);

- Konkurs bzw. Liquidation des Unternehmens, d.h. zwangsweise bzw. freiwillige Auflösung des Unternehmens;

- Automatisierung von Arbeitsabläufen (z.B. Umstellung von manueller Fertigung auf Automaten oder Umstellung von manuellen auf elektronische Abrechnungsverfahren);

- allgemeine Konjunkturlage (z.B. Auftragsrückgang aus dem Ausland); Ablauf der Saison (z.B. in Betrieben, die von der Erntezeit, der Witterung und der Jahreszeit abhängig sind);

- organisatorische Änderungen (z.B. Verlegung einzelner Betriebsteile an andere Standorte);

- Aufgabe der Eigenfertigung bestimmter Teile (z.B. wegen Kaufs der Fertigteile).

▷ **Persönlich bedingte Gründe durch Verhaltensfehler des Arbeitnehmers:**

- strafbare Handlungen (z.B. versuchter Betrug, inkorrekte Spesenabrechnung mit Bereicherungsabsicht);

- unkollegiales oder vertragswidriges Verhalten (z.B. Beleidigung von Mitarbeitern, häufige Unpünktlichkeit nach fruchtlosen Ermahnungen, eigenmächtiger Urlaubsantritt, unterlassene Krankmeldung, Verrat von Betriebsgeheimnissen, unentschuldigtes Fernbleiben vom Arbeitsplatz;

- mangelhafte Arbeitsleistung (z.B. häufig fehlerhafte und unzuverlässige Arbeitsweise, Faulheit, Arbeitsunlust);

- Mißachtung von Anordnungen der Vorgesetzten, die im Zusammenhang mit der Arbeitsaufgabe stehen;

- Mißachtung von Verboten (z.B. Verbot von Alkohol- und Drogengenuß oder Rauchverbot bei Arbeit mit feuergefährlichen Stoffen);

- Mißachtung von Sicherheitsmaßnahmen (z.B. Nichtbenutzen einer vorgeschriebenen Sicherheitskleidung).

Liegen Verhaltensfehler des Arbeitnehmers vor, hat der Arbeitgeber vor der Kündigung das Fehlverhalten schriftlich zu beanstanden und Konsequenzen für den Wiederholungsfall anzudrohen. Ein Schreiben dieses Inhalts an den Arbeitnehmer wird **Abmahnung** genannt.

▷ **Persönlich bedingte Gründe durch sonstige Verhältnisse beim Arbeitnehmer**

- unbestimmte lange Krankheitsdauer; sehr häufige Kurzerkrankungen, Leistungsminderungen nach der Gesundung (Augenfehler)

 ## Arbeitsaufträge

1. Nennen Sie aus der Sicht des Arbeitnehmers drei betrieblich bedingte und drei persönlich bedingte Gründe für die Beendigung des Arbeitsverhältnisses.

2. Nennen Sie aus der Sicht des Arbeitgebers drei betrieblich bedingte und drei in der Person des Arbeitnehmers bedingte Gründe für die Beendigung des Arbeitsverhälnisses.

3. Nennen Sie Gründe, die in Ihrem Ausbildungsbetrieb zur Entlassung von Arbeitnehmern führen können.

4. Welche Ursachen können dazu führen, daß einem Auszubildenden nach der Probezeit das Berufsausbildungsverhältnis gekündigt wird?

5. Welche Ursachen können dazu führen, daß der Auszubildende das Berufsausbildungsverhältnis kündigt?

---

f) Arbeitsablauf beim Ausscheiden von Arbeitnehmern beschreiben

... auf einen Blick

► **Anlässe für das Ausscheiden von Arbeitnehmern**

► **Rechtliche Arten der Auflösung des Arbeitsverhältnisses**
  ▷ Auflösung in beiderseitigem Einvernehmen
  ▷ Auflösung durch Zeitablauf
  ▷ Auflösung durch Kündigung

► **Rechtliche Grundlagen für das Ausscheiden eines Arbeitnehmers durch Kündigung**
  ▷ Kündigungserklärung
  ▷ Kündigungsfristen
    – Ordentliche (fristgebundene) Kündigung
    – Außerordentliche (fristlose) Kündigung
  ▷ Änderungskündigung
  ▷ Beteiligung des Betriebsrates
  ▷ Kündigungsschutz
    – Geltungsbereich des Kündigungsschutzgesetzes (KSchG)
    – Sozial ungerechtfertigte Kündigung
    – Besonderer Kündigungsschutz

► **Ausscheiden eines Arbeitnehmers durch Kündigung**
  ▷ Kündigung durch den Arbeitnehmer
  ▷ Kündigung durch den Arbeitgeber

► **Arbeiten des Arbeitsgebers beim Ausscheiden eines Arbeitnehmers aus dem Arbeitsverhältnis**

► **Pflichten des Arbeitnehmers beim Ausscheiden aus dem Arbeitsverhältnis**

1   Anlässe für das Ausscheiden von Arbeitnehmern

Ein Arbeitnehmer scheidet aus dem Unternehmen aus, wenn

▷ das Arbeitsverhältnis in beiderseitigem Einvernehmen gelöst wird,

▷ die im Arbeitsvertrag (bei Zeitverträgen üblich) vereinbarte Beschäftigungsdauer abgelaufen ist,

▷ der Arbeitnehmer stirbt,

▷ der Arbeitnehmer in den Ruhestand tritt oder

▷ entweder der Arbeitnehmer oder der Arbeitgeber das Arbeitsverhältnis kündigt.

2   Rechtliche Arten der Auflösung des Arbeitsverhältnisses

2.1   Auflösung in beiderseitigem Einvernehmen

Wird das Arbeitsverhältnis in beiderseitigem Einvernehmen gelöst, einigen sich Arbeitgeber und Arbeitnehmer freiwillig, es zu einem beliebigen Zeitpunkt zu beenden. Der gewählte Zeitpunkt muß dabei nicht den gesetzlichen Vorschriften oder den vertraglichen Vereinbarungen entsprechen. Diese Form wird in der Regel dann gewählt, wenn beide Seiten die Auflösung des Arbeitsverhältnisses wünschen, z. B. bei persönlichen Unstimmigkeiten.

2.2   Auflösung durch Zeitablauf

Das Arbeitsverhältnis wird durch Zeitablauf beendet, wenn der Zeitpunkt der Beendigung bereits bei Abschluß des Arbeitsvertrages vereinbart worden ist. Solche Festlegungen sind immer dann möglich und auch üblich, wenn der Umfang der Tätigkeit zeitlich begrenzt ist, z. B. bei Aushilfskräften für Sonderaufträge, für das Messegeschäft oder für Schlußverkäufe.

2.3   Auflösung durch Kündigung

Da Arbeitsverträge in den meisten Fällen unbefristet abgeschlossen werden, ist die Kündigung die häufigste Art der Auflösung des Arbeitsverhältnisses. Sie ist eine Erklärung des Arbeitnehmers oder Arbeitgebers, das Arbeitsverhältnis zu einem bestimmten Zeitpunkt beenden zu wollen.

3   Rechtliche Grundlagen für das Ausscheiden eines Arbeitnehmers durch Kündigung

3.1   Kündigungserklärung

Die Kündigung ist eine einseitige, empfangsbedürftige Willenserklärung, die die Auflösung des Arbeitsverhältnisses zum Inhalt hat. Sowohl der Arbeitgeber als auch der Arbeitnehmer können eine Kündigung aussprechen. Allerdings wird die Kündigung des Arbeitgebers durch bestimmte gesetzliche Vorschriften (z. B. Kündigungsschutzgesetz und Betriebsverfassungsgesetz) erschwert. Nach dem BGB bedarf die Kündigung zu ihrer Wirksamkeit grundsätzlich keiner bestimmten Form, sie kann also mündlich oder schriftlich vorgetragen werden. Nach dem Berufsbildungsgesetz dagegen muß die Kündigung schriftlich erfolgen.

Die Kündigung wird erst wirksam, wenn sie dem anderen Vertragspartner zugegangen ist. Bei einer Kündigung durch einen Brief ist die Kündigung in dem Zeitpunkt zugegangen, in dem der Absender damit rechnen kann, daß der Empfänger seinen Hausbriefkasten leert. Bei einer Kündigung durch Einschreibsendung ist die Kündigung in dem Zeitpunkt zugegangen, in dem die Post die Einschreibsendung dem Empfänger aushändigt. Die Einschreibsendung gilt als noch nicht zugegangen, wenn nur ein Benachrichtigungsschein in den Empfängerbriefkasten geworfen wurde.

3.2   Kündigungsfristen

Unter Kündigungsfrist versteht man den Zeitraum zwischen dem Zugang der Kündigung und ihrem Wirksamwerden. Der Sinn dieser Frist liegt darin, daß sie

▷ dem Arbeitnehmer die Möglichkeit geben soll, innerhalb dieser Zeitspanne einen neuen Arbeitsplatz zu suchen;

▷ dem Arbeitgeber die Möglichkeit geben soll, einen neuen Arbeitnehmer zu finden und

▷ beiden Vertragspartnern die Möglichkeit geben soll, sich gegen die Kündigung zu wehren.

Man unterscheidet ordentliche, d. h. fristgebundene und außerordentliche, d. h. fristlose Kündigung.

3.2.1 Ordentliche (fristgebundene) Kündigung

Durch eine ordentliche, fristgebundene Kündigung wird das Arbeitsverhältnis erst nach einer bestimmten Kündigungsfrist und zu bestimmten Kündigungsterminen beendet.

Der **Kündigungstermin** ist der Tag, an dem das Arbeitsverhältnis endet, er ist somit auch der Tag, an dem die Kündigungsfrist abläuft.

Der **letzte Kündigungstag** ist der Tag, an dem spätesten gekündigt sein muß, um den angestrebten Kündigungstermin zu verwirklichen. Um den letzten Kündigungstag zu ermitteln, müssen vom jeweils angestrebten Kündigungstermin die entsprechenden Fristen (Wochen bzw. Monate) zurückgerechnet werden.

Es gibt unterschiedliche gesetzliche Regelungen für die Kündigung durch den Arbeitgeber sowie durch den Arbeitnehmer.

▷ **Gesetzliche Kündigung durch den Arbeitgeber:**

– **Gesetzliche Kündigungsfrist bei unbefristeten Arbeitsverträgen (Grundkündigungsfrist):** Gemäß § 622, 1 BGB in der Fassung von 1993 kann das Arbeitsverhältnis eines Arbeiters oder eines Angestellten (Arbeitnehmers) vom Arbeitgeber mit einer Frist von vier Wochen zum 15. oder zum Ende eines Kalendermonats (Kündigungstermine) gekündigt werden. In der nachfolgenden Tabelle sind in einem Kalenderjahr möglichen Kündigungstermine bzw. letzte Kündigungstage zusammengestellt.

Kündigungstermin	15.01.	15.02.	15.03.	15.04.	15.05.	15.06.	15.07.	15.08.	15.09.	15.10.	15.11	15.12.
letzter Kündigungs-tag	18.12.	18.01.	15.02. 16.02.	18.03.	17.04.	18.05.	17.06.	18.07.	18.08.	17.09.	18.10.	17.11.

Kündigungstermin	31.01.	28.02. 29.02.	31.03.	30.04.	31.05.	30.06.	31.07.	31.08.	30.09.	31.10.	30.11	31.12.
letzter Kündigungs-tag	03.01.	31.01. 01.02.	03.03.	02.04.	03.05.	02.06.	03.07.	03.08.	02.09.	03.10.	02.11.	03.12.

Abb. 28: Gesetzliche Kündigungstermine und letzte Kündigungstage für Arbeitnehmer

– **Gesetzliche Kündigungsfrist während einer vereinbarten Probezeit:** Gemäß § 622, 3 BGB in der Fassung von 1993 kann während einer vereinbarten Probezeit, längstens für die Dauer von sechs Monaten, das Arbeitsverhältnis mit einer Frist von zwei Wochen gekündigt werden. Es gelten keine Kündigungstermine.

  Ist von vornherein eine längere Probezeit vereinbart worden oder entscheiden sich die Vertragsparteien während der Probezeit, die Probezeit über sechs Monate hinaus zu verlängern, kann das Probearbeitsverhältnis nach Ablauf der sechs Monate nur noch mit der vierwöchigen Grundkündigungsfrist zum 15. oder zum Ende eines Kalendermonats gekündigt werden.

▷ **Tarifvertragliche Kündigung:** Die Grundkündigungsfrist (gem § 622, 1 BGB von 1993) und die Kündigungsfrist während der Probezeit (gem. § 622, 3 BGB von 1993) können tarifvertraglich abweichend vereinbart werden. Im Geltungsbereich eines solchen Tarifvertrages gelten die abweichenden tarifvertraglichen Bestimmungen auch zwischen nichttarifgebundenen Arbeitgebern und Arbeitnehmern, wenn ihre Anwendung zwischen ihnen vereinbart ist.

▷ **Einzelvertragliche Kündigung:** Gemäß § 622, 5 BGB von 1993 kann einzelvertraglich nur in folgenden zwei Fällen von der gesetzlichen Kündigung gem. § 622, 1 BGB von 1993 abgewichen werden.

– Bei **Aushilfsverhältnissen** kann nur in den ersten drei Monaten die gesetzliche Grundkündigungsfrist unterschritten werden. Diese Unterschreitung ist nicht mehr möglich, wenn das Arbeitsverhältnis über die Zeit von drei Monaten hinaus fortgesetzt wird.

– In **Kleinbetrieben** kann der Arbeitgeber mit einzelnen Arbeitnehmern einzelvertraglich vereinbaren, daß bei der vierwöchigen Grundkündigungszeit keine der beiden festgelegten Kündigungstermine (15. oder Ende eines Kalendermonats) eingehalten werden müssen. Kleinbetriebe sind Betriebe mit nicht mehr als 20 Arbeitnehmern, wobei die Auszubildenden nicht mitgezählt werden.

▷ **Gesetzliche Kündigung durch den Arbeitnehmer:** § 622, 6 BGB von 1993 bestimmt, daß für die Kündigung durch den Arbeitnehmer keine längere Frist vereinbart werden darf als für die Kündigung durch den Arbeitgeber.

3.2.2 Außerordentliche (fristlose) Kündigung

Ohne Kündigungsfrist, d. h. fristlos, kann ein Arbeitsverhältnis gemäß § 626 BGB gekündigt werden, wenn „unter Abwägung der Interessen beider Vertragsteile die Fortsetzung des Dienstverhältnisses bis zum Ablauf der Kündigungsfrist oder bis zu der vereinbarten Beendigung des Dienstverhältnisses nicht zugemutet werden kann". Eine fristlose Kündigung kann nur von einem Vertragspartner „aus wichtigem Grund" ausgesprochen werden. Ein solcher „wichtiger Grund" zur fristlosen Kündigung könnte u.a. sein

▷ **für den Arbeitgeber:** Verweigerung der Dienstpflicht, Mißbrauch des Vertrauensverhältnisses, Tätlichkeiten oder Ehrverletzungen des Arbeitnehmers gegenüber dem Arbeitgeber, Verletzung des Wettbewerbsverbotes durch den Arbeitnehmer (vgl. § 60 HGB);

▷ **für den Arbeitnehmer:** Verletzung der Fürsorgepflicht der Arbeitgebers, der Arbeitgeber zahlt keinen Lohn bzw. kein Gehalt aus, Tätlichkeiten und Ehrverletzung des Arbeitgebers gegenüber dem Arbeitnehmer.

3.3 Änderungskündigung

Eine Änderungskündigung bezweckt die Änderung einzelner Vereinbarungen eines bestehenden Arbeitsvertrages. Das bestehende Arbeitsverhältnis soll also grundsätzlich nicht beendet, sondern nur abgeändert werden. Die Änderungskündigung ist also eine vorsorgliche Kündigung des Arbeitsvertrages, mit der der Kündigende versucht, die Arbeitsbedingungen zu seinen Gunsten zu verändern. Der Arbeitgeber ist nicht berechtigt, die Arbeitsbedingungen einseitig zum Nachteil des Arbeitnehmers abzuändern. Möchte dies der Arbeitgeber dennoch erreichen, z.B. Zuweisen einer minderqualifizierten Arbeit oder Herabsetzen des Arbeitsentgelts, muß der Arbeitgeber eine Änderungskündigung aussprechen (§ 2 KSchG). Zwei Formen der Änderungskündigung sind üblich.

▷ Das bisherige Arbeitsverhältnis wird gekündigt; gleichzeitig wird angeboten einen neuen veränderten Arbeitsvertrag abzuschließen.

▷ Dem Arbeitnehmer wird angeboten, den neuen veränderten Arbeitsvertrag anzunehmen; Nichtannahme des Angebotes gilt als Kündigung.

3.4 Beteiligung des Betriebsrates

Der Betriebsrat ist vor jeder Kündigung zu hören, d. h. daß sich der Betriebsrat als Gremium mit der Kündigung befaßt haben muß. Jede Kündigung ohne Anhörung des Betriebsrates ist rechtlich unwirksam. Die Frist zur Stellungnahme des Betriebsrates (Erklärungsfrist) beträgt bei ordentlicher Kündigung eine Woche, bei fristloser Kündigung drei Tage. Erfolgt innerhalb der Erklärungsfrist keine Äußerung, gilt dies als Zustimmung des Betriebsrates. Aus den nachfolgenden Vorschriften des § 102 BetrVG sind die weiteren Mitbestimmungsrechte des Betriebsrats zu erkennen.

---

§ 102 Mitbestimmung bei Kündigungen

(1) Der Betriebsrat ist vor jeder Kündigung zu hören. Der Arbeitgeber hat ihm die Gründe für die Kündigung mitzuteilen. Eine ohne Anhörung des Betriebsrats ausgesprochene Kündigung ist unwirksam.

(2) Hat der Betriebsrat gegen eine ordentliche Kündigung Bedenken, so hat er diese unter Angabe der Gründe dem Arbeitgeber spätestens innerhalb einer Woche schriftlich mitzuteilen. Äußert er sich innerhalb dieser Frist nicht, gilt seine Zustimmung zur Kündigung als erteilt. Hat der Betriebsrat gegen eine außerordentliche Kündigung Bedenken, so hat er diese unter Angabe der Gründe dem Arbeitgeber unverzüglich, spätestens jedoch innerhalb von drei Tagen, schriftlich mitzuteilen. Der Betriebsrat soll, soweit dies erforderlich erscheint, vor seiner Stellungnahme den betroffenen Arbeitnehmer hören. § 99 Abs. 1 Satz 3 gilt entsprechend.

(3) Der Betriebsrat kann innerhalb der Frist des Absatzes 2 Satz 1 der ordentlichen Kündigung widersprechen, wenn
1. der Arbeitgeber bei der Auswahl des zu kündigenden Arbeitnehmers soziale Gesichtspunkte nicht oder nicht ausreichend berücksichtigt hat,
2. die Kündigung gegen eine Richtlinie nach § 95 verstößt,
3. der zu kündigende Arbeitnehmer an einem anderen Arbeitsplatz im selben Betrieb oder in einem anderen Betrieb des Unternehmens weiterbeschäftigt werden kann,
4. die Weiterbeschäftigung des Arbeitnehmers nach zumutbaren Umschulungs- oder Fortbildungsmaßnahmen möglich ist oder
5. eine Weiterbeschäftigung des Arbeitnehmers unter geänderten Vertragsbedingungen möglich ist und der Arbeitnehmer sein Einverständnis hiermit erklärt hat.

(4) Kündigt der Arbeitgeber, obwohl der Betriebsrat nach Absatz 3 der Kündigung widersprochen hat, so hat er dem Arbeitnehmer mit der Kündigung eine Abschrift der Stellungnahme des Betriebsrats zuzuleiten.

(5) Hat der Betriebsrat einer ordentlichen Kündigung frist- und ordnungsgemäß widersprochen, und hat der Arbeitnehmer nach dem Kündigungsschutzgesetz Klage auf Feststellung erhoben, daß das Arbeitsverhältnis durch die Kündigung nicht aufgelöst ist, so muß der Arbeitgeber auf Verlangen des Arbeitnehmers diesen nach Ablauf der Kündigungsfrist bis zum rechtskräftigen Abschluß des Rechtsstreits bei unveränderten Arbeitsbedingungen weiterbeschäftigen. Auf Antrag des Arbeitgebers kann das Gericht ihn durch einstweilige Verfügung von der Verpflichtung zur Weiterbeschäftigung nach Satz 1 entbinden, wenn
1. die Klage des Arbeitnehmers keine hinreichende Aussicht auf Erfolg bietet oder mutwillig erscheint oder
2. die Weiterbeschäftigung des Arbeitnehmers zu einer unzumutbaren wirtschaftlichen Belastung des Arbeitgebers führen würde oder
3. der Widerspruch des Betriebsrats offensichtlich unbegründet war.

(6) Arbeitgeber und Betriebsrat können vereinbaren, daß Kündigungen der Zustimmung des Betriebsrats bedürfen und daß bei Meinungsverschiedenheiten über die Berechtigung der Nichterteilung der Zustimmung die Einigungsstelle entscheidet.

(7) Die Vorschriften über die Beteiligung des Betriebsrats nach dem Kündigungsschutzgesetz und nach § 8 Abs. 1 des Arbeitsförderungsgesetzes bleiben unberührt.

Abb. 29: § 102 Betriebsverfassungsgesetz (BetrVG)

3.5 Kündigungsschutz

Mit dem Kündigungsschutz soll sichergestellt werden, daß der Arbeitnehmer vor einer ungerechtfertigten Lösung des Arbeitsverhältnisses geschützt ist. Der **allgemeine Kündigungsschutz** gilt für alle unter dem Geltungsbereich des Kündigungsschutzgesetzes fallende Arbeitnehmer, der **besondere Kündigungsschutz** gilt nur für bestimmte Arbeitnehmer, wie Betriebsräte, Schwangere, Schwerbehinderte usw.

§ 1 Sozial ungerechtfertigte Kündigungen

(1) Die Kündigung des Arbeitsverhältnisses gegenüber einem Arbeitnehmer, dessen Arbeitsverhältnis in demselben Betrieb oder Unternehmen ohne Unterbrechung länger als sechs Monate bestanden hat, ist rechtsunwirksam, wenn sie sozial ungerechtfertigt ist.

(2) Sozial ungerechtfertigt ist die Kündigung, wenn sie nicht durch Gründe, die in der Person oder in dem Verhalten des Arbeitnehmers liegen, oder durch dringende betriebliche Erfordernisse, die einer Weiterbeschäftigung des Arbeitnehmers in diesem Betrieb entgegenstehen, bedingt ist. Die Kündigung ist auch sozial ungerechtfertigt, wenn

1. in Betrieben des privaten Rechts
   a) die Kündigung gegen eine Richtlinie nach § 95 des Betriebsverfassungsgesetzes verstößt,
   b) der Arbeitnehmer an einem anderen Arbeitsplatz in demselben Betrieb oder in einem anderen Betrieb des Unternehmens weiterbeschäftigt werden kann

   und der Betriebsrat oder eine andere nach dem Betriebsverfassungsgesetz insoweit zuständige Vertretung, der Arbeitnehmer aus einem dieser Gründe der Kündigung innerhalb der Frist des § 102 Abs. 2 Satz 1 des Betriebsverfassungsgesetzes schriftlich widersprochen hat,

2. in Betrieben des öffentlichen Rechts
   a) die Kündigung gegen eine Richtlinie über die personelle Auswahl bei der Kündigung verstößt,
   b) der Arbeitnehmer an einem anderen Arbeitsplatz in derselben Dienststelle oder in einer anderen Dienststelle desselben Verwaltungszweiges an demselben Dienstort einschließlich seines Einzugsgebietes weiterbeschäftigt werden kann

   und die zuständige Personalvertretung aus einem dieser Gründe fristgerecht gegen die Kündigung Einwendungen erhoben hat, es sei denn, daß die Stufenvertretung in der Verhandlung mit der übergeordneten Dienststelle die Einwendungen nicht aufrechterhalten hat.

Satz 2 gilt entsprechend, wenn die Weiterbeschäftigung des Arbeitnehmers nach zumutbaren Umschulungs- oder Fortbildungsmaßnahmen oder eine Weiterbeschäftigung des Arbeitnehmers unter geänderten Arbeitsbedingungen möglich ist und der Arbeitnehmer sein Einverständnis hiermit erklärt hat. Der Arbeitgeber hat die Tatsachen zu beweisen, die die Kündigung bedingen.

(3) Ist einem Arbeitnehmer aus dringenden betrieblichen Erfordernissen im Sinne des Absatzes 2 gekündigt worden, so ist die Kündigung trotzdem sozial ungerechtfertigt, wenn der Arbeitgeber bei der Auswahl des Arbeitnehmers soziale Gesichtspunkte nicht oder nicht ausreichend berücksichtigt hat; auf Verlangen des Arbeitnehmers hat der Arbeitgeber dem Arbeitnehmer die Gründe anzugeben, die zu der getroffenen sozialen Auswahl geführt haben. Satz 1 gilt nicht, wenn betriebstechniche, wirtschaftliche oder sonstige berechtigte betriebliche Bedürfnisse die Weiterbeschäftigung eines oder mehrerer bestimmter Arbeitnehmer bedingen und damit der Auswahl nach sozialen Gesichtspunkten entgegenstehen. Der Arbeitnehmer hat die Tatsachen zu beweisen, die die Kündigung als sozial ungerechtfertigt im Sinne des Satzes 1 erscheinen lassen.

§ 3 Kündigungseinspruch

Hält der Arbeitnehmer eine Kündigung für sozial ungerechtfertigt, so kann er binnen einer Woche nach der Kündigung Einspruch beim Betriebsrat einlegen. Erachtet der Betriebsrat den Einspruch für begründet, so hat er zu versuchen, eine Verständigung mit dem Arbeitgeber herbeizuführen. Er hat seine Stellungnahme zu dem Einspruch dem Arbeitnehmer und dem Arbeitgeber auf Verlangen schriftlich mitzuteilen.

§ 5 Zulassung verspäteter Klagen

(1) War ein Arbeitnehmer nach erfolgter Kündigung trotz Anwendung aller ihm nach Lage der Umstände zuzumutenden Sorgfalt verhindert, die Klage innerhalb von drei Wochen nach Zugang der Kündigung zu erheben, so ist auf seinen Antrag die Klage nachträglich zuzulassen.

(2) Mit dem Antrag ist die Klageerhebung zu verbinden; ist die Klage bereits eingereicht, so ist auf sie im Antrag Bezug zu nehmen. Der Antrag muß ferner die Angabe der die nachträgliche Zulassung begründenden Tatsachen und der Mittel für deren Glaubhaftmachung enthalten.

(3) Der Antrag ist nur innerhalb von zwei Wochen nach Behebung des Hindernisses zulässig. Nach Ablauf von sechs Monaten, vom Ende der versäumten Frist an gerechnet, kann der Antrag nicht mehr gestellt werden.

(4) Über den Antrag entscheidet das Arbeitsgericht durch Beschluß. Gegen diesen ist die sofortige Beschwerde zulässig.

Abb. 30: §§ 1, 3 und 5 Kündigungsschutzgesetz (KSchG)

3.5.1 Geltungsbereich des Kündigungsschutzgesetzes (KSchG)

Das KSchG gilt grundsätzlich für alle Betriebe und deren Mitarbeiter. Es gilt jedoch nicht für

▷ Kleinstbetriebe, das sind Betriebe in denen regelmäßig nicht mehr als 5 Mitarbeiter beschäftigt sind; dabei werden Auszubildende und geringfügig Beschäftigte nicht mitgezählt;

▷ Arbeitnehmer, die weniger als 6 Monate ununterbrochen im Betrieb beschäftigt waren. Während der ersten 6 Monate ist demnach eine ordentliche Kündigung ohne Angabe von Gründen möglich.

3.5.2 Sozial ungerechtfertigte Kündigung

Die Fälle, in denen eine Kündigung „sozial ungerechtfertigt" ist, ist in § 1 KSchG festgelegt. Eine „sozial ungerechtfertigte" Kündigung ist nach KSchG rechtsunwirksam. Der Arbeitnehmer kann gegen die sozial ungerechtfertigte Kündigung binnen einer Woche nach Kündigung gem. § 3 KSchG Einspruch beim Betriebsrat einlegen. Will er geltend machen, daß die Kündigung sozial ungerechtfertigt ist, muß der Arbeitnehmer binnen drei Wochen vor dem Arbeitsgericht Klage auf Feststellung erheben, daß das Arbeitsverhältnis durch die Kündigung nicht aufgelöst ist (Kündigungsschutzklage).

Erhebt der Arbeitnehmer keine Kündigungsschutzklage, so wird auch eine sozial ungerechtfertigte Kündigung rechtswirksam.

Bei frist- und ordnungsgemäßem Widerspruch des Betriebsrates und Erhebung der Kündigungsschutzklage durch den Arbeitnehmer hat dieser nach § 102, 5 BetrVG einen **Weiterbeschäftigungsanspruch** über die Kündigungsfrist hinaus bis zum rechtskräftigen Abschluß des Rechtsstreits.

Stellt das Arbeitsgericht im Verlaufe des Kündigungsschutzprozesses fest, daß das Arbeitsverhältnis durch Kündigung nicht gelöst ist, jedoch weder dem Arbeitnehmer noch dem Arbeitgeber die Fortsetzung des Arbeitsverhältnisses zugemutet werden kann, hat das Arbeitsgericht auf Antrag des Arbeitgebers oder Arbeitnehmers das Arbeitsverhältnis aufzulösen und den Arbeitgeber zu einer angemessenen **Abfindung** zu verurteilen.

3.5.3 Besonderer Kündigungsschutz

▷ **Langjährigen Mitarbeitern (Arbeitern und Angestellten)** kann der **Arbeitgeber** nur mit verlängerten Kündigungsfristen kündigen.

Gem. § 622, 2 BGB von 1993 verlängern sich die Kündigungsfristen zum Ende eines Kalendermonats mit zunehmender Beschäftigungsdauer (Betriebszugehörigkeit). Bei der Berechnung der Beschäftigungsdauer werden Beschäftigungszeiten, die vor der Vollendung des 25. Lebensjahres des Arbeitnehmers liegen, nicht berücksichtigt.

Beschäftigungsdauer	Kündigungsfrist
2 Jahre	1 Monat
5 Jahre	2 Monate
8 Jahre	3 Monate
10 Jahre	4 Monate
12 Jahre	5 Monate
15 Jahre	6 Monate
20 Jahre	7 Monate

Die verlängerten Kündigungsfristen können durch Tarifvertrag abweichend geregelt werden.

▷ **Schwerbehinderten Mitarbeitern** kann gemäß § 15 des Schwerbehindertengesetzes (SchwbG) nur gekündigt werden, wenn die Hauptfürsorgestelle vorher zugestimmt hat. Die Zustimmung zur Kündigung hat der Arbeitgeber bei der zuständigen Hauptfürsorgestelle schriftlich und zwar in doppelter Ausführung zu beantragen (§ 17 SchwbG). Nach Zustimmung der Kündigung kann der Arbeitgeber die Kündigung nur innerhalb eines Monats nach Zustellung erklären (§ 18 SchwbG). Ähnliche Vorschriften gelten auch für die außerordentliche Kündigung (§ 21 SchwbG).

▷ **Schwangeren Frauen und Müttern** darf während der Schwangerschaft und bis zum Ablauf von vier Monaten nach der Entbindung nicht gekündigt werden, wenn dem Arbeitgeber zur Zeit der Kündigung die Schwangerschaft oder die Entbindung bekannt war oder innerhalb zweier Wochen nach Zugang der Kündigung mitgeteilt wird (Kündigungsverbot gem. § 9 MuSchG). Gem. § 9,3 MuSchG kann die für den Arbeitsschutz zuständige oberste Landesbehörde in besonderen Fällen ausnahmsweise die Kündigung für zulässig erklären.

▷ **Mitgliedern des Betriebsrats und der Jugend- und Auszubildendenvertretung** darf während ihrer Amtszeit und ein Jahr nach ihrer Amtszeit nicht gekündigt werden. Eine außerordentliche Kündigung ist nur unter besonderen Bedingungen möglich (§ 15,1 Kündigungsschutzgesetz). Gem. § 15,3 KSchG ist die Kündigung eines **Mitglieds eines Wahlvorstands** vom Zeitpunkt seiner Bestellung an, die Kündigung eines **Wahlbewerbers** vom Zeitpunkt der Aufstellung des Wahlvorschlages an, jeweils bis zur Bekanntgabe des Wahlergebnisses, sowie innerhalb von 6 Monaten nach Bekanntgabe des Wahlergebnisses unzulässig. Eine außerordentliche Kündigung ist nur unter besonderen Bedingungen möglich.

▷ **Auszubildende** genießen gem. § 15 Berufsbildungsgesetz nach der Probezeit Kündigungsschutz.

---

§ 15   Kündigung

(1) Während der Probezeit kann das Berufsausbildungsverhältnis jederzeit ohne Einhalten einer Kündigungsfrist gekündigt werden.
(2) Nach der Probezeit kann das Berufsausbildungsverhältnis nur gekündigt werden
1. aus einem wichtigen Grund ohne Einhalten einer Kündigungsfrist,
2. vom Auszubildenden mit einer Kündigungsfrist von vier Wochen, wenn er die Berufsausbildung aufgeben oder sich für eine andere Berufstätigkeit ausbilden lassen will.

(3) Die Kündigung muß schriftlich und in den Fällen des Absatzes 2 unter Angabe der Kündigungsgründe erfolgen.
(4) Eine Kündigung aus einem wichtigen Grund ist unwirksam, wenn die ihr zugrunde liegenden Tatsachen dem zur Kündigung Berechtigten länger als zwei Wochen bekannt sind. Ist ein vorgesehenes Güteverfahren vor einer außergerichtlichen Stelle eingeleitet, so wird bis zu dessen Beendigung der Lauf dieser Frist gehemmt.

Abb. 31: §15 Berufsbildungsgesetz (BBiG)

▷ **Wehrdienstleistenden** oder zu einer **Wehrübung Einberufenen** darf das Arbeitsverhältnis nach Arbeitsplatzschutzgesetz (ArbPlSchG) nicht gekündigt werden.

▷ **Erziehungsurlaubern** darf während des Erziehungsurlaubs nicht gekündigt werden. In besonderen Fällen kann die oberste Landesbehörde ausnahmsweise die Kündigung für zulässig erklären (§ 18 Gesetz über die Gewährung von Erziehungsgeld und Erziehungsurlaub – Bundeserziehungsgeldgesetz BErzGG). Erziehungsurlaub kann bis zur Vollendung des 18. Lebensmonats des Kindes in Anspruch genommen werden. Gem. § 19 BErzGG darf der Erziehungsberechtigte das Arbeitsverhältnis nur unter Einhaltung einer Kündigungsfrist von drei Monaten zum Ende des Erziehungsurlaubs kündigen.

▷ **Massenentlassungen** sind gem. § 18 Kündigungsschutzgesetz nur mit Zustimmung des Landesarbeitsamtes wirksam.

4 Ausscheiden eines Arbeitnehmers durch Kündigung

4.1 Kündigung durch den Arbeitnehmer

Zur Kündigung muß der Arbeitnehmer lediglich die gesetzlichen, tarifvertraglichen bzw. einzelvertraglichen Kündigungsfristen beachten. In der Kündigungserklärung braucht grundsätzlich kein Kündigungsgrund angegeben zu werden, es sei denn, es ist vertraglich vorgesehen.

Die Personalabteilung wird den Eingang der Kündigung schriftlich bestätigen.

4.2 Kündigung durch den Arbeitgeber

Bevor der Arbeitgeber einem Arbeitnehmer kündigt, ist gem. § 102 BetrVG der Betriebsrat zu hören. Der Arbeitgeber hat dem Betriebsrat den Kündigungstermin und die Gründe für die Kündigung mitzuteilen. Eine ohne Anhörung des Betriebsrats ausgesprochene Kündigung ist rechtsunwirksam.

▷ **Stimmt der Betriebsrat der Kündigung zu**, dann tritt die ausgesprochene Kündigung in Kraft. Die Zustimmungserklärung des Betriebsrates wird in das Kündigungsschreiben mit aufgenommen.

▷ **Hat der Betriebsrat gegen eine ordentliche Kündigung Bedenken,** so hat er dies unter Angabe der Gründe dem Arbeitgeber spätestens innerhalb einer Woche schriftlich mitzuteilen. Kündigt der Arbeitgeber, obwohl der Betriebsrat der Kündigung widersprochen hat, so hat er dem Arbeitnehmer mit der Kündigung eine Abschrift der Stellungnahme des Betriebsrats zuzuleiten (§ 102, 4 BetrVG).

▷ **Äußert sich der Betriebsrat innerhalb einer Woche zur Kündigung nicht,** so gilt seine Zustimmung als erteilt. Damit tritt auch in diesem Fall die ausgesprochene Kündigung in Kraft.

Der Arbeitgeber ist an den Widerspruch des Betriebsrates jedoch nicht gebunden, er bleibt entscheidungsfrei. Der Arbeitgeber kann auch nach Anhörung des Betriebsrates trotz dessen Widerspruch wirksam ordentlich oder außerordentlich kündigen.

Falls der Arbeitnehmer die ordentlich Kündigung im Sinne des § 1 KSchG für sozial ungerechtfertigt hält, so kann er gem. § 3 KSchG binnen einer Woche nach der Kündigung Einspruch beim Betriebsrat einlegen und innerhalb einer Frist von drei Wochen nach Zugang der Kündigung Klage beim Arbeitsgericht erheben (Kündigungsschutzklage). Gem. § 102, 5 BetrVG hat dann der Arbeitnehmer einen Weiterbeschäftigungsanspruch über die Kündigungsfrist hinaus bis zum rechtskräftigen Abschluß des Rechtsstreits.

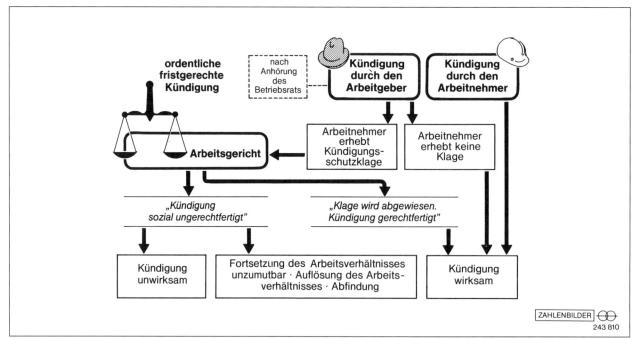

Abb. 32: Kündigung von Arbeitsverträgen   © Erich Schmidt-Verlag

5 Arbeiten des Arbeitgebers beim Ausscheiden eines Arbeitnehmers aus dem Arbeitsverhältnis

Der Arbeitgeber hat beim endgültigen Ausscheiden des Arbeitnehmers folgende Pflichten zu erfüllen und damit nachfolgende Arbeiten zu erledigen:

▷ Nach der Kündigung ist dem Arbeitnehmer – gegebenenfalls auf Verlangen – eine angemessene bezahlte **Freizeit zur Stellensuche** (§ 629 BGB) zu gewähren.

▷ Der Arbeitnehmer hat **Anspruch auf ein Zeugnis** (§ 630 BGB, § 73 HGB, § 113 GewO, § 8 BBiG). Das Zeugnis ist schriftlich zu erteilen und zu unterschreiben. Die äußere Form muß angemessen sein. Deshalb kann der Arbeitnehmer ein mit Bleistift oder unsauber geschriebenes Zeugnis (z. B. Flecken, Radierungen, Durchstreichungen) zurückweisen.

Bei verschuldeter Nichterteilung, unrichtiger oder verspäteter Erteilung eines Zeugnisses kann der Arbeitnehmer den Schaden ersetzt verlangen, den er dadurch erleidet, daß er deswegen keine oder eine schlechtere Arbeitsstelle erhält.

Vom Inhalt her unterscheidet man

– ein **einfaches Zeugnis** (Arbeitszeugnis) enthält lediglich Angaben über Art und Dauer der Beschäftigung;

– ein **qualifiziertes Zeugnis** kann auf Verlangen des Arbeitnehmers zusätzlich Angaben über die Leistungen und die Führung enthalten. Es können besondere berufliche Fähigkeiten, Kenntnisse und Erfahrungen hervorgehoben werden. Das qualifizierte Zeugnis soll einerseits dem Arbeitnehmer als Unterlage für die Bewerbung dienen, andererseits soll das Zeugnis zur Unterrichtung eines Dritten dienen, der die Einstellung eines Zeugnisinhabers erwägt. Aus dem notwendigen Ausgleich dieser sich möglicherweise widerstreitenden Interessen ergibt sich als oberster Grundsatz für die Zeugniserteilung: Das Zeugnis muß wahr sein!

– bei **Beendigung des Berufsausbildungsverhältnisses** hat der Ausbildungsbetrieb dem Auszubildenden ebenfalls ein Zeugnis auszustellen.

§ 8 Zeugnis	(2) Das Zeugnis muß Angaben enthalten über Art, Dauer und
(1) Der Auszubildende hat dem Auszubildenden bei Beendigung des Berufsausbildungsverhältnisses ein Zeugnis auszustellen. Hat der Ausbildende die Berufsausbildung nicht selbst durchgeführt, so soll auch der Ausbilder das Zeugnis unterschreiben.	Ziel der Berufsausbildung sowie über die erworbenen Fertigkeiten und Kenntnisse des Auszubildenden. Auf Verlangen des Auszubildenden sind auch Angaben über Führung, Leistung und besondere fachliche Fähigkeiten aufzunehmen.

Abb. 33: § 8 Berufsbildungsgesetz (BBiG)

▷ Die Personalabteilung ist verpflichtet, die nachfolgenden **Arbeitspapiere** bereitzustellen und dem Arbeitnehmer auszuhändigen:

– Die **Lohnsteuerkarte**, in die die Bruttolohnsumme, die Summe aller abgeführten Lohn- und Kirchensteuern eingetragen wird, die bis zum Ausscheiden angefallen sind.

– Das **Versicherungsnachweisheft** für die Rentenversicherung.

– Die letzte **Lohn- und Gehaltsabrechnung**.

– Die **Urlaubsbescheinigung** (gem. § 6 (2) BUrlG), darin wird der gewährte oder abgegoltene Jahresurlaub und der etwaige Bildungsurlaub bescheinigt.

– Die **Arbeitsbescheinigung** (gem. § 133 AFG) für einen eventuellen Anspruch auf Arbeitslosengeld. Es ist der hierfür vorgesehene Vordruck der BFA zu benutzen.

▷ Die Personalabteilung **verständigt nachfolgende Stellen** vom Ausscheiden des Arbeitnehmers:

– die **Lohn- und Gehaltsabrechnungsstelle** bzw. die **EDV-Abrechnung** erhält einen Abmeldebogen, damit künftig keine Lohn- und Gehaltsabrechnungen mehr erstellt werden. Die Lohn- und Gehaltsabrechnungsstelle prüft, ob der ausscheidende Mitarbeiter noch Ansprüche auf Lohn bzw. Gehalt, Gratifikation, Urlaubsgeld, Spesen oder sonstige Aufwandsentschädigungen besitzt; gegebenenfalls wird eine Endabrechnung erstellt und die Auszahlung veranlaßt.

– Die zuständige **Krankenkasse** erhält eine Abmeldung. Die **Rentenversicherungsstelle** sowie die Bundesversicherungsanstalt für Arbeit werden automatisch durch die Krankenkasse benachrichtigt.

– Die **Berufsgenossenschaft** wird durch die jährlich fällige Meldung in Kenntnis gesetzt.

– Die **Berufsschule** sowie die **Industrie- und Handelskammer** werden, sofern ein Auszubildender vorzeitig ausscheidet, informiert.

▷ **Anerkennung:** Der Arbeitgeber spricht Mitarbeitern, die aus Altersgründen ausscheiden, den besonderen Dank für die Arbeitsleistung aus; in manchen Betrieben wird aus diesem Anlaß eine Abschiedsfeier veranstaltet.

6 Pflichten des Arbeitnehmers beim Ausscheiden aus dem Arbeitsverhältnis

Der Arbeitnehmer hat beim Ausscheiden aus dem Betrieb folgende Pflichten zu erfüllen:

▷ Der Arbeitnehmer ist zur **Herausgabe aller Arbeitsmittel** verpflichtet, die er vom Betrieb erhalten hat. Dazu zählen u.a. die Dienst- bzw. Arbeitskleidung, Werkzeuge, Dienstfahrzeug und gegebenenfalls Geschäftsunterlagen (z.B. Angebotsmappe, Auftrags- bzw. Quittungsblocks, Muster).

▷ Der Arbeitnehmer hat noch vor dem Ausscheiden eventuell fälligen **Resturlaub** zu nehmen.

▷ Der Arbeitnehmer hat eventuell gewährte **Firmendarlehen** zurückzuzahlen.

▷ Der Arbeitnehmer hat, sofern vereinbart, die Pflicht, auf das **Wettbewerbsverbot** zu achten (§§ 74 ff. HGB).

▷ Der Arbeitnehmer hat nach dem Ausscheiden der **Schweigepflicht** zu genügen. Sie erstreckt sich über die Beendigung des Arbeitsverhältnisses hinaus auf alle Kenntnisse, die sich nicht – wie die gesammelte Erfahrung – aus der Arbeit selbst, sondern aus den besonderen Umständen des jeweiligen Betriebes ergeben und dem Arbeitgeber als geistiges Eigentum zustehen (Betriebsgeheimnisse).

Arbeitsaufträge

1. Welche Anlässe können zum Auscheiden eines Arbeitnehmers aus dem Betrieb führen?

2. Nennen und erklären Sie die rechtlichen Arten der Auflösung des Arbeitsverhältnisses.

3. Was versteht man rechtlich unter einer Kündigung?

4. Wann gilt eine Kündigung als zugegangen?

5. Welche Kündigungsfristen gelten für eine ordentliche (fristgebundene) Kündigung?

6. Nennen Sie je zwei Tatbestände, die für den Arbeitgeber bzw. für den Arbeitnehmer zu einer fristlosen Kündigung führen können.

7. Was versteht man unter einer Abmahnung?

8. Was versteht man unter einer Änderungskündigung und welcher Zweck wird damit verfolgt?

9. In welcher Art ist der Betriebsrat an der Kündigung eines Arbeitnehmers beteiligt?

10. Welche Rechtswirkung hat es, wenn der Betriebsrat bei einer Kündigung eines Arbeitnehmers nicht beteiligt wird?

11. Welche Bedeutung hat die Kündigungsschutzklage im Zusammenhang mit einer sozial ungerechtfertigten Kündigung?

12. Aus welchen Gründen schützt Ihrer Meinung nach das Kündigungsschutzgesetz Betriebsratsmitglieder vor einer Kündigung?

13. Nennen Sie mindestens 3 Mitarbeitergruppen, die einen besonderen Kündigungsschutz genießen.

14. Durch welche Unterschiede ist die Kündigung des Arbeitnehmers von der des Arbeitgebers gekennzeichnet?

15. Welche Gegenstände hat ein Außenmitarbeiter Ihres Ausbildungsbetriebes herauszugeben, wenn er aus dem Arbeitsverhältnis ausscheidet?

16. Ein Arbeitnehmer Ihres Ausbildungsbetriebes hat noch 10 Urlaubstage zu beanspruchen und er scheidet am 31.03. des laufenden Jahres aus dem Betrieb aus. Ermitteln Sie seinen letzten Arbeitstag!

17. Wie ist die Rechtslage in den nachfolgenden Fällen?

    a) Die Stenokontoristin Eva Rühl erhält am 25.08.19.. ein Kündigungsschreiben, in dem ihr zum 30.09.19.. gekündigt wird.

    b) Der Hilfsschlosser Gerd Ruge hat in letzter Zeit häufig Auseinandersetzungen mit seinem unmittelbaren Vorgesetzten. Nach einem heftigen Streit zwischen beiden am 23.07.19.. kündigt der Betriebsinhaber Herrn Ruge zum 31.07.19..

    c) Fräulein Schulze ist Sachbearbeiterin in der Personalabteilung. Nach Feierabend und an den Wochenden ist sie als Meinungsforscherin für eine Werbeagentur tätig. Als der Arbeitgeber von dieser Nebentätigkeit erfährt, wird ihr wegen Verletzung des Wettbewerbsverbotes fristlos gekündigt.

18. Was versteht das Kündigungsschutzgesetz unter einer „sozial ungerechtfertigten Kündigung"?

19. Welche Kündigungsfristen gelten für einen langjährig beschäftigten Mitarbeiter, wenn er zum Zeitpunkt der Kündigung

    a) 6 Jahre als Angestellter im gleichen Betrieb beschäftigt und 24 Jahre alt ist?

    b) 16 Jahre als Angestellter im gleichen Betrieb beschäftigt und zur Zeit 38 Jahre alt ist?

    c) 22 Jahre als Arbeiter im gleichen Betrieb beschäftigt und zur Zeit 58 Jahre alt ist?

20. Welche Ursachen können dazu führen, daß einem Auszubildenden nach der Probezeit das Berufsausbildungsverhältnis gekündigt wird.

21. Welche Rechte hat der Betriebsrat nach dem Betriebsverfassungsgesetz, wenn der Arbeitgeber einem Arbeitnehmer kündigen will?

22. Der Betriebsrat hat gegen die ordentliche Kündigung eines Mitarbeiters Bedenken und teilt dies unter Angabe der Gründe dem Arbeitgeber innerhalb drei Tagen schriftlich mit. Der Arbeitgeber kündigt dennoch. Ist diese Kündigung rechtswirksam? Wie ist die Rechtslage?

23. Der Betriebsrat erhält von der Geschäftsleitung am Montag, dem 14.03.19.. die Nachricht, daß dem Mitarbeiter Herrn Huber gekündigt werden soll. Der Betriebsrat teilt seine Bedenken gegen diese Kündigung der Geschäftsleitung am 25.03.19.. mit. Wie ist die Rechtslage, wenn die Geschäftsleitung dem Arbeitnehmer mit Schreiben vom 23.03.19.. kündigt?

24. Welche Pflichten bzw. welche Arbeiten hat der Arbeitgeber beim endgültigen Ausscheiden eines Arbeitnehmers zu erfüllen?

25. Wählen Sie aus Ihrem Ausbildungsbetrieb einen beliebigen Arbeitnehmer aus dem Einkauf, der Warenannahme oder dem Lager aus, und verfassen Sie für diesen Arbeitnehmer

   a) ein einfaches Zeugnis (Arbeitszeugnis),

   b) ein qualifiziertes Zeugnis.

26. Aus welchen Gründen muß der Arbeitgeber einem Arbeitnehmer bei dessen Ausscheiden aus dem Betrieb eine Urlaubsbescheinigung ausstellen?

27. Ein Arbeitnehmer hat eine rechtswirksame Kündigung von seinem Arbeitgeber erhalten. 14 Tage danach bittet er darum, für einen halben Tag freigestellt zu werden, um sich bei einem anderen Arbeitgeber vorzustellen. Sein derzeitiger Arbeitgeber gewährt ihm diese Freizeit unter Anrechnung auf seinen Jahresurlaubsanspruch. Wie ist die Rechtslage?

28. Angenommen, ein Arbeitnehmer hat Anspruch auf 24 Arbeitstage Jahresurlaub. Er wird am 30.04.19.. ausscheiden und hat jedoch erst drei Tage Urlaub in Anspruch genommen. Wieviel Urlaubstage kann er bis zu seinem Ausscheiden noch beanspruchen?

29. Erklären Sie, was man unter Wettbewerbsverbot nach dem Ausscheiden aus dem Unternehmen im Sinne der §§ 74 ff HGB versteht.

30. Schildern Sie in Stichworten, welche Arbeitspapiere einem Arbeitnehmer ausgehändigt werden müssen, wenn er aus Ihrem Ausbildungsbetrieb ausscheidet.

31. Geben Sie an, welche Arbeitsunterlagen in der Personalabteilung „abgeschlossen" werden müssen, wenn ein Arbeitnehmer aus Ihrem Ausbildungsbetrieb ausscheidet.

32. Nennen Sie alle innerbetrieblichen und außerbetrieblichen Stellen, die vom Ausscheiden eines Arbeitnehmers aus Ihrem Ausbildungsbetrieb verständigt werden müssen.

33. Schildern Sie den üblichen Arbeitsablauf beim Ausscheiden eines kaufmännischen Angestellten oder eines Arbeiters aus Ihrem Ausbildungsbetrieb.

34. Nennen Sie die Daten, die beim Ausscheiden eines Arbeitnehmers aus Ihrem Ausbildungsbetrieb

   a) in die DV-Anlage eingeben werden müssen,

   b) in der DV-Anlage gelöscht werden müssen.

35. Nennen Sie die innerbetrieblichen Datenschutzmaßnahmen, die beim Ausscheiden eines Arbeitnehmers zu beachten sind.

36. Welche Vorschriften gibt es nach der Datenerfassungs-Verordnung (DEVO) für die schriftliche An- und Abmeldung eines Mitarbeiters zur Krankenkasse?

37. Welche Vorschriften gibt es nach der Datenübermittlungs-Verordnung (DÜVO) für die Datenübermittlung auf maschinell verwertbaren Datenträgern für die An- und Abmeldung eines Mitarbeiters zur Krankenkasse?

> ## g) Arbeitsrechtliche Vorschriften für die Einstellung und die Entlassung von Arbeitnehmern nennen

... auf einen Blick

▶ **Individuelles Arbeitsrecht**

▶ **Kollektives Arbeitsrecht**

▶ **Besondere arbeitsrechtliche Vorschriften**
  ▷ Vorschriften für die Einstellung
  ▷ Vorschriften für die Entlassung

Für den berufstätigen Menschen ist die meiste Zeit des Tages mit Arbeit ausgefüllt; die tägliche Arbeit stellt folglich die zentrale Lebensaktivität dar. Die Arbeit des Menschen gehört zu den wesentlichen Elementen des sozialen Lebens. Aus diesem Grunde hat der Staat diesen Lebensbereich durch eine Vielfalt von Gesetzen geordnet, um möglichst viel Gerechtigkeit sicherzustellen und ein Höchstmaß an sozialen Frieden zu erreichen.

Folgende arbeitsrechtliche Vorschriften sind für die Einstellung und Entlassung von Arbeitnehmern besonders bedeutungsvoll.

1 Individuelles Arbeitsrecht

▷ **Bürgerliche Gesetzbuch (BGB)**, §§ 611 bis 630; diese Vorschriften regeln allgemein den „Dienstvertrag";

▷ **Handelsgesetzbuch (HGB)**, §§ 59 bis 83; diese Vorschriften regeln das Arbeitsverhältnis der „Handlungsgehilfen und Handlungslehrlinge".

▷ **Gewerbeordnung (GewO)**, §§ 105 bis 139; diese Vorschriften regeln das Arbeitsverhältnis der gewerblichen Arbeitnehmer.

▷ **Ausländergesetz (AuslG)**; dieses Gesetz regelt für Ausländer die Aufenthaltserlaubnis für das Gebiet der Bundesrepublik Deutschland. Die Aufenthaltserlaubnis erteilt die Ausländerbehörde. Für EG-Ausländer gelten Sonderbestimmungen.

▷ **Arbeitsförderungsgesetz (AFG)**; das AFG regelt u. a. auch die Arbeitserlaubnis für nichtdeutsche Arbeitnehmer (§ 19); die Arbeitserlaubnis erteilen die Arbeitsämter. EG-Ausländer benötigen jedoch keine Arbeitserlaubnis zum Abschluß eines Arbeitsvertrages im Bundesgebiet. Sie können also vom Arbeitgeber wie deutsche Arbeitnehmer eingestellt werden.

2 Kollektives Arbeitsrecht

▷ **Betriebsverfassungsgesetz (BetrVG)**; einige Vorschriften dieses Gesetzes regeln die Mitwirkung des Betriebsrates bei Einstellungen und Entlassungen.

▷ **Tarifverträge** enthalten u. a. auch Vereinbarungen über Einstellung, Probezeit, Kündigung und Zeugniserteilung.

▷ **Betriebsvereinbarungen** können u.a. über die tariflichen Regelungen hinaus Vereinbarungen über Einstellungen und Entlassungen von Arbeitnehmern enthalten.

3 Besondere arbeitsrechtliche Vorschriften

Außer den genannten Vorschriften des individuellen und kollektiven Arbeitsrecht gibt es für die Einstellung und Entlassung von Mitarbeitern noch eine Reihe besonderer Vorschriften.

3.1 Vorschriften für die Einstellung

Bei der Einstellung müssen folgende Gesetze und Vorschriften beachtet werden.

▷ **Gesetz zum Schutze der arbeitenden Jugend (Jugendarbeitsschutzgesetz – JArbSchG)**; nach diesem Gesetz ist die Beschäftigung von Jugendlichen erst ab 15 Jahren zulässig. Ein Berufsausbildungsverhältnis können Jugendliche schon mit 14 Jahren abschließen. Jugendliche zwischen 15 und 18 Jahren benötigen zum Abschluß eines Arbeitsvertrages die Zustimmung des gesetzlichen Vertreters (normalerweise Vater und Mutter).

▷ **Gesetz zur Sicherung der Eingliederung Schwerbehinderter in Arbeit, Beruf und Gesellschaft (Schwerbehindertengesetz. SchwbG)**; dieses Gesetz regelt die Pflicht der Arbeitgeber, Schwerbehinderte zu beschäftigen. Gem. § 5 dieses Gesetzes müssen alle Arbeitgeber, die über 16 Arbeitsplätze verfügen, auf wenigstens 6% dieser Arbeitsplätze Schwerbehinderte beschäftigen; werden diese Arbeitsplätze nicht für Schwerbehinderte bereitgestellt, muß der Arbeitgeber eine Ausgleichsabgabe zahlen.

▷ **Vorschriften für die Einstellung ausländischer Arbeitnehmer und Kinder von Ausländern**; diese sich oft ändernden Vorschriften können beim Arbeitsamt erfragt werden. Werden vorsätzlich oder fahrlässig ausländische Arbeitnehmer ohne erforderliche Arbeitserlaubnis illegal beschäftigt, kann dies mit Geldbußen bis 100 000 DM belegt werden.

3.2 Vorschriften für die Entlassung

Die besonderen Vorschriften für die Entlassung beziehen sich auf den Kündigungsschutz. Besondere Kündigungsschutzvorschriften gibt es für langjährige Mitarbeiter, schwerbehinderte Mitarbeiter, schwangere Frauen und Mütter, Mitglieder des Betriebsrats und der Jugend- und Auszubildendenvertretung, des Wahlvorstandes der Wahlbewerber, der Auszubildenden, der Wehrdienstleistenden, der Erziehungsurlauber und bei Massenentlassungen. Sie wurden bereits im Abschnitt 3.2 f) unter Kapitel 3.5 behandelt.

 Arbeitsaufträge

1. Nennen Sie einige Gründe dafür, daß der Gesetzgeber arbeitsrechtliche Vorschriften für die Einstellung und Entlassung von Arbeitnehmern verordnet hat.

2. Nennen Sie mindestens 4 Gesetze aus dem individuellen Arbeitsrecht, die Vorschriften über Einstellung und Entlassung von Arbeitnehmern enthalten.

3. Warum verlangen die Behörden von ausländischen Arbeitnehmern aus den Nicht-EG-Staaten eine Arbeiterlaubnis und eine Aufenthaltserlaubnis?

4. Welche Behörde erteilt
   a) die Aufenthaltserlaubnis und
   b) die Arbeitserlaubnis?

5. Nennen Sie einige Vorschriften, die die Mitwirkung des Betriebsrats bei der Einstellung und Entlassung von Arbeitnehmern regeln.

6. Nennen Sie mindestens 3 Personengruppen, die einen besonderen Kündigungsschutz genießen, und geben Sie das jeweilige Gesetz an, in dem Vorschriften darüber zu finden sind.

7. Wie ist die Rechtslage in den folgenden Fällen?
   a) Herr Giesbart wird zu einer Wehrübung der Bundeswehr einberufen; während dieser Zeit wird ihm fristgerecht gekündigt.
   b) Herr Brunner ist 65 Jahre alt und seit 28 Jahren im gleichen Betrieb als Angestellter beschäftigt; ihm wird mit einer Frist von 6 Wochen zum Quartalsende gekündigt.
   c) Herr Sperber, 36 Jahre alt, ist seit 6 Jahren als kaufmännischer Angestellter im gleichen Unternehmen beschäftigt; seit 10 Monaten ist er Mitglied des Betriebsrates. Wegen erheblicher Absatzschwierigkeiten wird ihm am 25. Mai zum 30. Juni gekündigt.

8. Nennen Sie Bestimmungen aus dem Tarifvertrag und aus den Betriebsvereinbarungen, die für das Einstellen und Entlassen von Arbeitnehmern in Ihrem Ausbildungsbetrieb gelten.

3.3 Personalverwaltung

> a) Für die Personalverwaltung des Ausbildungsbetriebes notwendige Unterlagen nennen und erklären

<u>... auf einen Blick</u>

► **Aufgabenbereich der Personalverwaltung**

► **Betriebsinterne Personalunterlagen der Personalverwaltung**
  ▷ Personalakte
    – Inhalt der Personalakte
    – Grundsätze für die Personalaktenführung
  ▷ Personalkartei
  ▷ Spezialkarteien bzw. Speziallisten
    – Fehlzeitenkartei
    – Jubiläumskartei
    – Kartei der offenen Stellen
    – Urlaubsliste
  ▷ Sonstige Unterlagen
    – Stellenplan, Stellenbeschreibung, Stellenbewertung
    – Tarifverträge und Betriebsvereinbarung
    – Lohnsteuer- und Sozialversicherungstabellen
    – Arbeits- und Fehlzeiten, Karten der Arbeitszeituhren

► **Erhebungspflichtige Personalunterlagen nach dem ...**
  ▷ Einkommensteuergesetz (EStG) und Lohnsteuer-Durchführungs-verordnung (LStDV)
  ▷ Arbeitsförderungsgesetz (AFG)
  ▷ Kündigungsschutzgesetz (KSchG) in Verbindung mit § 95 Betriebs-verfassungsgesetz (BetrVG)
  ▷ Jugendarbeitsschutzgesetz (JASchG)
  ▷ Schwerbehindertengesetz (SchwbG)
  ▷ Mutterschutzgesetz (MuSchG)

► **Personalwirtschaftliche Statistik**
  ▷ Betriebsinterne Personalstatistiken
    – Personalbestandsstatistik
    – Arbeitsplatzstatistik
    – Zeitstatistik
    – Personalkostenstatistik
  ▷ Erhebungspflichtige Personalstatistiken

► **Personalinformationssystem**

► **Datenschutz**

1 Aufgabenbereich der Personalverwaltung

Die Personalverwaltung ist jener Teilbereich des Personalwesens bzw. der Personalabteilung, die alle erhebungspflichtigen und nicht erhebungspflichtigen Personaldaten der Arbeitnehmer und die hierfür erforderlichen Unterlagen sammelt, ordnet, bearbeitet, statistisch auswertet und aufbewahrt. Die Aufgabe der Personalverwaltung besteht daher in reinen personalwirtschaftlichen Verwaltungstätigkeiten, die bei Personaleinstellung, Lohn- und Gehaltsabrechnung, Versetzung, Beförderung, Kündigung, Pensionierung, Ausstellung von Bescheinigungen usw. anfallen und bewältigt werden müssen.

Auf Grund von über 100 Gesetzen und Verordnungen ist der Arbeitgeber verpflichtet, bis über 200 personalwirtschaftliche Einzeldaten aufzuzeichnen und auf Verlangen den zuständigen Stellen zu melden. Man bezeichnet diese Daten als **erhebungspflichtige** Personaldaten.

Nicht erhebungspflichtige Personaldaten werden aus betrieblichen Gründen erfaßt und betriebsintern verwendet. Man nennt daher die nicht erhebungspflichtigen Personaldaten auch **betriebsinterne Personaldaten**. Viele erhebungspflichtige Personaldaten werden auch aus betrieblichen Gründen aufgezeichnet, so daß sehr häufig bei erforderlichen gesetzlichen Meldungen auf betriebsinterne Personaldaten zurückgegriffen werden kann.

2 Betriebsinterne Personalunterlagen der Personalverwaltung

Kernstücke der betriebsinternen Personalunterlagen der Personalverwaltung sind Personalakten, Personalbögen, Personalkarteien, Personalstatistiken sowie weitere damit im Zusammenhang stehende Unterlagen. Nachfolgend werden notwendige betriebsinterne Unterlagen genannt und erklärt, die von der Personalverwaltung geführt und bearbeitet werden.

2.1 Personalakte

2.1.1 Inhalt der Personalakte

Eine Personalakte wird für jeden einzelnen Mitarbeiter geführt. In ihr sind alle Schriftstücke und Daten enthalten, die im Zusammenhang mit dem Beschäftigungsverhältnis anfallen. Im allgemeinen ist die Personalakte wie folgt gegliedert:

▷ **Angaben zur Person**:
- Bewerbungsanschreiben;
- Personalfragebogen mit Familiennamen, Geburtsname, Vornamen, Geburtsdatum, Geburtsort, Geschlecht, Familienstand, Nationalität, Anschrift, Titel;
- Lebenslauf;
- Zeugnisse der allgemeinbildenden und beruflichen Schulen;
- Zeugnis über die Abschlußprüfung des Ausbildungsberufes;
- Arbeitszeugnisse früherer Arbeitgeber;
- Unterlagen, die im Zusammenhang mit der Einstellung angefertigt wurden, wie Tests oder Notizen über die Einstellungsverhandlungen;
- Bescheinigungen über Qualifikationen, die durch Fortbildung erworben worden sind;
- evtl. polizeiliches Führungszeugnis;
- Ärztliches Zeugnis bzw. Gesundheitszeugnis der Berufstauglichkeitsuntersuchung;
- Persönliche Veränderungen, z. B. Heirat;
- Eintrittsdatum; Entlassungsdatum;
- Dienstzeitberechnung (Betriebszugehörigkeitsdatum): sie gibt Auskunft über die Dauer der Beschäftigung im Betrieb.

▷ **Vertragliche Vereinbarungen und Ergänzungen:**
- Einstellungsschreiben mit vereinbartem Lohn oder Gehalt;
- Anstellungsvertrag;
- Zusätzliche Vereinbarungen zum Arbeitsvertrag, z. B. Konkurrenzklausel;
- Änderung der Bezüge oder der Tätigkeit;

- Arbeitsvertraglicher Status (Auszubildender, tariflicher Angestellter, außertariflicher Angestellter, leitender Angestellter);
- Art der betrieblichen Altersversorgung;
- Datum der betrieblichen Zusage auf Alters-, Invaliditäts-, Hinterbliebenenversorgung (Gesetz zur Verbesserung der betrieblichen Altersversorgung, BetrAVG);
- Leistungsrechtlicher Status (z. B. Schwerbehinderter).

▷ **Tätigkeit:**
- Personalnummer;
- Versetzung; Abordnung; Beförderung;
- Tarifeinstufung;
- Zuordnungsmerkmale für die innerbetriebliche Kostenrechnung (Kostenstelle, Kostenart, Kostenträger);
- Erfolgreiche Beteiligung am betrieblichen Verbesserungsvorschlagswesen;
- Unterschriftsvollmachten, -berechtigungen;
- betriebliche Ermahnungen, Abmahnungen, gegebenenfalls ergriffene Disziplinarmaßnahmen;
- Tätigkeitsberichte;
- Beurteilungen, Beurteilungsbögen: sie enthalten Angaben über die Arbeitsleistungen im Betrieb und werden in vorgegebenen Zeitabständen vom jeweiligen Vorgesetzten ausgefüllt. Auch für Auszubildende werden derartige Personalbeurteilungsbögen regelmäßig angefertigt; dies geschieht zumeist dann, wenn der Auszubildende einen Ausbildungsabschnitt (Sachgebiet, Abteilung) durchlaufen hat (vgl. Abb. 34).

▷ **Bezüge:**
- Grundgehalt;
- Zusatzentgelt (Fahrkostenzuschüsse, Werksverpflegung, Jubiläum, Urlaubs- und Weihnachtsgeld);
- Sonstige soziale Leistungen (Dienstwohnungen und andere Wohnbeihilfen, Dienstwagen, Berufskleidung usw.);
- Lohn- und Kirchensteuer; Sozialversicherungbeiträge;
- Mitgliedsbescheinigung bei der jeweiligen Krankenkasse;
- Versicherungsnachweisheft über die Angestellten- bzw. Arbeiterrentenversicherung;
- Vorschüsse;
- Darlehen und Beihilfen;
- Abtretungen, Pfändungen;
- Vermögenswirksame Leistungen;
- Angaben für Überweisung des auszahlbaren Nettoentgelts (Name Konteninhaber, Konto-Nr., Bankleitzahl, begünstigtes Zahlungsinstitut).

▷ **Abwesenheit:**
- Urlaub; Sonderurlaub;
- Krankheitsnachweise;
- Betriebsunfälle und Wegeunfälle;
- Bildungsveranstaltungen.

▷ **Schriftverkehr**, soweit er sich auf das Arbeitsverhältnis bezieht (z. B. Schriftwechsel mit dem Arbeitsamt, dem Sozialversicherungsträger, der Bundeswehrverwaltung).

Beurteilungsbogen Auszubildende

Versetzungsmitteilung

Der/Die Auszubildende

Name _____

Vorname _____

Pers. Nr. _____

Geb. _____

Ausbildungsberuf _____

Ausbildungsjahr _____

wird vom _____ bis _____ in Abt. _____
zur weiteren Ausbildung versetzt.

Verantwortlicher Ausbildungsbeauftragter _____

Bitte melden Sie sich am ersten Ausbildungstag in der neuen Abteilung bei

Herrn/Frau _____

Der Beurteilungsbogen ist bis _____ ausgefüllt an die Ausbildungsleitung
zurückzuschicken.

Achtung! Wichtiger Hinweis!

Bitte lesen Sie vor dem Ausfüllen des Beurteilungsbogens erst die Erläuterungen auf der
Rückseite!

Fähigkeiten, die bei der Mitarbeit beobachtet wurden

Gedächtnis ist die Fähigkeit, Unterweisungen zu behalten	☐ behält neue Unterweisungen gut ☐ behält im allgemeinen gut, behält das Wichtigste ☐ behält schlecht, vergeßlich
Denkfähigkeit ist die Fähigkeit, Unterweisungen zu erfassen und selbständig und fachgerecht anzuwenden.	☐ denkt folgerichtig und schnell ☐ denkt im allgemeinen mit ☐ denkt lückenhaft
Lernbereitschaft ist das ständige Bemühen, sich weitere Fachkenntnisse und Fertigkeiten anzueignen.	☐ ist jederzeit bereit, Neues aufzunehmen ☐ ist bei Interesse bemüht ☐ muß ständig angeregt (motiviert) werden
Arbeitstempo drückt den Grad der Schnelligkeit aus, in der Aufgaben ausgeführt werden.	☐ sehr schnell ☐ normal ☐ langsam
Arbeitsergebnis gibt den Grad der Lernzielerreichung an. Das Arbeitsergebnis wird voll oder nur in einem bestimmten Umfang erreicht.	☐ entspricht der Aufgabenstellung ☐ geringfügige Abweichungen ☐ häufige Beanstandungen
Arbeitsweise ist die Fähigkeit, die vorgegebene Aufgabenstellung nach Unterweisung zu erfüllen.	☐ selbständig ☐ benötigt zeitweise Hilfen ☐ unselbständig
Umgang mit Arbeitsmitteln umfaßt den Grad der Sorgfalt beim Umgang mit Arbeitsgeräten und Arbeitsmitteln.	☐ sehr sorgfältig und umsichtig ☐ genügend sorgfältig ☐ wenig schonend, verschwenderisch
Unfallsicherheit umfaßt das Verhalten, das wesentlich dazu beiträgt, sich und andere vor Gefahren zu schützen.	☐ beachtet die Vorschriften sorgsam ☐ beachtet diese genügend sorgsam ☐ unvorsichtig, fahrlässig

---

Verhaltensmerkmale

Pünktlichkeit beinhaltet das Einhalten der Arbeitszeit, Pausen und Wegzeiten (Schul- und Arbeitswege).	☐ pünktlich ☐ bisweilen unpünktlich ☐ häufig unpünktlich
Anwesenheit am Arbeitsplatz	☐ immer anwesend ☐ gelegentlich abwesend ☐ häufig abwesend
Soziales Verhalten bedeutet, in Zusammenarbeit mit anderen Auszubildenden, Mitarbeitern oder in Arbeitsgruppen Aufgaben zu erledigen, sowie die Bereitschaft zum Informationsaustausch und dem Geltenlassen anderer Meinungen.	☐ ist immer zur Zusammenarbeit bereit ☐ zeigt bisweilen Schwierigkeiten in der Zusammenarbeit ☐ zeigt Schwierigkeiten in der Zusammenarbeit

Besondere Angaben

1. Für welche Arbeiten zeigte der Auszubildende im Rahmen seines Ausbildungsberufes besondere Eignung?

_____

2. Sind zusätzliche Ausbildungsmaßnahmen erforderlich? Wenn ja, welche?

_____

3. Würden Sie den Auszubildenden, falls möglich, nach der Ausbildung als Mitarbeiter in Ihre Abteilung übernehmen?

☐ ja   Wenn nein, ☐ warum nicht? _____

☐ eine Aussage ist beim derzeitigen Ausbildungsstand noch nicht möglich.

4. Ergänzende Bemerkungen _____

_____

_____

_____

Beurteilungsgespräch mit dem Auszubildenden geführt am: _____

Unterschrift des Auszubildenden/Datum   Unterschrift des beurteilenden Ausbilders oder des Ausbildungsbeauftragten/Datum

Unterschrift des gesetzl. Vertreters/Datum   Unterschrift der Ausbildungsleitung/Datum

---

Achtung! Wichtige Hinweise für Beurteilende!

Bitte lesen Sie vor dem Ausfüllen des Beurteilungsbogens erst die folgenden Erläuterungen:

1. Allgemeines

Durch eine planmäßige, systematische Beurteilung soll das Verhältnis zwischen dem Auszubildenden und dem Ausbildungsbetrieb versachlicht und objektiviert werden. Der Beurteilungsbogen soll:

a) dem Auszubildenden mitteilen, wo seine Stärken und Schwächen liegen und wie er seine Leistungen verbessern kann

b) dem Ausbilder Anregung geben, worauf er zu achten hat, um sich dadurch intensiver mit dem Auszubildenden beschäftigen zu können

c) der Ausbildungsleitung ein Gesamtbild von dem Auszubildenden geben sowie eine Übersicht über den Stand und den Fortgang der Ausbildung in den jeweiligen Ausbildungsstationen.

Die Beurteilungen erfolgen nach jedem Ausbildungsabschnitt.
Die Beurteilung darf nur unter Zugrundelegung der im Beurteilungsbogen aufgeführten Merkmale erfolgen. Dabei ist immer der jeweilige Ausbildungsstand zu berücksichtigen. Persönliche, d.h. nicht mit der gezeigten Leistung in unmittelbarem Zusammenhang stehende Kriterien oder andere, nicht im Beurteilungsbogen enthaltene Merkmale dürfen die Beurteilung nicht beeinflussen.
Nur derjenige, der die Leistung des Auszubildenden **aus eigener Beobachtung** kennt, ist zur Durchführung der Beurteilung berechtigt.
Der Beurteilung soll die Beobachtung der Leistungen und des Verhaltens des Auszubildenden während eines längeren Zeitraumes bzw. des gesamten Ausbildungsabschnittes zugrunde liegen. Einzelne Vorfälle oder Handlungen aus dem Zeitraum unmittelbar vor Durchführung der Beurteilung dürfen nicht überbewertet werden. Der direkte Vergleich einer Leistung mit der eines anderen Auszubildenden darf nicht im Vordergrund stehen; vielmehr sollen die Leistungen möglichst objektiv an den vorgegebenen Kriterien gemessen werden. Die Beurteilung wird erst dann sinnvoll, wenn sie zwischen Auszubildenden und beurteilendem Ausbilder durchgesprochen wird.
Dieses Beurteilungsgespräch soll unter allen Umständen und unabhängig von evtl. Gesprächen mit der Ausbil-

dungsleitung **zwischen dem Beurteiler und dem Auszubildenden** vor dem Verlassen der jeweiligen Ausbildungsabteilung geführt werden.
Es ist nicht erforderlich, daß der Auszubildende in allen Punkten von der Meinung des Beurteilenden überzeugt wird.

2. Hinweise zu einzelnen Punkten

Versetzungsmitteilung

Die Angaben zur Person des Auszubildenden werden von der Ausbildungsstätte ausgefüllt.
Der Beurteilungsbogen dient gleichzeitig als Versetzungsmitteilung. Der Auszubildende übergibt diesen Beurteilungsbogen am ersten Tag in der neuen Abteilung dem Ausbildungsbeauftragten.
Der Beurteilungsbogen ist vor Ende des Ausbildungsabschnittes auszufüllen und an die Ausbildungsabteilung zurückzuschicken. Sollte der Auszubildende einen weiteren Ausbildungsabschnitt in dieser Abteilung verbleiben, so kann der Beurteilungszeitraum auf zwei Abschnitte ausgedehnt werden.

Besondere Angaben

Zi. 1) Zeigt es sich, daß der Auszubildende besondere Interessen an speziellen Arbeiten hat oder daß er sich bei verschiedenen Aufgaben oder Arbeiten besonders geschickt und interessiert zeigt, so ist dies hier anzugeben.

Zi. 2) Werden mangelnde Leistungen erkannt, so sind diese anzugeben, damit sie notfalls in Wiederholungskursen oder Lehrgängen ausgeglichen werden können.

Zi. 3) Hier soll besonders bei Auszubildenden im 3. und 4. Ausbildungsjahr angegeben werden, ob die betreffende Abteilung aufgrund der von dem Auszubildenden gezeigten Leistungen und hinsichtlich seines Verhaltens bereit wäre, den Auszubildenden nach Abschluß der Ausbildung zu übernehmen. Selbstverständlich ist dies keine Zusage und hängt auch von der Planstellen- und der Arbeitssituation ab. Ist eine Aussage noch nicht möglich, so kann die Antwort entfallen.

Ausbildungsleitung

Abb. 34: Muster eines Beurteilungsbogens (4 Seiten DIN A4)

2.1.2 Grundsätze für die Personalaktenführung

Personaldaten müssen mit besonderer Zurückhaltung und Sorgfalt geführt werden. Aus diesem Grunde sind die nachfolgenden Grundsätze für die Personalaktenführung zu beachten.

▷ Die Personalakten sollten **zentral geführt** werden.

▷ Die Personalakte unterliegt dem **Prinzip der Vollständigkeit**. Sie ist regelmäßig um jene Unterlagen zu ergänzen, die das Bild des Mitarbeiters vervollständigen.

▷ Neben der offiziellen Personalakte darf **keine weitere Personalakte** über den Arbeitnehmer geführt werden, die inhaltlich von der offiziellen Akte abweicht und nicht zur Vorlage bestimmt ist.

▷ Für personalwirtschaftliche Daten gelten unterschiedliche Grade der **Vertraulichkeit**. Im allgemeinen werden vier Vertraulichkeitsstufen unterschieden:

Stufe 1: Keine besondere Vertraulichkeit, keine besonderen Sicherheitsmaßnahmen, jedoch normale Sorgfalt.

Stufe 2: Nur für internen Gebrauch bestimmt.

Stufe 3: Vertraulich zu behandelnde Daten (personenbezogene Daten gem. § 3 Bundesdatenschutzgesetz), verstärkte Sicherheitsmaßnahmen.

Stufe 4: Geheime personenbezogene Daten (z. B. Arbeitsentgelt, Eignungsdaten, Entwicklungsdaten), hohe Sicherheitsmaßnahmen.

Die verschiedenen Vertraulichkeitsstufen sind bedeutungsvoll für die Zugriffsrechte, für die verschiedenen Benutzer und Benutzungsarten.

▷ Der Arbeitnehmer hat das Recht, **Einsicht in die über ihn geführten Personalakten** zu nehmen. Er kann hierzu ein Mitglied des Betriebsrates hinzuziehen (§ 83 BetrVG). Sofern Personalakten in Datenbänken gespeichert sind, hat der Arbeitnehmer Anspruch auf Ausdruck aller über ihn gespeicherten personenbezogenen Daten. Der Arbeitnehmer kann nicht die Herausgabe von Unterlagen aus der Personalakte verlangen; er kann sich aber Notizen machen und er hat das Recht, schriftliche Erklärungen zum Inhalt der Personalakte abzugeben, die auf sein Verlangen dieser beizufügen sind. Enthält die Personalakte nach Meinung des Arbeitnehmers unrichtige Angaben, so kann er auf Berichtigung, Entfernung oder bei automatisierten Daten auf Löschung bestehen.

2.2 Personalkartei

Für die praktische Arbeit werden nicht immer alle Daten der Personalakte gebraucht. Um häufig benötigte persönliche Daten sowie alle statistischen Informationen über den Mitarbeiter in konzentrierter und übersichtlicher Form schnell und übersichtlich zur Hand zu haben, wird zusätzlich eine besondere Personalkarte oder Personalstammkarte angelegt. Sie weist alle für den Betrieb wichtigen Daten der Personalakte aus wie Name, Geburtsdatum, Privatanschrift, Personalnummer, Einstellungsdatum, Lohn- bzw. Gehaltsgruppe sowie Zeitpunkt und Höhe von Entgeltserhöhungen, Bankverbindung usw. Änderungen dieser Daten müssen genauestens erfaßt werden, damit eine laufende Auswertung dieser Daten z. B. für Ausbildungsförderung, Verdienstüberwachung, betriebliche Sozialarbeit, Aufstellung von Berichten und Statistiken möglich ist.

2.3 Spezialkarteien bzw. Speziallisten

Für besondere personalwirtschaftliche Daten werden Spezialkarteien bzw. Speziallisten geführt.

▷ **Fehlzeitenkartei**: In ihr werden die entschuldigten und unentschuldigten Fehlzeiten eingetragen sowie die Gründe der Abwesenheit.

▷ **Jubiläumskartei**: In ihr sind die Eintrittsdaten erfaßt. Von diesen Daten ausgehend, werden entsprechende Jubiläumsdaten wie 10-, 20-, 25jährige usw. Betriebszugehörigkeit abgeleitet.

▷ **Kartei der offenen Stellen**: In ihr sind alle nicht besetzten kaufmännischen und gewerblichen Arbeitsplätze erfaßt.

▷ **Urlaubsliste**: Für jedes Kalenderjahr wird die Urlaubsliste aufgelegt. In ihr tragen die Arbeitnehmer die Kalenderdaten ein, an denen sie ihren Jahresurlaub zu nehmen wünschen.

					Karte	Seite
Name	Vorname	**Beruf**	**Kontr.-Nr.**			1

bei Frauen auch Geburtsname

Straße	Wohnort	erreichbar bei	Telefon

verzogen am	nach	Entfernung v. d. Arbeitsstätte	km	Verkehrsmittel

Geboren am	in	Religion	Staatsangehörigkeit	gesetzl. Vertreter

Familie ledig/verh./verw./gesch. seit	Ehefrau/Ehemann Geburtsname	geb. am	in	Beruf

Kinder — Name — 1. 2. 3. 4. 5. 6. 7. 8. — geb. am

Gesundheitszustand (schwere Krankheiten, Verletzungen u. dgl.)

Jubiläum — am

Erwerbsminderung	%	**Eintritt**	**Austritt**	Art

ab — am — am

ab — Probezeit von — bis — Kündigung durch

ab — verlängert bis

Grund — Kündigungsfrist — Grund

Arbeitsunterlagen erhalten — Unterschrift (Empfänger) — Arbeitsunterlagen zurückgegeben — Unterschrift (Empfänger)

Lichtbild

Wehrdienst

von

bis

aufgenommen am

Unterschrift

Organisiert

seit

Bestätigung
Ich bestätige, daß sämtliche Ansprüche aus dem Arbeitsverhältnis und seiner Beendigung, gleich aus welchem Rechtsgrund, abgegolten sind. Gegen die Kündigung werden von mir keine Einwendungen erhoben.

, den   19

Unterschrift

Vermerke

Bestellz.: **9606-562** Personalstammkarte L 840 Urheberrecht - Nachdruck verboten !

Eichner Organisation KG, Postfach 12, 8630 Coburg, Ruf (09561) * 1251, Telex 663373

Arbeits- und Fehltage-Statistik (siehe: „Karteikarte L 85")														Pfändungen	Seite 2

Jahr	Arbeitstage Soll	Urlaubs-tage	Fehltage				Krankheits-Tage	Unfall-Tage		Arbeitstage Ist	Arbeitstage Soll ./. Ist			Beschluß vom	
			bezahlte	unbezahlte	unentsch.										
1	2	3	4	5	6	7	8	9	10	11	12	13	14	am — DM — Einbehalten am — DM	

1.–15. 19 — Insgesamt

Barzuwendungen				Sachzuwendungen			
Datum	Art der Zuwendung	DM	davon steuerfr. DM	Datum	Art der Zuwendung	Wert DM	davon steuerfr. DM

Abb. 35: Muster einer Personalstammkarte (S. 1 und 2)

Krankenkasse		Nebenämter im Betrieb	Lohn / Gehalt - Vergütung · Tarif							Seite 3
bei		(z. B. Betriebsrat, Vertrauensmann)	ab	Tarifgruppe Gruppenjahr	Grund- Geh.-Lohn	freiw. Zulage			Verm. B.	**Gesamt**
Betriebs-Nr.										
Beitragsgruppe										
angemeldet am	am									
abgemeldet am	am									

Renten-Versicherung		Außerbetriebliche Nebenämter
Vers.-träger		(z. B. Gemeinderat, Vereinsvorstand)
Vers.-Nr.		
Betriebs-Nr.		
Angaben zur Tätigkeit (in Schlüsselzahl)		
A	B	

Finanzamt	Nebenbeschäftigung
in	(gegen Entgelt)
Bezirk	

Kindergeld			Besondere Vermerke	Bankverbindung Gehalt	Bankverbindung VBG
ab	Vermerk	Betrag		Bankleitzahl:	Bankleitzahl:
				Konto-Nr.:	Konto-Nr.:
				Bankbezeichnung:	Bankbezeichnung:
				Konto-Inhaber:	Zusatztext:

Ausbildung					Erlernter Beruf - Bisherige Tätigkeit			Seite 4
Schulen	von - bis	Jahre	Abschluß-klasse	Beurteilung	von - bis	Firma	als	
Fach- und Berufsschulen								

Hochschulen	Se-mester	Fakultät	Abschluß/Akad.Titel

Angaben zur Tätigkeit im Unternehmen

von - bis	Betrieb/Abteilung	Ausgeübte Tätigkeit Stellung im Beruf	1) 2)	Schlüsselzahl Tätigkeit 1) A 2) B

Lehre-/Gesellenzeit - bei	Abschluß-prüfung	Beurteilung

Besondere Leistungen (z.B. Erfindungen)

Anlern - Praktikantenzeit	Vermerke

Techn. Kenntnisse	Beurteilung	Sprachkenntnisse	Beurteilung
Schreibmaschine			
Steno			
Zeichnen			
EDV			

Lehrgänge

Führerschein	Lieblingsfächer, „Steckenpferd" u. dgl.
Führerschein-Entzug	
Sanitätsdienste	

Abb. 35: Muster einer Personalstammkarte (S. 3 und 4)

2.4 Sonstige Unterlagen

Die Personalabteilung benötigt für ihre Arbeit u. a. folgende Unterlagen:

▷ **Stellenplan, Stellenbeschreibung, Stellenbewertung**: Der von der Organisationsabteilung erstellte **Stellenplan** weist die notwendigen Arbeitsplätze des Betriebes aus. Er ist zumeist nach Abteilungen gegliedert.

Die erstellten **Stellen- oder Arbeitsplatzbeschreibungen** enthalten den Aufgabenbereich sowie die Tätigkeiten an diesem Arbeitsplatz (vgl. Lernziel 3.2 c).

Die **Stellen- oder Arbeitsplatzbewertungen** ergänzen häufig die Informationen des Stellenplanes bzw. der Stellenbeschreibung. Die Arbeitsplatzbewertung legt den Schwierigkeitsgrad der jeweiligen Arbeit fest, in dem die erforderlichen fachlichen Kenntnisse sowie die nötigen geistigen und körperlichen Fähigkeiten bewertet werden. Die Stellenbewertung ist die Grundlage für die Festlegung des Lohnes bzw. Gehaltes für einen Arbeitnehmer.

▷ **Tarifverträge und Betriebsvereinbarung**: Aus den Tarifverträgen und der Betriebsvereinbarung werden die für die Arbeit und Abrechnung erforderlichen Regelungen entnommen.

▷ **Lohnsteuer- und Sozialversicherungstabellen**: Wird die Lohn- und Gehaltsabrechnung noch manuell vorgenommen bzw. von Mitarbeitern beanstandet, müssen die verschiedenen Lohnsteuer- und Sozialversicherungstabellen vorhanden sein.

▷ **Arbeits- und Fehlzeiten**, **Karten der Arbeitszeituhren**: Die genannten Unterlagen sind wesentlich für die Lohn- und Gehaltsabrechnung sowie für die tägliche Personalmeldung.

3   Erhebungspflichtige Personaldaten

Auf Grund nachfolgender Gesetze und Verordnungen müssen folgende Aufzeichnungen pflichtgemäß vorgenommen werden.

3.1 Einkommensteuergesetz (EStG) und Lohnsteuer-Durchführungsverordnung (LStDV)

▷ **Lohnkonto**: Gem. § 41 EStG hat der Arbeitgeber am Ort der Betriebsstätte für jeden Arbeitnehmer und jedes Kalenderjahr ein Lohnkonto zu führen. Mit dem Lohnkonto ist gem. § 4 Lohnsteuer-Durchführungsverordnung (LStDV) nicht das Personenkonto im Soll-Haben-System der Finanzbuchhaltung gemeint. Auf dem Lohnkonto hat der Arbeitgeber alle für die Lohnabrechnung erforderlichen personalwirtschaftlichen Daten sowie die Daten der Lohnabrechnung aufzuzeichnen.

Die Einträge auf dem Lohnkonto sind Grundlage für Lohnsteuerbescheinigungen und Lohnzettel. Der Lohnsteueraußenprüfung des Finanzamts sind die Lohnkonten auf Verlangen jederzeit zur Einsicht vorzulegen (§ 42 f EStG). Die Lohnkonten sind bis zum Ablauf des sechsten Kalenderjahres, das auf die zuletzt eingetragenen Lohnzahlungen folgt, aufzubewahren (siehe Abb. 36).

▷ **Lohnsteuerkarte**: Die gem. § 39 EStG von der Gemeinde ausgestellte Lohnsteuerkarte hat der Arbeitnehmer dem Arbeitgeber auszuhändigen.

▷ **Lohnsteuer-Anmeldung**: Gem. § 41a EStG hat der Arbeitgeber spätestens am zehnten Tag nach Ablauf eines jeden Lohnsteuer- Anmeldezeitraums (grundsätzlich Kalendermonat) eine Lohnsteuer-Anmeldung nach amtlich vorgeschriebenem Vordruck abzugeben und die einbehaltene Lohnsteuer abzuführen. Dies gilt auch für die Kirchensteuer.

▷ **Lohnsteuer-Bescheinigung**: Gem. § 41b EStG hat der Arbeitgeber bei Beendigung eines Dienstverhältnisses oder am Ende der Kalenderjahres das Lohnkonto abzuschließen und die Daten des Lohnkontos auf die Lohnsteuerkarte einzutragen.

▷ **Lohnsteuer-Jahresausgleich**: Gem. § 42b EStG ist unter bestimmten Voraussetzungen der Arbeitgeber berechtigt bzw. verpflichtet den Lohnsteuer-Jahresausgleich für den Arbeitnehmer durchzuführen.

3.2 Arbeitsförderungsgesetz (AFG)

▷ **Nachweis- und Aufzeichzeichnungspflichten:**

– Der Arbeitgeber hat dem Arbeitsamt die Voraussetzungen für die Gewährung von Kurzarbeitergeld nachzuweisen. Er hat die Leistungen kostenlos zu errechen und auszuzahlen (§ 72,3 AFG).

– Arbeitgeber, denen Mehrkostenzuschuß oder deren Betrieben Wintergeld oder Schlechtwettergeld gewährt wird, haben für jeden Arbeitstag während der Dauer der beantragten Förderung Aufzeichnungen über die auf der Baustelle geleisteten Arbeitsstunden zu führen und diese Aufzeichnungen drei Jahre aufzubewahren. (§ 81,4 und § 88,3 AFG).

Lohn/Gehalt

Schrift von selbst durch! — Keine Blaublätter verwenden!

Konto-Nr. 635 022 — Jahr 1993 — Blatt

Name: BARTHEL, Christoph   **Beruf:** Industriekaufm.   beschäftigt als Sachbearbeiter

Wohnung: Wandsbeker Allee 31, 22041 Hamburg

geb. am 3.4.1970 **in** Bad Oldesloe — **Tarif-Gruppe** —

Familienstand: ledig/verh. / verw./gesch. — **Kinder** —   **Eintritt** 1.8.1990   **Austritt** —

Religions-Gemeinschaft: ev. — **Staatsangehörigkeit:** deutsch

Vers.-Träger / Versicherungsnummer: 50 3041 70 B 0 0 3 3 — **Anz. zur Tätigkeit:** 683 42

Finanzamt Hamburg Wandsbek, Schloßstr. 107, 22041 Hamburg

Krankenkasse DAK — **Soz.-Vers.-Gruppe** G/L/M — **Steuerklasse ab** 1.8.1990 I / I

Monat/Woche	Datum	Grundbetrag	Zulagen	Vermög.-bildung	Brutto-betrag	Lohnsteuer	Kirchensteuer	DAK G (6,75 %)	DAK L (8,75 %)	DAK M (3,25 %)	Gesamt-abzüge	Netto-betrag	Fahr-geld	Vor-schuß	VL	Rück-zahlg.	Aus-gezahlter Betrag
						8 %										
1	30.1.	3.000,–	300,–	52,–	3.352,–	538,41	43,07	226,26	293,30	108,94	1209,98	2142,02			52,–		2090,02
2	28.2.	3.000,–	300,–	52,–	3.352,–	538,41	43,07	226,26	293,30	108,94	1209,98	2142,02			52,–		2090,02
3	31.3.	3.000,–	300,–	52,–	3.352,–	538,41	43,07	226,26	293,30	108,94	1209,98	2142,02	77,–		52,–		2167,02
4	30.4.	3.238,–	400,–	52,–	3.690,–	631,33	50,50	249,08	322,88	119,93	1333,72	2316,28	77,–		52,–		2341,28
5	31.5.	3.238,–	400,–	52,–	3.690,–	631,33	50,50	249,08	322,88	119,93	1333,72	2316,28	77,–		52,–		2341,28
6	30.6.	3.238,–	400,–	52,–	3.690,–	631,33	50,50	249,08	322,88	119,93	1333,72	2316,28	77,–		52,–		2341,28
7	31.7.	3.238,–	400,–	52,–	3.690,–	631,33	50,50	249,08	322,88	119,93	1333,72	2316,28	77,–		52,–		2341,28
8	31.8.	3.238,–	400,–	52,–	3.690,–	631,33	50,50	249,08	322,88	119,93	1333,72	2316,28	77,–		52,–		2341,28
9	30.9.	3.238,–	400,–	52,–	3.690,–	631,33	50,50	249,08	322,88	119,93	1333,72	2316,28	77,–	1.500,–	52,–		3384,28
10	31.10.	3.238,– / 3.690,–	400,–	52,–	7.380,–	1918,58	153,48	498,15	645,75	239,85	3455,81	3924,19	77,–		52,–	500,–	4811,28
11	30.11.	3.238,–	400,–	52,–	3.690,–	631,33	50,50	249,08	322,88	119,93	1333,72	2316,28	77,–		52,–	500,–	3449,49
12	28.12.	3.238,–	400,–	52,–	3.690,–	631,33	50,50	249,08	322,88	119,93	1333,72	2316,28	77,–		52,–	500,–	4811,28
Σ		41.832,–	4.500,–	624,–	46.956,–	8584,45	686,69	3349,57	4408,69	1526,11	18.075,54	28.880,49	770,–	1.500,–	624,–	1.500,–	28926,49

FELDHAUS Lohnkonto Nr. 1002
FELDHAUS VERLAG

Abb. 36: Muster eines Gehaltskontos

▷ **Bescheinigungspflichten:**

– Bei **Beendigung eines Beschäftigungsverhältnisses** hat der Arbeitgeber alle Tatsachen zu bescheinigen, die für die Entscheidung über den Anspruch auf Arbeitslosengeld erheblich sein können (Arbeitsbescheinigung); dabei hat er den von der Bundesanstalt hierfür vorgesehenen Vordruck zu benutzen (siehe Abb 37).

– Beschäftigt ein Arbeitgeber gegen Arbeitsentgelt jemanden, der **Berufsausbildungsbeihilfe, Unterhaltsgeld, Übergangsgeld** nach dem AFG, **Kurzarbeitergeld, Schlechtwettergeld, Arbeitslosengeld** oder **Arbeitslosen-hilfe** (laufende Leistungen) beantragt hat oder bezieht, ist er verpflichtet, diesem Art und Dauer der Beschäftigung sowie die Höhe des Arbeitsentgelts für die Zeiten zu bescheinigen, für die eine laufende Leistung beantragt worden ist oder bezogen wird. Er hat dabei den von der Bundesanstalt vorgesehenen Vordruck zu benutzen (§ 143 AFG).

– Der Konkursverwalter hat auf Verlangen des Arbeitsamtes unverzüglich für jeden Arbeitnehmer, für den ein Anspruch auf **Konkursausfallgeld** in Betracht kommt, die Höhe des Arbeitsentgelts für die letzten der Eröffnung des Konkursverfahrens vorausgehenden drei Monate des Arbeitsverhältnisses sowie die Höhe der gesetzlichen Abzüge und der zur Erfüllung der Ansprüche auf Arbeitsentgelt bewirkten Leistungen zu bescheinigen; er hat auch zu bescheinigen, inwieweit die Ansprüche auf Arbeitsentgelt gepfändet, verpfändet oder abgetreten sind. Dabei hat er den von der Bundesanstalt vorgesehenen Vordruck zu benutzen (Verdienstbescheinigung) (§ 141 AFG).

▷ **Anzeige- und Meldepflichten:**

– Müssen innerhalb der nächsten zwölf Monate voraussichtlich Massenentlassungen vorgenommen werden oder Arbeitnehmer auf eine andere Tätigkeit umgesetzt werden, für die das Arbeitsentgelt geringer ist, so hat der Arbeitgeber dies dem Präsidenten des Landesarbeitsamtes unverzüglich schriftlich mitzuteilen (§ 8 AFG).

– Der Arbeitgeber hat gem. § 17,1 Satz 1 AFG bei Ausbruch und Beendigung eines Arbeitskampfes dem für den Betrieb zuständigen Arbeitsamt schriftlich Anzeige zu erstatten.

– Der Arbeitgeber ist verpflichtet, einen Beschluß des Konkursgerichts, mit dem ein Antrag auf Eröffnung des Konkursverfahrens über sein Vermögen mangels Masse abgewiesen worden ist, dem Betriebsrat oder, soweit ein Betriebsrat nicht besteht, den Arbeitnehmern unverzüglich bekanntzugeben (§ 141b,5 AFG).

3.3 Kündigungsschutzgesetz (KSchG) in Verbindung mit § 95 Betriebsverfassungsgesetz (BetrVG)

Bei der Kündigung müssen auf Grund der genannten Gesetze eventuell auch der Betriebsvereinbarung Daten für die Auswahlkriterien wie Dauer der Betriebszugehörigkeit, Lebensalter, Pensionsgrenze, Entlassungsbeschränkungen (Schwangerschaft, Betriebsratsamt, Behinderung), Leistungs- und Fähigkeitsdaten, familiäre Kriterien (Familienstand, Alter und Zahl der Kinder, Unterstützung abhängiger Personen) ermittelt werden. Darüber hinaus sind Informationen über vergleichbare Arbeitsplätze für die in die soziale Auswahl einzubeziehenden Personen erforderlich.

3.4 Jugendarbeitsschutzgesetz (JASchG)

▷ Arbeitgeber, die regelmäßig mindestens einen Jugendlichen beschäftigen, haben einen **Abdruck des Jugendarbeits-schutzgesetzes** und die **Anschrift der zuständigen Aufsichtsbehörde** an geeigneter Stelle im Betrieb zur Einsicht auszulegen oder auszuhängen (§ 47 JASchG).

▷ Arbeitgeber, die regelmäßig mindestens drei Jugendliche beschäftigen, haben einen **Aushang über Beginn und Ende der regelmäßigen täglichen Arbeitszei**t und der **Pausen** an geeigneter Stelle im Betrieb anzubringen (§ 48 JASchG).

▷ Arbeitgeber haben **Verzeichnisse** der bei ihnen beschäftigten Jugendlichen unter Angabe des Vor- und Familiennamens, des Geburtsdatums und der Wohnanschrift zu führen, in denen das Datum des Beginns der Beschäftigung bei ihnen, bei einer Beschäftigung unter Tage auch das Datum des Beginns dieser Beschäftigung, enthalten ist (§ 49 JASchG).

▷ Der Arbeitgeber ist gem. § 50 JASchG verpflichtet, der **Aufsichtsbehörde auf Verlangen**

1. die zur Erfüllung ihrer Aufgaben erforderlichen Angaben wahrheitsgemäß und vollständig zu machen,

2. die Verzeichnisse gemäß § 49, die Unterlagen, aus denen Name, Beschäftigungsart und -zeiten der Jugendlichen sowie Lohn- und Gehaltszahlungen ersichtlich sind, und alle sonstigen Unterlagen, die sich auf die nach Nummer 1 zu machenden Angaben beziehen, zur Einsicht vorzulegen oder einzusenden.

Die Verzeichnisse und Unterlagen sind mindestens bis zum Ablauf von zwei Jahren nach der letzten Eintragung aufzubewahren.

91

Arbeitsbescheinigung gemäß § 133 des Arbeitsförderungsgesetzes

(Für Heimarbeiter, Forstarbeiter und Besatzungsmitglieder von Seeschiffen bestehen Sondervordrucke)

Bundesanstalt für Arbeit
Stamm-Nr. Alg/Alhi-Uhg (wenn bekannt)

⊛ **Beim Ausfüllen bitte unbedingt beachten:**

- Die „Erläuterungen zum Ausfüllen der Arbeitsbescheinigung" (Fassung 1.91) (wenn nicht vorhanden, bitte beim Arbeitsamt anfordern).
- Diese Bescheinigung ist eine Urkunde, zu deren Ausstellung der Arbeitgeber verpflichtet ist. Etwaige Änderungen oder Ergänzungen der Eintragungen sind mit Unterschrift zu bescheinigen!

Raum für Eintragungen des Arbeitsamtes

①

Name	Vorname	Geburtsname
Wohnort (Aufenthaltsort) während des Beschäftigungsverhältnisses		Versicherungs-Nummer

② a) **Dauer und Art des Beschäftigungsverhältnisses**

vom	bis	zuletzt als

b) Erfolgte die Beschäftigung in einem Betrieb/einer Betriebsabteilung im Sinne von § 1 Abs. 2 der Anwartschaftszeit-Verordnung, in dem/der in der Regel jährlich wiederkehrend Beschäftigungsverhältnisse

1. wegen vollständiger Einstellung der Produktion oder Dienstleistung für eine zusammenhängende Zeit von mehr als 35 Kalendertagen beendet werden? ☐ nein ☐ ja
2. auf witterungsabhängigen Arbeitsplätzen aus witterungsbedingten Gründen beendet werden? ☐ nein ☐ ja
3. wegen einer Produktionssteigerung für eine zusammenhängende Zeit von mindestens 4, aber weniger als 12 Monate begründet werden? ☐ nein ☐ ja

③ Traten **Unterbrechungen der Zahlung von Arbeitsentgelt** ein, die im Einzelfall 4 Wochen überschritten? → ☐ nein ☐ ja, und zwar

vom	bis	wegen	vom	bis	wegen

Eintragungen sind nur für die letzten sieben Jahre des Beschäftigungsverhältnisses erforderlich.

④ a **Beiträge zur Bundesanstalt für Arbeit** (Arbeitslosenversicherungsbeiträge) wurden zuletzt

☐ an folgende Krankenkasse bzw. an folgenden Träger entrichtet
☐ an den Arbeitnehmer zur Weiterleitung an folgende Ersatzkasse ausgezahlt → Name und Anschrift (Hauptsitz)

b Das Beschäftigungsverhältnis war beitragsfrei (arbeitslosenversicherungsfrei) in der Zeit → vom / bis
Grund der Beitragsfreiheit →

c War der Arbeitnehmer zuletzt in der gesetzlichen Rentenversicherung versichert?
☐ nein ☐ ja, bei folgendem Versicherungszweig: ☐ Arbeiterrentenversicherung ☐ Angestelltenversicherung ☐ Knappschaftliche Rentenvers. ☐ Sozialvers. der Arbeiter und Angestellten ☐ Sozialvers. bei der Staatl. Versicherung ☐ Sozialvers. der bergbaulich Versicherten

⑤ **Wie wurde das Arbeitsverhältnis beendet?**

Beachten Sie bitte auch die Fragen in Feld 10!

Letzter Tag des Arbeitsverhältnisses: am / zum

a ☐ durch Kündigung seitens des Arbeitgebers
→ War vertragswidriges Verhalten des Arbeitnehmers Anlaß für die Kündigung?
☐ nein ☐ ja – Kündigungsgrund (stichwortartige Angabe):
b ☐ durch Kündigung seitens des Arbeitnehmers
c ☐ durch Aufhebungsvertrag (gegenseitiges Einvernehmen)
d ☐ durch Vergleich
e ☐ Das Arbeitsverhältnis war von vornherein befristet bis zum →
f ☐ Das Arbeitsverhältnis besteht trotz Beendigung der Beschäftigung fort; Grund:
g ☐ Das Ausbildungsverhältnis endete mit Bestehen der Abschlußprüfung (siehe ⑧ b)

⑥ **Mit welcher Frist konnte der Arbeitgeber kündigen** (bitte auch in den Fällen ⑤ b bis d ausfüllen)?

a ☐ Die maßgebliche (gesetzliche, tarifvertragliche oder vertragliche) Kündigungsfrist

beträgt

Kalendertage	Werktage	Wochen	Monate

zum ☐ Wochenschluß ☐ Monatsschluß ☐ Vierteljahresschluß ☐ ohne feststehenden Endtermin

b ☐ Die ordentliche Kündigung des Arbeitsverhältnisses durch den Arbeitgeber war tarifvertraglich/vertraglich
☐ ausgeschlossen ☐ nur bei Zahlung einer Abfindung, Entschädigung oder ähnlichen Leistung zulässig.

⑦

Eintragungen auf der Lohnsteuerkarte	Lohnsteuerklasse	Zahl der Kinderfreibeträge	Zahl der Kinder
zu Beginn des Jahres, in dem das Beschäftigungsverhältnis endet			
Änderung mit Wirkung → ab			

⑧ a **Arbeitsentgelt** in den letzten beim Ausscheiden des Arbeitnehmers abgerechneten Lohnabrechnungszeiträumen

Ist das Arbeitsentgelt innerhalb des letzten Jahres außergewöhnlich (um mehr als ein Drittel) gestiegen?

☐ nein → einzutragen sind die letzten 3 Monate. Enthalten diese weniger als 60 bezahlte Arbeitstage, sind zusätzlich so viele weitere volle Lohnabrechnungszeiträume einzutragen, bis mindestens 60 bezahlte Arbeitstage umfaßt werden.

☐ ja → einzutragen sind die letzten 12 Monate. Enthalten diese weniger als 240 bezahlte Arbeitstage, sind zusätzlich so viele weitere volle Lohnabrechnungszeiträume einzutragen, bis mindestens 240 bezahlte Arbeitstage umfaßt werden.

– Falls erforderlich, kann die Aufstellung auf einem gesonderten Blatt (mit Unterschrift) beigefügt werden. –

beim Ausscheiden bereits **abgerechnete Lohnabrechnungszeiträume*** vom	bis	(Brutto-)**Arbeitsentgelt**** DM	bezahlte **Arbeitstage**	bezahlte **Arbeitsstunden**
	Summe:			

Falls zutreffend: Ankreuzen
☐ Arbeitstage und -stunden wurden nicht angegeben, weil unter „Arbeitsentgelt" nur festes Monatsentgelt für volle Kalendermonate einzutragen war.

* bitte jeden Lohnabrechnungszeitraum gesondert aufführen

Sind Arbeitstage enthalten, an denen Kurzarbeitergeld bezogen wurde, geben Sie bitte an:

Vollständige Kug-Stamm-Nr.

** **Arbeitsentgelt**
- **ohne** Mehrarbeitszuschläge
- **ohne** Urlaubsabgeltung und zusätzliches Urlaubsgeld
- **ohne** einmalige oder wiederkehrende Zuwendungen
- **ohne** die wegen der Beendigung des Arbeitsverhältnisses vereinbarten Erhöhungen des Arbeitsentgeltes

b **Zusätzliche Angaben**

– zu unterschiedlich hohem (Brutto-)Arbeitsentgelt: Die Unterschiede beruhen auf
☐ Akkord/Leistungslohn ☐ Provision ☐ Tariflohnänderung ☐

– wenn die oben eingetragenen Lohnabrechnungszeiträume **Berufsausbildungszeiten** einschließen:
Hat der Auszubildende die Abschlußprüfung bestanden? ☐ nein ☐ ja, am
Wenn ja: Tarifliches Arbeitsentgelt, das im Falle einer Übernahme in ein Dauerarbeitsverhältnis gezahlt worden wäre: → DM je ☐ Stunde ☐ Woche ☐ Monat
Tarifliche regelmäßige Arbeitszeit im Falle einer Übernahme in ein Dauerarbeitsverhältnis (vergleiche Nr. ⑨ a) — Stunden wöchentl.

⑨ **Wöchentliche Arbeitszeit:** Für die Gruppe von Beschäftigten, der der Arbeitnehmer angehörte, galt in den unter ⑧ a eingetragenen Lohnabrechnungszeiträumen folgende allgemeine Regelung der regelmäßigen wöchentlichen Arbeitszeit (ggf. Jahresdurchschnitt):

a ☐ Tarifliche regelmäßige Arbeitszeit (auch dann angeben, wenn der Betrieb nicht tarifgebunden ist, aber tarifvertragliche Bestimmungen anwendet) → Stunden wöchentl.
☐ Mit dem Arbeitnehmer war nicht nur vorübergehend folgende von ⑨ a abweichende Arbeitszeit vereinbart → vom / bis — Stunden wöchentl.
b ☐ Es besteht keine tarifliche Regelung; es werden auch keine tarifvertraglichen Bestimmungen angewendet; für den Arbeitnehmer galt folgende regelmäßige wöchentliche Arbeitszeit (ggf. Jahresdurchschnitt): → Stunden wöchentl.
c ☐ Bei Änderungen während der unter ⑧ a eingetragenen Lohnabrechnungszeiträume: Die allgemeine regelmäßige Arbeitszeit betrug vor der Änderung → bis zum — Stunden wöchentl.

⑩ **Wurde eine der folgenden Leistungen gezahlt oder ist eine solche Leistung noch zu zahlen?**

a **Arbeitsentgelt** über das Ende des Beschäftigungsverhältnisses (Nr. ② a) hinaus
☐ nein ☐ ja, und zwar bis einschließlich → Datum
b **Urlaubsabgeltung** wegen Beendigung des Arbeitsverhältnisses
☐ nein ☐ ja; wäre der abgegoltene Urlaub im Anschluß an das Arbeitsverhältnis genommen worden, hätte er gedauert bis einschließlich → Datum
c **Abfindung, Entschädigung od. ähnl. Leistung** im Zusammenhang mit der Beendigung des Arbeitsverhältnisses
☐ nein ☐ ja, und zwar in Höhe von → DM
Dauer der Betriebs- oder Unternehmenszugehörigkeit (auf volle Jahre nach unten abgerundet) → Jahre
Erläuterung der Leistung
d **Vorruhestandsgeld** nach dem Vorruhestandsgesetz
☐ nein ☐ ja, und zwar in Höhe von % des Bruttoarbeitsentgelts ab → Datum

⑪

Arbeitgeber Name und Anschrift (Firmenstempel)	Die Erläuterungen zum Ausfüllen der Arbeitsbescheinigung sind mir bekannt und wurden beim Ausfüllen dieser Arbeitsbescheinigung beachtet.
Fernsprech-Nr. (für etw. Rückrufe)	Datum, **Unterschrift des Arbeitgebers** oder seines Beauftragten

Abb. 37: Arbeitsbescheinigung (Vorder- und Rückseite, Originalformat DIN A4)

3.5 Schwerbehindertengesetz (SchwbG)

Gem. § 13 SchwbG hat der Arbeitgeber folgende Pflichten:

▷ Er hat, gesondert für jeden Betrieb, ein **Verzeichnis** der bei ihm **beschäftigten Schwerbehinderten, Gleichgestellten** und sonstigen anrechnungsfähigen Personen laufend zu führen und den Vertretern des Arbeitsamtes und der Hauptfürsorgestelle, die für den Sitz des Betriebes zuständig sind, auf Verlangen vorzuzeigen.

▷ Er hat dem für seinen Sitz zuständigen Arbeitsamt unter Beifügung einer Durchschrift für die Hauptfürsorgestelle einmal **jährlich bis spätestens 31. März** für das vorangegangene Kalenderjahr, aufgegliedert nach Monaten folgendes anzuzeigen:

1. die Zahl der Arbeitsplätze für jeden Betrieb,

2. die Zahl der in den einzelnen Betrieben beschäftigten Schwerbehinderten, Gleichgestellten und sonstigen anrechnungsfähigen Personen, darunter die Zahlen der zur Ausbildung und der zur sonstigen beruflichen Bildung eingestellten Schwerbehinderten und Gleichgestellten, gesondert nach ihrer Zugehörigkeit zu einer dieser Gruppen,

3. Mehrfachanrechnungen und

4. den Gesamtbetrag der geschuldeten Ausgleichsabgabe.

▷ Er hat dem Betriebsrat, der Schwerbehindertenvertretung und dem Beauftragten des Arbeitgebers **je eine Abschrift der Anzeige und des Verzeichnisses** auszuhändigen.

▷ Er hat den **Vertrauensmann** oder die **Vertrauensfrau** der Schwerbehinderten unverzüglich nach der Wahl und den Beauftragten für die Angelegenheiten der Schwerbehinderten unverzüglich nach der Bestellung dem für den Sitz des Betriebes zuständigen Arbeitsamtes und der Hauptfürsorgestelle zu benennen.

▷ Bei bevorstehenden Massenentlassungen oder Umsetzungen mit niedrigerem Arbeitsentgelt (siehe Mitteilungspflicht nach § 8 AFG) hat der Arbeitgeber dem Präsidenten des Landesarbeitsamtes anzugeben, welche Schwerbehinderten betroffen sind und in welchem Umfang sich die Zahl der Pflichtplätze verringert.

3.6 Mutterschutzgesetz (MuSchG)

Gem. § 5 MuSchG hat der Arbeitgeber die Aufsichtsbehörde unverzüglich von der Mitteilung der werdenden Mutter zu benachrichtigen. Er darf die Mitteilung der werdenden Mutter Dritten nicht unbefugt bekanntgeben.

▷ In Betrieben, in denen regelmäßig mehr als drei Frauen beschäftigt werden, ist ein Abdruck des MuSchG an geeigneter Stelle zur Einsicht auszulegen oder auszuhändigen (§ 18 MuSchG).

▷ Gem. § 19 MuSchG ist der Arbeitgeber verpflichtet, der Aufsichtsbehörde auf Verlangen

1. die zur Erfüllung der Aufgaben dieser Behörde erforderlichen Angaben wahrheitsgemäß und vollständig zu machen,

2. die Unterlagen, aus denen Namen, Beschäftigungsart und -zeiten der werdenden und stillenden Mütter sowie Lohn- und Gehaltszahlungen ersichtlich sind und alle sonstigen Unterlagen, die sich auf die unter Punkt 1 zu machenden Angaben beziehen, zur Einsicht vorzulegen oder einzusenden. Die Unterlagen sind mindestens bis zum Ablauf von zwei Jahren nach der letzten Eintragung aufzubewahren.

4   Personalwirtschaftliche Statistik

Die personalwirtschaftliche Statistik hat folgende Aufgaben:

▷ **Informationsaufgabe**: Sie soll über den Zustand und die Veränderungen im personellen Bereich des Betriebes informieren.

▷ **Kontrollaufgabe**: Sie soll personalwirtschaftliche Daten zur Verfügung stellen, mit denen man die Auswirkungen personalwirtschaftlicher Entscheidungen in der Vergangenheit kontrollieren kann.

▷ **Entscheidungshilfe**: Durch die Auswertung der ermittelten Ergebnisse soll sie Grundlagen liefern für die gegenwärtige und zukünftige Planung der Personalverwaltung. So benötigt z. B. die Personalbedarfsplanung Informationen über Personalbestand, Personalstruktur, Fluktuation, Qualifikationsstand der Mitarbeiter, Lohn- und Gehaltsstruktur, Fehlzeiten.

▷ **Dokumentationsfunktion**: Wesentliche personalwirtschaftliche Daten sind so aufzubewahren, daß auch in späteren Zeiten sinnvolle und wesentliche Auswertungen möglich sind.

Auch bei der personalwirtschaftlichen Statistik unterscheidet man betriebsinterne und erhebungspflichtige Statistiken.

4.1 Betriebsinterne Personalstatistiken

Betriebsinterne Personalstatistiken werden mit den unterschiedlichsten Inhalten und Zielsetzungen erstellt. Sie erstrecken sich auf sämtliche im Betrieb mit personalwirtschaftlichen Belangen im Zusammenhang stehenden Ereignisse wie Personalbestand, Arbeitsplatz, Arbeitszeit und Personalkosten.

▷ **Personalbestandsstatistik**: Bei der Personalbestandsstatistik werden drei Gruppen unterschieden: Gesamtbestand, Bestandsstruktur und die Bestandsveränderungen (Bewegungsstatistik).

▷ **Arbeitsplatzstatistik**: Die Arbeitsplatzstatistik kann eine Bestandsstatistik oder eine Veränderungsstatistik sein.

▷ **Zeitstatistik**: Die Sollarbeitszeit, die effektive Arbeitszeit sowie die Differenz der beiden Arbeitszeiten sind Größen, die für die Personalbedarfsplanung, die Kostenplanung und Kostenkontrolle von sehr großer Bedeutung sind.

Um eine sehr genaue Übersicht über die Fehlzeiten zu besitzen, werden in vielen Betrieben sehr spezielle Fehlzeitenstatistiken geführt.

▷ **Personalkostenstatistik**: Die Personalkostenstatistik erfaßt nicht nur die Bruttolöhne, sondern darüber hinaus noch sämtliche Personalnebenkosten wie Arbeitgeberanteil zu den Sozialversicherungen und andere Sozialleistungen. Die Zahlen der Personalkostenstatistik können für folgende Zwecke eingesetzt werden: Überwachung und Analyse der Lohn- und Gehaltspolitik, Planung und Kontrolle der einzelnen Personalkostenarten, Orientierungs- und Argumentationshilfe für Tarifverhandlungen gegenüber Mitarbeitern, Betriebsräten und der Öffentlichkeit, Hilfsmittel der Kalkulation, Argumentationshilfe gegenüber Kunden, Grundlage für sonstige Auswertungen.

4.2 Erhebungspflichtige Personalstatistiken

Eine Information besonderer Art sind die zahlreichen Meldungen an außenstehende Stellen. Dazu gehören die monatlichen Meldungen an die Finanzämter (Lohnsteuer, Kirchensteuer), und die Sozialversicherungsträger sowie die Jahresmeldungen an die Berufsgenossenschaften und die Hauptfürsorgestellen (z. B. für Schwerbeschädigte).

5   Personalinformationssystem

Alle Statistiken und Auswertungen müssen auf das Informationsbedürfnis der zuständigen Stellen abgestellt sein, z. B. für die Werksleitung, die Betriebsleitung, die Geschäftsführung, den Betriebsrat u. a. m. Werden Personaldatenerfassung, Datenverarbeitung und ihre Übermittlung systematisch aufgebaut, spricht man von einem Personalinformationssystem.

6   Datenschutz

Werden elektronische Personalinformationssysteme eingesetzt, ist der Datenschutz von besonderer Bedeutung. Auf Grund des Bundesdatenschutzgesetzes vom 20.12.90 (BDSG) müssen **personenbezogene Daten**, das sind Daten, die einzelne Angaben über persönliche und sachliche Verhältnisse eines Mitarbeiters enthalten, besonders geschützt werden.

Jeder Mitarbeiter hat bei seinen personenbezogenen Daten auf Grund des BDSG Anspruch auf Benachrichtigung über die erste Speicherung, auf Auskunft über die zu seiner Person gespeicherten Daten und dem Zweck der Speicherung, auf Berichtigung, Sperrung und Löschung.

Gem. § 36 BDSG müssen Betriebe, die personenbezogene Daten automatisch verarbeiten und mindestens 5 Arbeitnehmer ständig beschäftigen sowie Betriebe, die personenbezogene Daten nicht automatisch verarbeiten und mindestens 20 Arbeitnehmer ständig beschäftigen, einen **Datenschutzbeauftragten** schriftlich bestellen. Der Datenschutzbeauftragte ist dem Inhaber, dem Vorstand, dem Geschäftsführer oder dem sonstigen gesetzlich oder nach der Verfassung des Unternehmens berufenen Leiter unmittelbar zu unterstellen. Er ist bei Anwendung seiner Fachkunde auf dem Gebiet des Datenschutzes weisungsfrei. Seine Abberufung kann nur auf Verlangen der staatlichen Aufsichtsbehörde oder auf Grund außerordentlicher Kündigung erfolgen.

Der Datenschutzbeauftragte hat die Aufgabe, den Datenschutz auf Grund der Ausführungen des BDSG sowie anderer Vorschriften über den Datenschutz sicherzustellen. In Zweifelsfällen kann er sich an die staatliche Aufsichtsbehörde wenden.

Arbeitsaufträge

1. Beschreiben Sie die Aufgabenbereiche der Personalverwaltung Ihres Ausbildungsbetriebes.

2. Was versteht man unter betriebsinternen und erhebungspflichtigen Personaldaten?

3. Welchen Aufbau hat die Personalakte in Ihrem Ausbildungsbetrieb?

4. Welchen Aufbau besitzt der Beurteilungsbogen, der in Ihrem Ausbildungsbetrieb verwendet wird?

5. Informieren Sie sich, was man unter Ermahnungen und Abmahnungen versteht.

6. Welche Grundsätze gelten für das Führen der Personalakten?

7. Welche Stufen der Vertraulichkeit gelten für personalwirtschaftliche Daten in Ihrem Ausbildungsbetrieb?

8. Beantworten Sie hinsichtlich der Personalakten folgende Fragen:

   a) Dürfen Sie in Ihre eigene Personalakte Einsicht nehmen?

   b) Dürfen Sie in die Personalakte eines anderen Arbeitnehmers Einsicht nehmen?

   c) Wie erhalten Sie die Informationen, die Ihre Personalakte enthalten, wenn die Personalakten elektronisch gespeichert sind?

   d) Was ist zu tun, wenn Sie erkennen, daß in Ihrer Personalakte unrichtige Angaben enthalten sind?

9. Welchen Zweck erfüllt in Ihrem Ausbildungsbetrieb eine Personalkartei?

10. Welche Informationen werden in die Personalkartei bzw. elektronische Personaldatei aufgenommen?

11. Welchen Zweck erfüllt eine Fehlzeitenkartei und welche Daten werden in diese aufgenommen?

12. Welchen Zweck erfüllt eine Kartei der offenen Stellen?

13. Welche Bedeutung hat die Urlaubsliste in Ihrem Ausbildungsbetrieb?

14. Sollte die Lohn- und Gehaltsabrechnung Ihres Ausbildungsbetriebes mittels einer EDV-Anlage berechnet werden, wird zusätzlich eine EDV-Stammkarte (oder -blatt) benötigt. Welche Angaben enthält die EDV-Stammkarte (-Blatt)?

15. Welche Unterlagen werden in Ihrem Ausbildungsbetrieb in der Personalakte abgelegt?

16. Welche Bedeutung hat der Stellenplan Ihres Ausbildungsbetriebes?

17. Aus welchen Gründen wird eine Stellen- oder Arbeitsplatzbeschreibung durchgeführt?

18. Was versteht man unter einem Stellenplan? Wählen Sie eine Abteilung Ihres Ausbildungsbetriebes aus und beschreiben Sie einen Stellenplan dafür.

19. Auf Grund welcher gesetzlichen Vorschrift führt Ihr Ausbildungsbetrieb ein Lohnkonto? Welche Informationen enthält dieses?

20. Was versteht das Einkommensteuerrecht unter einer Lohnsteuer-Anmeldung, einer Lohnsteuer-Bescheinigung und einem Lohnsteuer-Jahresausgleich?

21. Welche Bescheinigungen werden auf Grund des Arbeitsförderungsgesetzes in Ihrem Ausbildungsbetrieb ausgestellt?

22. Welche Mitteilungen werden in Ihrem Ausbildungsbetrieb erforderlich, falls eine Mitarbeiterin schwanger ist?

23. Welche personalwirtschaftlichen Statistiken werden in Ihrem Ausbildungsbetrieb erstellt?

24. Welche Aufgaben erfüllen Personalstatistiken?

25. Welche Bedeutung hat eine Unfallstatistik in Ihrem Ausbildungsbetrieb und welche Schlüsse werden aus ihr gezogen?

26. Nennen Sie drei erhebungspflichtige Personalstatistiken, die in Ihrem Ausbildungsbetrieb erstellt werden müssen.

27. Was versteht man unter einem Personalinformationssystem?

28. Die Überstundenstatistik weist für das letzte Kalendervierteljahr 12% mehr Überstunden aus als das vorhergehende Kalendervierteljahr.

    a) Durch welche Ursachen könnte dies hervorgerufen sein?

    b) Geben Sie für jede von Ihnen genannte Ursache Maßnahmen an, die eventuell ergriffen werden könnten, um die Überstunden ganz oder teilweise abzubauen.

29. Die Personalkostenstatistik stellt die Veränderung der Personalkosten im Zeitablauf fest. Geben Sie an, ob durch die nachfolgenden Vorgänge die Personalkosten steigen, fallen oder unverändert bleiben:

    a) Tariflohnerhöhungen,

    b) Entlassung eines Arbeitnehmers wegen Auftragsrückgang,

    c) Lohnsteuererhöhungen,

    d) Erhöhung der Krankenkassenpflichtbeiträge,

    e) Senkung der Arbeitslosenpflichtbeiträge,

    f) Erhöhung freiwilliger Leistungszulagen,

    g) Arbeitszeitverkürzung bei vollem Lohnausgleich,

    h) Einstellung einer Sekretärin,

    i) Versetzung eines Mitarbeiters in eine andere Abteilung,

    j) Erkrankung eines Buchhalters für 3 Wochen und

    k) Erkrankung einer Sekretärin für 14 Wochen.

30. Welche technisch-organisatorischen Maßnahmen des Datenschutzes sind in Ihrem Ausbildungsbetrieb für die Daten des Personalwesens vorgegeben?

31. Nennen Sie die personenbezogenen Daten, die von jedem Mitarbeiter in Ihrem Ausbildungsbetrieb gespeichert werden.

32. Beschreiben Sie die Rechte, die ein Mitarbeiter auf Grund des Bundesdatenschutz-Gesetzes (BDSG) bei der Speicherung personenbezogener Daten in Anspruch nehmen kann.

33. Nennen Sie den Datenschutzbeauftragten Ihres Ausbildungsbetriebes, geben Sie an, wem er untersteht und beschreiben Sie seine Aufgaben.

34. Nennen Sie die zugriffsberechtigten Personen oder Personengruppen, die allein auf die für die Personalabteilung gespeicherten Daten zugriffsberechtigt sind.

35. Grenzen Sie den Datenschutz von den Maßnahmen der Datensicherung ab.

---

b) Personalunterlagen bearbeiten

... auf einen Blick

► **Die bürotechnische Ausstattung zur Bearbeitung von Personalunterlagen**
► **Bearbeitung ausgewählter Personalunterlagen**

1 Die bürotechnische Ausstattung zur Bearbeitung von Personalunterlagen

Die Art und Weise der Bearbeitung von Personalunterlagen hängt sehr wesentlich von der bürotechnischen Ausstattung ab, die zur Verfügung steht. Die Verarbeitung von Personalunterlagen bedeutet im wesentlichen „Datenverarbeitung".

Jede Datenverarbeitung beginnt mit der **Datenerfassung**. Im Personalwesen dienen sehr häufig Formulare der Datenerfassung, aber auch andere technische Hilfsmittel wie Stechkarten zur Zeiterfassung oder ein PC zur Erfassung vielfältiger personalwirtschaftlicher Daten.

Soweit für die Bearbeitung der Personalunterlagen eine DV-Anlage eingesetzt wird, muß der Personalsachbearbeiter die zu verarbeitenden Angaben entweder in einen DV-Eingabebeleg eintragen oder selbst über eine Konsole in das System eingeben.

Die **Datenspeicherung**, d. h. die Aufbewahrung der personalwirtschaftlichen Daten, erfolgt auf unterschiedlichen Informationsträgern (Datenträgern). Die üblichen Daten- bzw. Informationsträger sind das Papier, der Vordruck, die Kartei, die Akten. Auch die Mikroverfilmung von personalwirtschaftlichen Unterlagen wird eingesetzt. Optisch lesbare Informationsträger sind Klarschrift-, Magnetschrift-, Markierungsbelege, Strichcodes. Die elektronische Datenverarbeitung speichert die Daten auf Platten, Disketten, Bändern, Magnetstreifen u. a. m.

Ohne eine Schriftgutablage kommt keine Personalabteilung aus; denn es gibt Unterlagen, die als Urkunden im Original aufbewahrt und auch wieder zurückgegeben werden müssen. Deshalb benötigt vor allem die Personalabteilung für die Bearbeitung personalwirtschaftlicher Unterlagen eine gut organisierte Schriftgutablage. Ordnungssysteme von Schriftgutablagen können alphabetisch, numerisch, alphanumerisch, farblich oder chronologisch sein. Für die alphabetische Ordnung ist die Kenntnis der „Regeln für alphabetische Ordnung" (DIN 5007) sehr vorteilhaft.

Die **Datenverarbeitung** besteht darin, daß Personalunterlagen „aktualisiert", d. h. auf den neuesten Stand gebracht, Abrechnungen erstellt sowie personalwirtschaftliche Daten verdichtet, d. h. zusammengefaßt und eventuell auch statistisch ausgewertet werden.

Der Vorteil der elektronischen Datenverarbeitung gegenüber den konventionellen Verarbeitungstechniken besteht vor allem darin, daß eine einmal erfaßte Information beliebig oft verarbeitet werden kann. So dienen die Zahlen der Lohnabrechnung der Kalkulation ebenso wie den erforderlichen Abrechnungen mit den Sozialversicherungsträgern und den Finanzämtern.

Die elektronische Datenverarbeitung ist auch im Personalbereich weiter entwickelt worden. Für viele personalwirtschaftliche Bearbeitungen gibt es bereits einschlägige Software.

Die **Datenausgabe** erfolgt bei der elektronischen Datenverarbeitung durch Ausdruck der Ergebnisse. Der Personalsachbearbeiter erhält von der DV-Abteilung die Arbeitsergebnisse bzw. Auswertungen in Form von Listen oder Zusammenstellungen.

2 Bearbeitung ausgewählter Personalunterlagen

Im vorangegangenen Lernziel 3.3 a) sind die wichtigsten personalwirtschaftlichen Unterlagen genannt und erklärt worden. An dieser Stelle soll an Beispielen erläutert werden, wie diese Personalunterlagen zu bearbeiten sind.

▷ In die **Personalakte** müssen alle den jeweiligen Arbeitnehmer betreffenden Schriftstücke abgeheftet werden. Hierbei sind die Grundsätze der Personalaktenführung (Vollständigkeit, Vertraulichkeit, Recht auf Einsichtnahme durch den Arbeitnehmer) zu beachten.

▷ Die Eintragungen in der **Personalkartei** müssen vorgenommen werden, wenn sich persönliche Daten (Anschrift, Familienstand, Kinderzahl usw.) eines Arbeitnehmers verändert haben.

▷ In den **Spezialkarteien bzw. Speziallisten** (Fehlzeiten-, Jubiläumskartei, Kartei der offenen Stellen, Urlaubsliste usw.) müssen die entsprechenden Änderungen vorgenommen werden.

▷ Der **Stellenplan** ist zu berichtigen, wenn z. B. durch Neuorganisation die Zusammensetzung der einzelnen Abteilungen geändert wurde. Verändert sich der Aufgabenbereich eines Arbeitsplatzes, so muß auch eine neue **Stellenbeschreibung** angefertigt werden. Die **Stellen- oder Arbeitsplatzbewertung** wird erneuert, sofern sich die Verhältnisse am Arbeitsplatz z. B. durch Einsatz anderer Maschinen verändert haben.

▷ Jede Änderung der **erhebungspflichtigen Personaldaten** muß festgehalten werden, ebenso sind entsprechende Bescheinigungen auszustellen.

▷ Die **personalwirtschaftlichen Statistiken** werden zu regelmäßig wiederkehrenden Terminen neu erstellt. Sie werden nicht nur in Tabellenform, sondern auch in graphischer Form erstellt.

▷ Die **Angaben der Personalkosten** werden zu bestimmten Kostenarten verdichtet. So interessieren z. B. für jeden Kalendermonat die Bruttolohnsumme (u. U. getrennt nach Arbeiter und Angestellten), die Summe der Arbeitgeberanteile zur Sozialversicherung, die ausgezahlten vermögenswirksamen Leistungen des Arbeitgebers oder die Kosten für sonstige Sozialleistungen.

▷ Die Anwesenheit der Mitarbeiter bzw. deren **Arbeitszeit wird kontrolliert**. In vielen Betrieben ermöglichen Stechuhren mit Stechkarten, Gleitzeitkontrollgeräte oder Anwesenheitslisten die Kontrolle der täglichen Arbeitszeit. Letzlich wird geprüft, ob der jeweilige Arbeitnehmer die Arbeitzeitbedingungen eingehalten hat bzw. die vorgeschriebene tägliche, wöchentliche oder monatliche Gesamtarbeitszeit anwesend war.

Arbeitsaufträge

1. Welche personalwirtschaftlichen Daten werden in Ihrem Ausbildungsbetrieb periodisch erfaßt?

2. Stellen Sie die Hilfsmittel (Unterlagen, Vordrucke) zusammen, die für die Lohnabrechnung in ihrem Ausbildungsbetrieb verwendet werden.

3. Ein kaufmännischer Angestellter in Ihrem Ausbildungsbetrieb hat geheiratet und ist umgezogen. In welchen Personalunterlagen müssen diese Veränderungen vermerkt werden?

4. Wählen Sie drei in Ihrem Ausbildungsbetrieb verwendeten Personalunterlagen aus, beschreiben Sie deren Inhalt und erläutern Sie die Arbeiten, die zur Aktualisierung erforderlich sind.

5. Die Personalabteilung hat von der Warenannahme folgende Urlaubswünsche für den Jahresurlaub 19.. der dort beschäftigten Mitarbeiter erhalten:

Mitarbeiter	erster Urlaubstag			letzter Urlaubstag	
Albers	Dienstag	28.05.	bis	Freitag	21.06.
Bieger	Donnerstag	20.06.	bis	Freitag	19.07.
Ciller	Donnerstag	11.07.	bis	Dienstag	20.08.
Dormagen	Freitag	28.06.	bis	Donnerstag	25.07.
Eicher	Mittwoch	10.07.	bis	Donnerstag	08.08.

a) Übertragen Sie diese gewünschten Urlaubsdaten in eine sinnvolle Graphik, aus der Sie vor allem die Dauer von Überschneidungen erkennen können.

b) Der Betriebsablauf erlaubt es nicht, daß mehr als zwei Mitarbeiter gleichzeitig im Urlaub sind; Überschneidungen sind nur bis maximal drei Tage betrieblicherseits aufzufangen. Mit welchen Mitarbeitern müssen im Hinblick auf diese Bedingungen Gespräche über die Veränderung ihrer Urlaubswünsche geführt werden?

c) Entwerfen Sie einen Text, für eine innerbetriebliche Mitteilung an den Leiter der Warenannahme, worin zunächst die Überschneidungen der Urlaubswünsche mit Angabe der entsprechenden Namen genannt und Vorschläge für eine Entzerrung gemacht werden.

6. In der Personalabteilung Ihres Ausbildungsbetriebes sind folgende Daten ermittelt worden:

   148 gewerbliche und 54 kaufmännische Mitarbeiter,

   166 sind männlichen und 36 sind weiblichen Geschlechts,

   38 gewerbliche und 4 kaufmännische Mitarbeiter sind Ausländer.

   Für die Monate Januar bis Juli entstanden folgende Fehltage: Januar 164 Krankheitstage, Februar 203 Krankheitstage, März 181 Krankheitstage, April 118 Krankheitstage, Mai 112 Arbeitstage und Juni 80 Arbeitstage.

   a) Erstellen Sie eine Grafik über die Personalstruktur.

   b) Erstellen Sie eine Grafik über die Entwicklung des Krankenstandes.

7. Bei welchen Anlässen muß die Personalabteilung Ihres Ausbildungsbetriebes Eintragungen in die Lohnsteuerkarte der Mitarbeiter vornehmen? Welche Angaben müssen im einzelnen eingetragen werden?

8. Beschreiben Sie, wie in Ihrem Ausbildungsbetrieb die Anwesenheit bzw. Arbeitszeit kontrolliert wird.

9. Angenommen, die Personalabteilung hat festgestellt, daß Herr Christian Schulte, Sachbearbeiter im Einkauf, im Monat April 19.. 3 1/2 Stunden weniger als die Monatsarbeitszeit gearbeitet hat. Verfassen Sie ein kurzes Schreiben an Herrn Schulte, in dem Sie ihm dieses Stundendefizit mitteilen und ihn auffordern, diese Zeit im Monat Mai zusätzlich zu arbeiten.

10. Begründen Sie, warum die Pflege gespeicherter Personaldaten erforderlich ist.

11. Falls es in Ihrem Ausbildungsbetrieb innerbetriebliche Richtlinien für die Arbeit an Bildschirmarbeitsplätzen gibt, nennen Sie deren wesentlichsten Inhalte.

12. Wählen Sie den Arbeitsplatz eines Personalsachbearbeiters aus und beschreiben Sie

    a) stichwortartig seine wesentlichen Tätigkeiten und

    b) seine Arbeits- und Organisationsmittel dafür.

13. Nach welchen innerbetrieblichen Regelungen erfolgt die Schriftgutablage in der Personalabteilung Ihres Ausbildungsbetriebes.

14. Welche Standardprogramme werden in der Personalwirtschaft Ihres Ausbildungsbetriebes verwendet?

15. Welche innerbetrieblichen Netze gibt es in Ihrem Ausbildungsbetrieb?

16. Begründen Sie, warum eine Datensicherung erforderlich ist.

---

c) Wichtige arbeitsrechtliche Vorschriften für das Arbeitsverhältnis nennen

... auf einen Blick

► **Arbeitsrecht und Grundgesetz**

► **Individuelles Arbeitsrecht**
  ▷ Bürgerliches Gesetzbuch
  ▷ Handelsgesetzbuch
  ▷ Gewerbeordnung
  ▷ Weitere Gesetze

► **Kollektives Arbeitsrecht**
  ▷ Tarifverträge
  ▷ Betriebsvereinbarungen

► **Arbeitnehmerschutzrecht**
  ▷ Arbeitszeitordnung (AZO)
  ▷ Kündigungsschutzgesetz (KSchG)
  ▷ Arbeitschutz für besondere Personengruppen
  ▷ Weitere Gesetze

► **Arbeitsgerichtsbarkeit**

1   Arbeitsrecht und Grundgesetz

Das Arbeitsrecht umfaßt die Summe aller Rechtsnormen für die in abhängiger Tätigkeit beschäftigten Personen, das sind alle Vorschriften, die sich mit der in abhängiger Tätigkeit geleisteten Arbeit befassen.

Das Arbeitsrecht regelt die Beziehungen zwischen

– Arbeitgeber und Arbeitnehmer,

– Arbeitgebern bzw. Arbeitgeberverbänden und Gewerkschaften

– Arbeitgeber und Betriebsrat oder

– Arbeitgebern und staatlichen Institutionen, z. B. Arbeitsamt, Gewerbeaufsicht, Sozialversicherungen.

Auch das **Grundgesetz** ist für das Arbeitsrecht maßgebend. Im Grundgesetz ist u.a. die Berufsfreiheit (Art. 12 GG) geregelt.

Danach haben alle Deutschen das Recht, ihren Beruf, den Arbeitsplatz und die Ausbildungsstätte frei zu wählen. Alle arbeitsrechtlichen Vorschriften basieren auf folgenden Grundrechten: Schutz der Menschenwürde (Art. 1 GG), Freiheitsrechte (Art. 2 GG), Gleichheit vor dem Gesetz (Art. 3 GG) sowie die Vereinigungsfreiheit, d. h. das Recht Arbeitgeberverbände und Gewerkschaften zu errichten (Art. 9 GG).

Aus der Vielzahl der arbeitsrechtlichen Vorschriften, die für das Arbeitsverhältnis gelten, werden hier die wichtigsten genannt.

2   Individuelles Arbeitsrecht

▷ **Bürgerliches Gesetzbuch (BGB)**. In den §§ 611 bis 630 wird allgemein der Dienstvertrag geregelt.

▷ **Handelsgesetzbuch (HGB)**. In den §§ 59 bis 83 werden die arbeitsvertraglichen Verhältnisse für kaufmännische Angestellte geregelt.

- Der kaufmännische Angestellte hat vor allem folgende **Pflichten**:

Die **Dienstleistungspflicht** (Arbeitspflicht); Alle im Rahmen des Arbeitsvertrages anfallenden Arbeiten muß der kaufmännische Angestellte sorgfältig und nach bestem Wissen und Gewissen ausführen.

Die **Schweigepflicht**; Geschäftsgeheimnisse wie betriebswirtschaftlich bedeutsame Zahlen oder Konstruktionsgeheimnisse, Anschriften von Kunden dürfen weder leichtfertig ausgeplaudert noch gegen Schmiergeld weitergegeben werden.

Das **gesetzliche Wettbewerbsverbot** (Konkurrenzverbot); Der kaufmännische Angestellte darf nebenberuflich ohne Einwilligung seines Arbeitgebers weder ein selbständiges Handelsgewerbe betreiben noch in der Branche seines Arbeitgebers Geschäfte für eigene Rechnung abschließen (§ 60 HGB).

Das **vertragliche Wettbewerbsverbot** (Konkurrenzklausel); Es kann ein Wettbewerbsverbot für längstens zwei Jahre nach Ausscheiden aus dem Betrieb vereinbart werden, damit der Angestellte nach dem Ausscheiden seinem seitherigen Arbeitgeber keine Konkurrenz machen kann (§§ 74, 74 a HGB).

- Der kaufmännische Angestellte hat vor allem folgende **Rechte**:

Das Recht auf **Vergütung (Gehalt)**; Der Arbeitgeber ist verpflichtet dem kaufmännischen Angestellten das vereinbarte Geld monatlich zu zahlen. Darüber hinaus müssen, sofern vertraglich vereinbart, Provision, Gewinnbeteiligung, Urlaubsgeld, Weihnachtsgratifikation u. dgl. bezahlt werden. Bei Krankheit muß das Gehalt bis zu 6 Wochen weiter bezahlt werden.

Das Recht auf **Fürsorge**; Der Arbeitsplatz an dem der kaufmännische Angestellte viele Stunden arbeitet, darf nicht gesundheitsgefährdend sein. Der Arbeitgeber ist verpflichtet, die Aufrechterhaltung der guten Sitten und des Anstandes sicherzustellen; der kaufmännische Angestellte hat das Recht den ihm zustehenden Jahresurlaub antreten zu können.

Das Recht auf **Zeugnis**; Beim Ausscheiden aus dem Betrieb kann der Angestellte ein einfaches oder qualifiziertes Zeugnist verlangen (vgl. Abschnitt 3.2 f, Kapitel 5).

▷ **Gewerbeordnung (GewO)**. In den §§ 105 bis 139 werden die arbeitsvertraglichen Verhältnisse für gewerbliche Arbeiter geregelt.

▷ **Weitere Gesetze:**

- **Mindesturlaubsgesetz für Arbeitnehmer (Bundesurlaubsgesetz - BUrlG)**. Nach diesem Gesetz hat jeder Arbeitnehmer Anspruch auf bezahlten jährlichen Mindesturlaub von 18 Kalendertagen (ausgenommen Sonn- oder gesetzliche Feiertage). Gem. § 6 BUrlG ist der Arbeitgeber verpflichtet, bei Beendigung des Arbeitsverhältnisses dem Arbeitnehmer eine Bescheinigung über den im laufenden Kalenderjahr gewährten oder abgegoltenen Urlaub auszuhändigen (Urlaubsbescheinigung).

- **Gesetz über die Fortzahlung des Arbeitnehmerentgelts im Krankheitsfalle (Lohnfortzahlungsgesetz, LFortzG)**. Bei unverschuldeter Arbeitsunfähigkeit infolge Krankheit hat der Arbeitnehmer einen gesetzlichen Anspruch auf Lohn- oder Gehaltsfortzahlung für die Dauer von 6 Wochen. Dies ist geregelt für Arbeiter im LFortzG, für kaufmännische Angestellte im § 63 HGB, für technische Angestellte im § 133c GewO und für die übrigen Angestellten im § 616 BGB. Der Arbeitnehmer ist verpflichtet, dem Arbeitgeber die Arbeitsunfähigkeit und die voraussichtliche Dauer unverzüglich anzuzeigen und vor Ablauf des dritten Kalendertages eine ärztliche Bescheinigung über die Arbeitsunfähigkeit nachzureichen. Dauert die Arbeitsunfähigkeit länger als in der Bescheinigung angegeben, so muß eine neue ärztliche Bescheinigungt vorgelegt werden.

- **Fünftes Gesetz zur Förderung der Vermögensbildung der Arbeitnehmer (Fünftes Vermögensbildungsgesetz, 5. VermBG)**. Vermögenswirksame Leistungen sind Geldleistungen, die dem Arbeitnehmer nicht zur freien Verfügung ausgezahlt, sondern für ihn langfristig angelegt werden. Es werden jedoch nur Kapitalbeteiligungen (z. B. Aktien) und das Bausparen begünstigt. Auf Zahlung der vermögenswirksamen Leistung besteht nur dann ein Anspruch des Arbeitnehmers, wenn diese in einem Tarifvertrag, einer Betriebsvereinbarung oder in einem Einzelarbeitsvertrag vorgesehen ist.

Vom jeweils gesparten Betrag (jedoch höchstens von 936 DM) erhält der Arbeitnehmer vom Finanzamt 20% beim Kapitalbeteiligungssparen und 10% beim Bausparen als Arbeitnehmersparzulage. Anspruch auf die Arbeitnehmersparzulage haben jedoch nur diejenigen Arbeitnehmer, deren Jahreseinkommen 27 000 DM bei Alleinstehenden bzw. 54 000 DM bei Verheirateten nicht übersteigt.

- **Bildungsurlaubsgesetz**. Unter Bildungsurlaub wird in der Regel die bezahlte oder unbezahlte Freistellung des Arbeitnehmers von der Arbeit zum Zwecke der beruflichen oder staatsbürgerlich-politischen Bildung (zum Teil auch der allgemeinen Bildung) verstanden. Ein Bundesgesetz über Bildungsurlaub gibt es nicht. In den Ländern Berlin, Bremen, Hamburg, Hessen, Niedersachsen und Nordrhein-Westfalen ist durch Ländergesetze ein Anspruch auf bezahlten Bildungsurlaub vorgesehen.

3 Kollektives Arbeitsrecht

Das Arbeitsverhältnis wird in vielfältiger Weise auch durch das kollektive Arbeitsrecht geregelt. Dazu gehören alle Regelungen der Tarifverträge nach dem Tarifvertragsgesetz (TVG) und der Betriebsvereinbarungen nach dem Betriebsverfassungsgesetz (BetrVG).

3.1 Tarifverträge

Der Tarifvertrag ist ein schriftlicher Vertrag zwischen den Tarifparteien (Sozialpartnern), in dem Vorschriften über den Inhalt von Arbeitsverträgen, insbesondere Entlohnung und Arbeitsbedingungen, verbindlich geregelt sind. Er stellt damit für die meisten Arbeitnehmer die rechtlichen Grundlagen für das Arbeitsverhältnis dar.

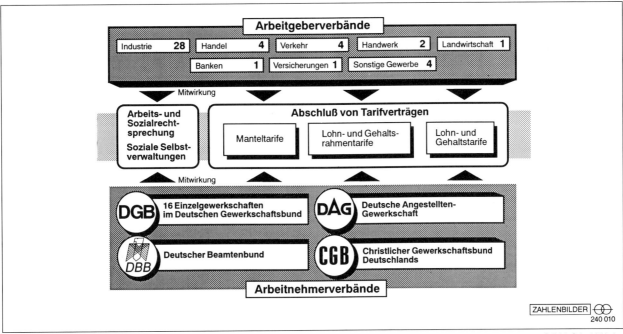

Abb. 38: Sozialpartner: Arbeitgeber- und Arbeitnehmerverbände

© Erich Schmidt Verlag

Die Tarifparteien sind für die Arbeitnehmer die Gewerkschaften, für die Arbeitgeber die Arbeitgeberverbände der einzelnen Branchen. Diese schließen die Tarifverträge in direkten Verhandlungen ohne Beteiligung Dritter ab (Tarifautonomie). In Ausnahmefällen schließen Gewerkschaften Tarifverträge auch mit einzelnen Arbeitgebern (Firmentarife) ab. Die Bedeutung der autonom geschlossenen Tarifverträge wird deutlich, wenn man berücksichtigt, daß heute etwa 90% der Arbeitsverhältnisse durch Tarifverträge gestaltet und gegenwärtig etwa 32 000 Tarifverträge wirksam sind.

Man unterscheidet folgende Arten von Tarifverträgen:

▷ **Manteltarifverträge (Rahmentarifverträge)**. Sie enthalten Bestimmungen über wöchentliche Arbeitszeit, Pausen, Urlaubsdauer, vermögenswirksame Leistungen, Zuschläge für Nacht-, Sonntags- und Mehrarbeit, die berufliche Weiterbildung, die stundenweise Freistellung von der Arbeit bzw. Sonderurlaub aus persönlichen Gründen (Umzug, Heirat, Todesfall usw.).

In den Manteltarifverträgen sind Vorschriften zusammengefaßt, die im allgemeinen längere Zeit gleichbleiben; diese Verträge haben deshalb längere Laufzeiten (meist mehrere Jahre) oder gelten unbefristet jedoch mit vereinbarten Kündigungsfristen.

▷ **Lohn- und Gehaltstarifverträge**. Sie enthalten die Einzelheiten über Lohn- und Gehaltstarife und über die Tarifgruppen. Sie werden in regelmäßigen Abständen den veränderten wirtschaftlichen Verhältnissen angeglichen. Daher haben sie relativ kurze Laufzeiten (12 bis 18 Monate). Auch für die Auszubildenden gibt es Tarife über die Ausbildungsvergütung, die je nach Ausbildungsstufe und -jahr gestaffelt sind.

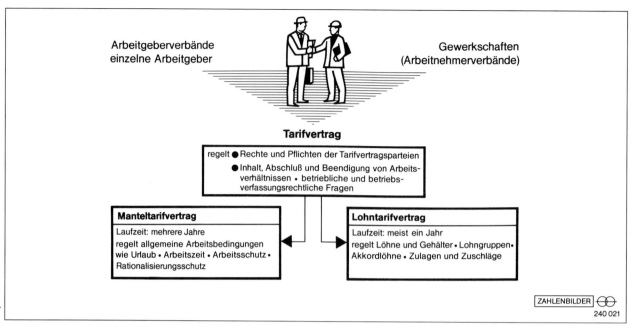

Abb. 39: Tarifvertragsarten   © Erich Schmidt Verlag

3.2 Betriebsvereinbarungen

Betriebsvereinbarungen werden schriftlich zwischen dem Arbeitgeber und dem Betriebsrat eines Betriebes geschlossen (§ 77 BetrVG). Sie sind im Betrieb an geeigneter Stelle öffentlich zugänglich zu machen. In den Betriebsvereinbarungen können außer den notwendigen Einigungen in Mitbestimmungsfällen (z. B. tägliche Arbeitszeitregelungen, Betriebsordnung) auch andere nicht mitbestimmungspflichtige Fragen geregelt werden (z. B. Errichtung von Sozialeinrichtungen oder Vereinbarungen über die Vermögensbildung in Arbeitnehmerhand).

4 Arbeitnehmerschutzrecht

Der Arbeitnehmerschutz nimmt im Arbeitsrecht eine zentrale Stellung ein. Einerseits berücksichtigt der Arbeitnehmerschutz

die wirtschaftliche Abhängigkeit der Arbeitnehmer vom Arbeitgeber und andererseits trägt er den erhöhten Gefahren Rechnung, denen viele Arbeitnehmer durch die von ihnen auszuführenden Verrichtungen ausgesetzt sind. Man unterscheidet daher den allgemeinen Arbeitnehmerschutz und den technischen Arbeitsschutz.

Nachfolgend sollen die Vorschriften des allgemeinen Arbeitnehmerschutzes genannt werden; die Vorschriften des technischen Arbeitsschutzes werden im Lernziel 3.5 b) behandelt.

4.1 Arbeitszeitordnung (AZO)

Die Arbeitszeitordnung will den Arbeitnehmer durch die Festlegung von Höchstarbeitszeiten oder durch das Verbot von Sonntags- und Feiertagsarbeit vor Überanstrengung schützen. Das Gesetz schreibt z. B. vor, daß die regelmäßige werktägliche Arbeitszeit 8 Stunden nicht überschritten werden darf (§ 3 AZO). Außerdem regelt das Gesetz die arbeitsfreien Zeiten und Ruhepausen (§ 12 AZO), die Arbeitszeiten bei gefährlichen Arbeiten (§ 9 AZO), Höchstgrenzen bei Arbeitszeitverlängerungen (§ 11 AZO) und den besonderen Schutz für Frauen (§§ 16 - 21 AZO). Vereinbarungen, durch die der Arbeitnehmer über die Höchstgrenzen des Arbeitsschutzrechts hinaus zur Arbeit verpflichtet wird, sind nichtig.

Zur Sicherung des Arbeitszeitschutzes hat der Arbeitgeber im Betrieb einen Abdruck der AZO auszulegen sowie einen Aushang über Beginn und Ende der regelmäßigen Arbeitszeit und der Ruhepausen anzubringen.

Über die Arbeitszeitordnung hinaus enthalten nahezu alle Tarifverträge kürzere wöchentliche Arbeitszeiten und in Betriebsvereinbarungen werden die täglichen Arbeitszeiten geregelt.

4.2 Kündigungsschutzgesetz (KSchG)

Die Regelungen des KSchG gelten für alle Arbeitnehmer, die länger als sechs Monate in ein und demselben Betrieb beschäftigt sind. Das Gesetz regelt den Kündigungsschutz bei sozial ungerechtfertigten Kündigungen, den Kündigungsschutz der Betriebsratsmitglieder sowie der Mitglieder der Jugend- und Auszubildendenvertretung und die Anzeigepflicht bei Massenentlassungen und Kurzarbeit. Weitere Einzelheiten über das Kündigungsschutzgesetz sind im Abschnitt 3.2 f) und 3.5 zu finden.

4.3 Arbeitsschutz für besondere Personengruppen

Zu den besonderen Personengruppen gehören vor allem die werdenden Mütter; der Arbeitsschutz ist im Mutterschutzgesetz (MSchG) geregelt. Der Mutterschutz hat die Aufgabe, die im Arbeitsverhältnis stehende Mutter und das werdende Kind vor Gefahren, Überforderung und Gesundheitsschäden am Arbeitsplatz, vor finanziellen Einbußen und vor dem Verlust des Arbeitsplatzes im Zusammenhang mit der Schwangerschaft und Entbindung zu schützen. Die Arbeitnehmerin soll durch ihre Stellung im Beruf nicht daran gehindert werden, Mutter zu werden und ihre Aufgaben als Mutter zu erfüllen.

Das MSchG regelt u. a. in § 2 die Gestaltung des Arbeitsplatzes. Die §§ 3 bis 8 regeln die Beschäftigungsverbote für werdende Mütter. Absolutes Beschäftigungsverbot schreibt das MSchG 6 Wochen vor der Entbindung und 8 Wochen nach der Entbindung (12 Wochen bei Früh oder Mehrlingsgeburten) vor.

5 Arbeitsgerichtsbarkeit

Für Streitigkeiten aus dem Arbeitsleben sind die Arbeitsgerichte zuständig. Die Arbeitsgerichtsbarkeit ist dreistufig aufgebaut:

▷ In der **ersten Instanz** entscheiden die **Arbeitsgerichte** in der Besetzung mit einem Berufsrichter als Vorsitzendem und zwei ehrenamtlichen Richtern aus Kreisen der Arbeitnehmer und Arbeitgeber (§§ 14 ff. Arbeitsgerichtsgesetz). Im Verfahren können die streitenden Parteien **selbst auftreten** oder sich (z. B. durch einen Rechtsanwalt) verteten lassen. Arbeitnehmer können sich aber auch durch einen Gewerkschaftsvertreter, Arbeitgeber durch einen Vetreter seines Arbeitgeberverbandes vertreten lassen.

▷ In der **zweiten Instanz** sind die Landesarbeitsgerichte zuständig (§§ 33 ff. Arbeitsgerichtsgesetz), die in der gleichen Besetzung entscheiden wie die Arbeitsgerichte. Die streitenden Parteien dürfen **nicht selbst auftreten.** Sie müssen sich durch Vertreter einer Gewerkschaft bzw. eines Arbeitgeberverbandes oder durch einen Rechtsanwalt vertreten lassen.

▷ In der **dritten Instanz** entscheidet das Bundesarbeitsgericht (§§ 40 ff. Arbeitsgerichtsgesetz) in Kassel. Die acht Senate bestehen jeweils aus drei Berufsrichtern und zwei ehrenamtlichen Richtern aus Kreisen der Arbeitnehmer und Arbeitgeber. Die streitenden Parteien **müssen** sich durch Rechtsanwälte vertreten lassen.

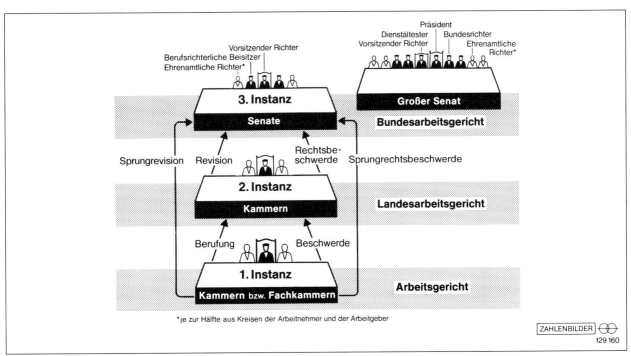

Abb. 40: Arbeitsgerichtsbarkeit

© Erich Schmidt Verlag

Arbeitsaufträge

1. Definieren Sie, was man unter Arbeitsrecht versteht.

2. Nennen Sie mindestens zwei Vorschriften (Artikel) des Grundgesetzes, die das Arbeitsrecht betreffen.

3. In welchen Gesetzen sind die arbeitsrechtlichen Verhältnisse

    a) für kaufmännische Angestellte,

    b) für gewerbliche Arbeiter geregelt?

4. Nennen Sie die wichtigsten Pflichten eines kaufmännischen Angestellten aus dem Arbeitsvertrag.

5. Nennen Sie die wichtigsten Rechte eines kaufmännischen Angestellten aus dem Arbeitsvertrag.

6. Was versteht man unter dem „Wettbewerbsverbot" in einem Arbeitsvertrag?

7. Wodurch unterscheidet sich das gesetzliche vom vertraglichen Wettbewerbsverbot?

8. Was ist grundsätzlich im Lohnfortzahlungsgesetz geregelt?

9. Zwischen welchen Vertragsparteien wird ein Tarifvertrag geschlossen, der für Ihren Ausbildungsbetrieb gilt?

10. Wodurch unterscheiden sich Manteltarifverträge (Rahmentarifverträge) von Lohn- und Gehaltstarifverträgen?

11. Zwischen wem werden Betriebsvereinbarungen getroffen?

12. Geben Sie zwei Vereinbarungen an, die Inhalt von Betriebsvereinbarungen in Ihrem Ausbildungsbetrieb sind!

13. Zum Arbeitsrecht gehören u. a. das

    – Kündigungsschutzgesetz,

    – Schwerbehindertengesetz,

    – Arbeitsplatzschutzgesetz,

    – Bundesurlaubsgesetz,

    – Bildungsurlaubsgesetz,

    – Berufsbildungsgesetz.

    a) Für welchen Personenkreis gelten die jeweils genannten Gesetze?

    b) Welchen grundsätzlichen Tatbestand regeln die genannten Gesetze? (Es genügt jeweils eine Antwort in zwei bis drei Sätzen.)

14. Nennen Sie die drei Instanzen der Arbeitsgerichtsbarkeit.

3.4 Berufsbildung im Ausbildungsbetrieb

---

a) Inhalte der Ausbildungsordnung, des Berufsausbildungsvertrages und des betrieblichen Ausbildungsplanes für den Ausbildungsberuf beschreiben

---

... auf einen Blick

▶ **Inhalte der Ausbildungsordnung für Industriekaufleute**

▶ **Inhalte des Berufsausbildungsvertrages für Industriekaufleute**

▶ **Inhalte des betrieblichen Ausbildungsplanes für Industriekaufleute**

▶ **Ausbildungsnachweis**

▶ **Berufliche Umschulung**

1   Inhalte der Ausbildungsordnung für Industriekaufleute

Die **Berufsausbildung** in der gewerblichen Wirtschaft ist durch das Berufsbildungsgesetz (BBiG) geregelt. Dieses Gesetz gilt im gleichen Maße für alle Klein-, Mittel- und Großbetriebe. Es gilt nicht für die Berufsbildung in den Berufsschulen, für diese gelten die Schulgesetze der einzelnen Bundesländer.

Die **Ausbildungsordnung** soll gemäß § 25 BBiG die Grundlage für eine geordnete und (bundes)einheitliche Berufsausbildung sowie zu ihrer Anpassung an die jeweils technischen, wirtschaftlichen und gesellschaftlichen Erfordernisse bilden. § 25 BBiG schreibt vor, daß für alle staatlich anerkannten Ausbildungsberufe Ausbildungsordnungen zu erlassen sind. Für Industriekaufleute ist die **„Verordnung über die Berufsausbildung zum Industriekaufmann"** vom 24. 01.78, kurz Ausbildungsordnung genannt, die gesetzliche Grundlage für die betriebliche Berufsausbildung.

Die Ausbildungsordnung für Industriekaufleute regelt im

§ 1   die **staatliche Anerkennung** des Ausbildungsberufs Industriekaufmann;

§ 2   die **Ausbildungsdauer**, nämlich 3 Jahre; eine kürzere Ausbildungsdauer ist auf Grund der geltenden Anrechnungsverordnungen möglich;

§ 3   das **Ausbildungsberufsbild**, es enthält für die Ausbildung zum Industriekaufmann mindestens die Kenntnisse und Fertigkeiten in den Bereichen Materialwirtschaft, Produktionswirtschaft, Personalwesen, Absatzwirtschaft und Rechnungswesen;

§ 4   den **Ausbildungsrahmenplan**, er stellt eine Anleitung zur sachlichen und zeitlichen Gliederung der zu erwerbenden Fertigkeiten und Kenntnisse dar. Wie umfangreich die **sachliche (=inhaltliche) Festlegung** der Ausbildung zum Industriekaufmann ist, läßt sich aus der Gliederung dieser Buchreihe erkennen; denn sie ist wortgleich mit dem Verordnungstext. Außer dem Inhalt legt der Ausbildungsrahmenplan auch die **zeitliche Gliederung** der Berufsausbildung fest, d. h. er ordnet die zu erwerbenden Kenntnisse und Fertigkeiten den einzelnen Ausbildungabschnitten zu (vgl. Abb. 41).

§ 5   den **Ausbildungsplan**, nach den Vorgaben des Ausbildungsrahmenplans der für jeden Auszubildenden individuell erstellt werden muß. (vgl. Abschnitt 3 dieses Kapitels);

§ 6   die **Führung des Berichtsheftes** in Form eines **Ausbildungsnachweises**;

§ 7   die **Zwischenprüfung**, die in der Mitte des zweiten Ausbildungsjahres abgelegt werden soll. Sie erstreckt sich nicht nur auf die im Ausbildungsbetrieb erworbenen Kenntnisse und Fertigkeiten, sondern auch auf den im Berufsschulunterricht vermittelten Lehrstoff. Die Zwischenprüfung dient der Überprüfung des Leistungsstandes „in der Mitte" der Ausbildungszeit. Die Ergebnisse haben für die Bewertung der Abschlußprüfung keine Bedeutung. Die Teilnahme an der Zwischenprüfung ist jedoch eine der Voraussetzungen für die Zulassung zur Abschlußprüfung.

§ 8   die **Abschlußprüfung**, die aus einem schriftlichen und einem mündlichen Teil besteht. Die schriftlichen Prüfungsfächer sind „Industriebetriebslehre", „Rechnungswesen/Organisation/Datenverarbeitung" sowie „Wirtschafts- und Sozialkunde". Der mündliche Teil der Prüfung findet im Prüfungsfach „Praktische Übungen" in der Form eines Prüfungsgespräches statt. In 30 Minuten soll der Prüfungsteilnehmer zeigen, daß er an Hand betriebspraktischer Vorgänge und Tatbestände betriebliche und wirtschaftliche Zusammenhänge versteht und praktische Aufgaben lösen kann. Die Abschlußprüfung erstreckt sich auf die gesamten in der Verordnung genannten Kenntnisse und Fertigkeiten sowie auf den in der Berufsschule vermittelten berufsbezogenen Lehrstoff.

Anlage (zu § 4)

Ausbildungsrahmenplan für die Berufsausbildung zum Industriekaufmann/zur Industriekauffrau

1	2	3	4					
Lfd. Nr.	Teil des Ausbildungsberufsbildes	zu vermittelnde Kenntnisse und Fertigkeiten	zu vermitteln im Ausbildungsabschnitt*					
			1	2	3	4	5	6
1	Materialwirtschaft (§ 3 Nr. 1)							
1.1	Organisation der Materialwirtschaft (§ 3 Nr. 1 Buchstabe a)	a) Aufgaben der Materialwirtschaft beschreiben	×	×				
		b) organisatorischen Aufbau der Materialwirtschaft im Ausbildungsbetrieb erklären	×	×				
		c) Stellung der Materialwirtschaft in der Organisation des Ausbildungsbetriebes und die Zusammenarbeit mit anderen Funktionsbereichen beschreiben	×	×				
1.2	Einkauf (§ 3 Nr. 1 Buchstab b)	a) Einkaufsunterlagen zusammenstellen, auswerten und ergänzen	×					
		b) Bedarf in Zusammenarbeit mit technischen und/oder kaufmännischen Stellen ermitteln	×					
		c) Beschaffungsalternativen aufzeigen	×					
		d) Bestellmengen und Bestellzeiten nach Anleitung unter wirtschaftlichen Gesichtspunkten ermitteln	×					
		e) Bezugsquellen ermitteln und Vorauswahl treffen	×					
		f) Angebote einholen	×					
		g) Angebote bearbeiten	×					
		h) Bestellungen abwickeln	×					
		i) Vertragserfüllung überwachen, Maßnahmen zur Vertragserfüllung nach Anleitung einleiten	×					
		k) Arbeitsablauf im Einkauf des Ausbildungsbetriebes beschreiben; Daten erfassen, die Verarbeitung und Verwendung von Daten beschreiben	×					
1.3	Warenannahme und Warenprüfung (§ 3 Nr. 1 Buchstabe c)	a) Warenannahme durchführen und Warenempfang bestätigen		×				
		b) Waren auf offene Mängel prüfen und Prüfstellen für die gelieferte Warenqualität nennen		×				
		c) Unterlagen für den Wareneingang bearbeiten		×				
		d) Arbeitsablauf in der Warenannahme des Ausbildungsbetriebes beschreiben; Daten erfassen, die Verarbeitung und Verwendung von Daten beschreiben		×				
1.4	Rechnungsprüfung (§ 3 Nr. 1 Buchstabe d)	a) Eingangsrechnungen mit den Bestell- und Wareneingangsunterlagen vergleichen	×					
		b) Differenzen nach Anleitung klären	×					
		c) sachliche und rechnerische Richtigkeit feststellen	×					
		d) Arbeitsablauf bei der Rechnungsprüfung des Ausbildungsbetriebes beschreiben; Daten erfassen, die Verarbeitung und Verwendung von Daten beschreiben	×					
1.5	Lagerung von Roh-, Hilfs- und Betriebsstoffen (§ 3 Nr. 1 Buchstabe e)	a) wichtige Roh-, Hilfs- und Betriebsstoffe des Ausbildungsbetriebes nennen, ihre Eigenschaften beschreiben und ihre Lagerung erklären		×				
		b) gebräuchliche Lagerarbeiten beschreiben und die Lagerorganisation des Ausbildungsbetriebes erklären		×				
		c) Lagereinrichtungen und Lagerungsverfahren des Ausbildungsbetriebes beschreiben sowie den Einsatz von Organisationsmitteln im Lager erklären		×				
		d) Material annehmen, bereitstellen, ausgeben und zurücknehmen		×				

Abb. 41: Ausbildungsrahmenplan für die Ausbildung zum Industriekaufmann – sachliche und zeitliche Gliederung (Seite 1)

1	2	3	4 zu vermitteln im Ausbildungsabschnitt*					
Lfd. Nr.	Teil des Ausbildungsberufsbildes	zu vermittelnde Kenntnisse und Fertigkeiten	1	2	3	4	5	6
1.6	Materialverwaltung (§ 3 Nr. 1 Buchstabe f)	a) Lagerbestände erfassen und kontrollieren	×					
		b) Lagerkennziffern und Bestellzeitpunkt nach Anleitung ermitteln	×					
		c) Arbeitsablauf in der Materialverwaltung des Ausbildungsbetriebes beschreiben; Daten erfassen, die Verarbeitung und Verwendung von Daten beschreiben	×					
2	Produktionswirtschaft (§ 3 Nr. 2)							
2.1	Organisation der Produktionswirtschaft (§ 3 Nr. 2 Buchstabe a)	a) Aufgaben der Produktionswirtschaft beschreiben	×	×				
		b) organisatorischen Aufbau der Produktionswirtschaft im Ausbildungsbetrieb beschreiben	×	×				
		c) Stellung der Produktionswirtschaft in der Organisation des Ausbildungsbetriebes und die Zusammenarbeit mit anderen Funktionsbereichen beschreiben	×	×				
2.2	Fertigung (§ 3 Nr. 2 Buchstabe b)	a) Erzeugnisprogramm des Ausbildungsbetriebes nennen	×					
		b) Beschaffenheit wichtiger Erzeugnisse des Ausbildungsbetriebes nennen und ihre Verwendungsmöglichkeiten beschreiben	×					
		c) Fertigungsverfahren des Ausbildungsbetriebes nennen und dessen Wahl begründen	×					
		d) für die Fertigung wichtige Anlagen und Maschinen im Ausbildungsbetrieb nennen	×					
		e) Fertigungsablauf bei der Herstellung wichtiger Erzeugnisse des Ausbildungsbetriebes beschreiben	×					
2.3	Fertigungsplanung (§ 3 Nr. 2 Buchstabe c)	a) Bestimmungsfaktoren für die Fertigungsplanung des Ausbildungsbetriebes beschreiben		×				
		b) für den Fertigungsablauf notwendige Unterlagen im Ausbildungsbetrieb nennen und erklären		×				
		c) Terminverfolgung bei der Fertigung im Ausbildungsbetrieb beschreiben		×				
3	Personalwesen (§ 3 Nr. 3)							
3.1	Organisation des Personalwesens (§ 3 Nr. 3 Buchstabe a)	a) Aufgaben und Bedeutung des Personalwesens beschreiben		×				
		b) organisatorischen Aufbau des Personalwesens im Ausbildungsbetrieb beschreiben		×				
		c) Stellung des Personalwesens in der Organisation des Ausbildungsbetriebes und die Zusammenarbeit mit anderen Funktionsbereichen sowie mit den betriebsverfassungsrechtlichen Organen beschreiben		×				
3.2	Einstellen und Ausscheiden von Arbeitnehmern (§ 3 Nr. 3 Buchstabe b)	a) Gründe für den Personalbedarf nennen		×				
		b) Möglichkeiten der Personalbeschaffung unterscheiden		×				
		c) Gesichtspunkte für die Einstellung von Arbeitnehmern nennen		×				
		d) Arbeitsablauf bei der Einstellung von Arbeitnehmern beschreiben		×				
		e) Gründe für die Beendigung von Arbeitsverhältnissen nennen und erklären		×				
		f) Arbeitsablauf beim Ausscheiden von Arbeitnehmern beschreiben		×				
		g) arbeitsrechtliche Vorschriften für die Einstellung und die Entlassung von Arbeitnehmern nennen		×				

Abb. 41 (Fortsetzung): Ausbildungsrahmenplan für die Ausbildung zum Industriekaufmann – sachliche und zeitliche Gliederung (S. 2)

1	2	3	4					
Lfd. Nr.	Teil des Ausbildungsberufsbildes	zu vermittelnde Kenntnisse und Fertigkeiten	zu vermitteln im Ausbildungsabschnitt*					
			1	2	3	4	5	6
3.3	Personalverwaltung (§ 3 Nr. 3 Buchstabe c)	a) für die Personalverwaltung des Ausbildungsbetriebes notwendige Unterlagen nennen und erklären			×			
		b) Personalunterlagen bearbeiten			×			
		c) wichtige arbeitsrechtliche Vorschriften für das Arbeitsverhältnis nennen			×			
3.4	Berufsbildung im Ausbildungsbetrieb (§ 3 Nr. 3 Buchstabe d)	a) Inhalte der Ausbildungsordnung, des Berufsausbildungsvertrages und des betrieblichen Ausbildungsplanes für den Ausbildungsberuf beschreiben	×	×				
		b) den Inhalt von Rechtsvorschriften nennen und beschreiben, die für die Durchführung der Ausbildung wesentlich sind	×	×				
		c) innerbetriebliche Fortbildungsmöglichkeiten nennen	×	×				
3.5	Arbeitsschutz und Unfallverhütung (§ 3 Nr. 3 Buchstabe e)	a) die Bedeutung von Arbeitsschutz und Unfallverhütung erklären	×					
		b) die für die Tätigkeit im kaufmännischen Bereich wichtigen Vorschriften für Arbeitsschutz und Unfallverhütung nennen und erklären	×					
		c) die Einrichtungen der Unfallhilfe im Betrieb beschreiben	×					
		d) geeignete Maßnahmen bei Unfällen beschreiben	×					
3.6	Lohn- und Gehaltsabrechnung (§ 3 Nr. 3 Buchstabe f)	a) Entlohnungsformen des Ausbildungsbetriebes unterscheiden			×			
		b) wesentliche Inhalte der für die Lohn- und Gehaltsabrechnung im Ausbildungsbetrieb geltenden Tarifverträge und Betriebsvereinbarungen nennen			×			
		c) Bruttolohn ermitteln			×			
		d) Ermittlung des Nettolohnes erklären			×			
		e) Arbeitsablauf bei der Lohn- und Gehaltsabrechnung des Ausbildungsbetriebes beschreiben; Daten erfassen, die Verarbeitung und Verwendung von Daten beschreiben			×			
4	Absatzwirtschaft (§ 3 Nr. 4)							
4.1	Organisation der Absatzwirtschaft (§ 3 Nr. 4 Buchstabe a)	a) Aufgaben der Absatzwirtschaft beschreiben				×		
		b) organisatorischen Aufbau der Absatzwirtschaft im Ausbildungsbetrieb beschreiben				×		
		c) Stellung der Absatzwirtschaft in der Organisation des Ausbildungsbetriebes und die Zusammenarbeit mit anderen Funktionsbereichen beschreiben				×		
4.2	Absatzförderung (§ 3 Nr. 4 Buchstabe b)	a) wichtige Anbieter- und Abnehmergruppen auf dem Absatzmarkt des Ausbildungsbetriebes nennen				×		
		b) die absatzfördernden Maßnahmen des Ausbildungsbetriebes nennen und ihre Bedeutung für den Ausbildungsbetrieb erklären				×		
4.3	Verkauf (§ 3 Nr. 4 Buchstabe c)	a) die Absatzorganisation des Ausbildungsbetriebes beschreiben				×		
		b) Anfragen und Angebote nach Anleitung bearbeiten				×		
		c) Aufträge bearbeiten und nach Anleitung abwickeln				×		
		d) Rechnungserstellung beschreiben; Unterlagen für die Rechnungserstellung bereitstellen				×		
		e) Arbeitsablauf im Verkauf des Ausbildungsbetriebes beschreiben; Daten erfassen, die Verarbeitung und Verwendung von Daten beschreiben				×		

Abb. 41 (Fortsetzung): Ausbildungsrahmenplan für die Ausbildung zum Industriekaufmann – sachliche und zeitliche Gliederung (S. 3)

1	2	3	4					
Lfd. Nr.	Teil des Ausbildungsberufsbildes	zu vermittelnde Kenntnisse und Fertigkeiten	zu vermitteln im Ausbildungsabschnitt*					
			1	2	3	4	5	6
4.4	Versand (§ 3 Nr. 4 Buchstabe d)	a) für den Transport gebräuchliche Beförderungsarten und Beförderungsmittel nennen				×		
		b) Frachtpapiere ausstellen				×		
		c) Transportvorschriften sowie Arten und Möglichkeiten der Transportversicherung beschreiben				×		
		d) Arbeitsablauf im Versand des Ausbildungsbetriebes beschreiben				×		
5	Rechnungswesen (§ 3 Nr. 5)							
5.1	Organisation des Rechnungswesens (§ 3 Nr. 5 Buchstabe a)	a) Aufgaben des Rechnungswesens beschreiben					×	×
		b) organisatorischen Aufbau des Rechnungswesens im Ausbildungsbetrieb beschreiben					×	×
		c) Stellung des Rechnungswesens in der Organisation des Ausbildungsbetriebes und die Zusammenarbeit mit anderen Funktionsbereichen beschreiben					×	×
5.2	Buchführung (§ 3 Nr. 5 Buchstabe b)	a) Aufbau und Inhalt des Kontenplans erklären					×	
		b) Belege kontieren					×	
		c) Buchungsbelege registrieren					×	
		d) Führen von Sachkonten des Ausbildungsbetriebes erklären					×	
		e) Führen des Kontokorrents des Ausbildungsbetriebes erklären					×	
		f) vorbereitende Abschlußarbeiten beschreiben und betriebliche Bewertungsverfahren nennen					×	
		g) Arbeitsablauf in der Buchhaltung des Ausbildungsbetriebes beschreiben; Daten erfassen, die Verarbeitung und Verwendung von Daten beschreiben					×	
5.3	Zahlungsverkehr (§ 3 Nr. 5 Buchstabe c)	a) Belege für Zahlungsein- und Zahlungsausgänge unter Beachtung der Zahlungsbedingungen prüfen und bearbeiten					×	
		b) mit Zahlungsmitteln arbeiten					×	
		c) fällige Zahlungen anmahnen					×	
5.4	Kosten- und Leistungsrechnung (§ 3 Nr. 5 Buchstabe d)	a) Aufgaben und Bedeutung der Kostenstellen- und Kostenträgerrechnung des Ausbildungsbetriebes erklären						×
		b) Aufbau und Inhalt für die Kostenstellenverzeichnisses erklären						×
		c) Unterlagen für die Kostenstellenrechnung nach Anleitung bearbeiten						×
		d) Arbeitsablauf bei der Kostenstellenrechnung des Ausbildungsbetriebes beschreiben; Daten erfassen, die Verarbeitung und Verwendung von Daten beschreiben						×
		e) Vor- und Nachkalkulation im Ausbildungsbetrieb erklären						×

* Die Ausbildungszeit gliedert sich in sechs Ausbildungsabschnitte. Ein Ausbildungsabschnitt umfaßt bei:
3jähriger Ausbildungszeit 6 Monate   2½jähriger Ausbildungszeit 5 Monate   2jähriger Ausbildungszeit 4 Monate
Die vorgegebene × -Markierung in Spalte 4 regelt den geplanten Ablauf der Berufsausbildung.
Änderungen des Zeitablaufes aus betriebsbedingten Gründen oder aus Gründen, die in der Person des Auszubildenden liegen, bleiben vorbehalten.
Berufsschulunterricht (Blockunterricht), Urlaub und Ausbildungsmaßnahmen außerhalb der Ausbildungsstätte sind zu berücksichtigen.

Abb. 41 (Fortsetzung): Ausbildungsrahmenplan für die Ausbildung zum Industriekaufmann – sachliche und zeitliche Gliederung (S. 4)

2 Inhalte des Berufsausbildungsvertrages für Industriekaufleute

Das Berufsausbildungsverhältnis wird durch den Berufsausbildungsvertrag begründet. Er gilt bereits als abgeschlossen, wenn er mündlich vereinbart wurde. Der wesentliche Inhalt des Berufsausbildungsvertrages muß jedoch vom Ausbildenden (= Ausbildungsbetrieb) unverzüglich nach der Vereinbarung, auf jeden Fall vor Beginn der Berufsausbildung schriftlich niedergelegt werden (§ 4 BBiG). Die Niederschrift des Vertrages ist vom Ausbildenden, vom Auszubildenden und von dessen gesetzlichen Vertreter zu unterzeichnen. Der Ausbildende hat die Eintragung des Ausbildungsvertrages unverzüglich in das Verzeichnis der Berufsausbildungsverhältnisse bei der zuständigen Industrie- und Handelskammer zu beantragen (§ 33 BBiG).

Die Vereinbarungen, die nach § 4 Berufsbildungsgesetz in einem Berufsausbildungsvertrag mindestens enthalten sein müssen, können aus dem abgebildeten Vertragsmuster entnommen werden. Bestimmte Vereinbarungen darf der Berufs-ausbildungsvertrag jedoch nicht enthalten (vgl. § 5 BBiG); z. B. darf er keine Klausel enthalten, die den Auszubildenden verpflichtet, nach der Ausbildung im Ausbildungsbetrieb als Arbeitnehmer zu bleiben.

Durch den Ausbildungsvertrag wird

▷ **der Ausbildende (Ausbildungsbetrieb) verpflichtet**, den gesetzlich vorgeschriebenen Ausbildungsverpflichtungen nachzukommen, d. h. vor allem,

– die Berufsausbildung entsprechend dem Berufsbildungsgesetz bzw. anderer die Berufsausbildung betreffenden gesetzlichen Verordnungen durchzuführen;

– auf der Grundlage des Ausbildungsrahmenplanes einen Ausbildungsplan für jeden Auszubildenden zu erstellen und die darin aufgeführten Kenntnisse und Fertigkeiten dem Auszubildenden in der vorgeplanten Ausbildungszeit zu vermitteln;

▷ der **Auszubildende verpflichtet sich**, seiner Lernpflicht nachzukommen, d. h. insbesondere

– alle Arbeiten, die ihm im Rahmen seiner Berufsausbildung übertragen werden, sorgfältig zu erledigen;

– an Ausbildungsmaßnahmen teilzunehmen, für die er freigestellt wird, z. B.. die Berufsschule regelmäßig zu besuchen und alle anderen Ausbildungsmaßnahmen (betrieblicher Unterricht, Seminare) wahrzunehmen;

– den Ausbildungsnachweis zu führen.

3 Inhalte des betrieblichen Ausbildungsplanes für Industriekaufleute

Auf der Grundlage der gesetzlich festgelegten sachlichen und zeitlichen Gliederung des Ausbildungsrahmenplanes zum Industriekaufmann muß der Ausbildungsbetrieb vor der Ausbildung für jeden Auszubildenden einen **betrieblichen Aus-bildungsplan** erstellen. Dieser setzt sich zusammen aus einer Planung der **Ausbildungsdauer** für die einzelnen Ausbildungsbereiche (zeitliche Gliederung der Ausbildung) und einer Planung der **Ausbildungsinhalte** in den einzelnen Abteilungen (sachliche Gliederung der Ausbildung). Dieser betriebliche Ausbildungsplan ist Bestandteil des Berufaus-bildungsvertrages.

Die im Ausbildungsrahmenplan genannten Kenntnisse und Fertigkeiten, die vom Ausbildungsbetrieb vermittelt werden müssen, sind für die gesamte Industrie einheitlich formuliert worden. Die betrieblichen Verhältnisse sind jedoch aufgrund der vielfältigen Branchen und Betriebsgrößen sehr unterschiedlich. Deshalb müssen die allgemein formulierten Lernziele für den jeweiligen Ausbildungsbetrieb interpretiert, d.h. ausgelegt werden. Das Lernziel 1.5 d) „Material annehmen, bereitstellen, ausgeben und zurücknehmen" muß bei der Ausbildung in der Bauindustrie anders erläutert und beschrieben werden als in der chemischen oder metallverarbeitenden Industrie.

Außerdem wird die zeitliche Reihenfolge der Ausbildung den betrieblichen Verhältnissen angepaßt.

Der betriebliche Ausbildungsplan soll für jeden einzelnen Auszubildenden sicherstellen, daß in einer Abteilung nicht überlang ausgebildet wird und dafür in einer anderen Abteilung die Ausbildung eventuell zu kurz kommt oder gar entfällt.

Industrie- und Handelskammer Frankfurt am Main

Berufsausbildungsvertrag

(§§ 3, 4 Berufsbildungsgesetz - BBiG)

Zwischen dem Ausbildenden (Ausbildungsbetrieb)

(Siegel)	Vertrag geprüft und registriert am: _____ Reg.-Nr. _____ I. A. Vorgesehen für Abschlußprüfung: Sommer/Winter 19____

und   Herrn ☐   Frau ☒

Firmenident-Nr.:   Tel.-Nr.

A L T E V GmbH

Guerickestr. 7

60488 Frankfurt

Name, Vorname
L Ö R N E R, Esther

Straße, Haus-Nr.
Lorscherstr. 29

PLZ 61352   Ort Bad Homburg

Geburtsdatum 08.07.1974   Geburtsort Frankfurt/Main

Staatsangehörigkeit Deutsch   Gesetzl. Vertreter[1] ☐ Eltern ☐ Vater ☐ Mutter ☐ Vormund

Namen, Vornamen der gesetzl. Vertreter

Straße, Hausnummer

PLZ   Ort

wird nachstehender Vertrag zur Ausbildung im Ausbildungsberuf _____ INDUSTRIEKAUFFRAU

mit der Fachrichtung / dem Schwerpunkt, _____ Metallindustrie
entsprechend der Ausbildungsordnung (§ 25 BBiG) geschlossen.

Änderungen des wesentlichen Vertragsinhaltes sind vom Ausbildenden unverzüglich zur Eintragung in das Verzeichnis der Berufsausbildungsverhältnisse bei der Industrie- und Handelskammer anzuzeigen.

Die beigefügten Angaben zur sachlichen und zeitlichen Gliederung des Ausbildungsablaufs (Ausbildungsplan) sind Bestandteil dieses Vertrages.

A Die Ausbildungszeit beträgt nach der Ausbildungsordnung __36__ Monate.
Die vorausgegangene Berufsausbildung/Vorbildung: _____ Abitur
wird mit __6__ Monaten angerechnet, bzw. es wird eine entsprechende Verkürzung beantragt. (Bitte Nachweis beifügen.)

Das Berufsausbildungsverhältnis

beginnt am Tag 0 1 Monat 0 9 Jahr 9 3   endet am Tag 2 8 Monat 0 2 Jahr 9 6

B Die Probezeit (s. § 1 Nr. 2 Rückseite) beträgt __3__ Monate.

C Die Ausbildung findet vorbehaltlich der Regelungen nach ☐ D (§ 3 Nr. 12) in _____ Frankfurt/M. Guerickestr. 7
und den mit dem Betriebssitz für die Ausbildung üblicherweise zusammenhängenden Bau-, Montage- und sonstigen Arbeitsstellen statt.

D Ausbildungsmaßnahmen außerhalb der Ausbildungsstätte (§ 3 Nr. 12) _____
Was: Produktion/Fertigungsplanung
Ort: ALTEV WERK, Rheinböllen
Dauer: 4 Wochen

E Der Ausbildende zahlt dem Auszubildenden eine angemessene Vergütung (§ 5); diese beträgt zur Zeit monatlich brutto:

DM	985,-	1041,-	1122,-	
im	ersten	zweiten	dritten	vierten

Ausbildungsjahr.
Soweit Vergütungen tariflich geregelt sind, gelten mindestens die tariflichen Sätze.

F Die regelm. tgl. Ausbildungszeit (§ 6 Nr. 1) beträgt 7,4 Std.
Die regelm. wöchentl. Ausbildungszeit beträgt 37 Std.
Das Jugendarbeitsschutzgesetz sowie für das Ausbildungsverhältnis geltende tarifvertragliche Regelungen und Betriebsvereinbarungen sind zu beachten.

G Der Ausbildende gewährt dem Auszubildenden Urlaub nach den geltenden Bestimmungen. Es besteht ein Urlaubsanspruch

Im Jahr	19 93	19 94	19 95	19 96	19
Werktage					
Arbeitstage	10	30	30	5	

> 18, 24 T.
< 18 > 17, 25 T.

H Sonstige Vereinbarungen
Jede Abwesenheit, auch während der Berufsschulzeit, ist am 1. Tag bis spätestens 9 Uhr der Ausbildungsabteilung zu melden.

[1] Vertretungsberechtigt sind beide Eltern gemeinsam, soweit nicht die Vertretungsberechtigung nur einem Elternteil zusteht. Ist ein Vormund bestellt, so bedarf dieser zum Abschluß des Ausbildungsvertrages der Genehmigung des Vormundschaftsgerichtes.

J Die umstehenden Vereinbarungen sind Gegenstand dieses Vertrages und werden anerkannt.

Frankfurt/Main , den 15.07.93
Der Ausbildende:
ALTEV GmbH

Diekemper

Stempel und Unterschrift

Der Auszubildende:
Esther Lörner
Vor- und Familienname

Die gesetzl. Vertreter des Auszubildenden:

Vater und Mutter/Vormund

Bitte Rückseite beachten!

Bitte jede Ausfertigung einzeln unterschreiben!

W. Bertelsmann Verlag KG Bielefeld 2049/13

Abb. 42: Muster eines Berufsausbildungsvertrages (Vorderseite)

Diese Regelungen sind Vertragsbestandteil

§ 1 - Ausbildungszeit

1. **(Dauer)** siehe A*).
2. **(Probezeit)** siehe B*). (§ 13 BBiG)
   Die Probezeit muß mindestens einen Monat und darf höchstens drei Monate betragen. Wird die Ausbildung während der Probezeit um mehr als ein Drittel dieser Zeit unterbrochen, so verlängert sich die Probezeit um den Zeitraum der Unterbrechung.
3. **(Vorzeitige Beendigung des Berufsausbildungsverhältnisses)** (§ 14 Abs. 2 BBiG)
   Besteht der Auszubildende vor Ablauf der unter Nr. 1 vereinbarten Ausbildungszeit die Abschlußprüfung, so endet das Berufsausbildungsverhältnis mit Bestehen der Abschlußprüfung.
4. **(Verlängerung des Berufsausbildungsverhältnisses)** (§ 14 Abs. 3 BBiG)
   Besteht der Auszubildende die Abschlußprüfung nicht, so verlängert sich das Berufsausbildungsverhältnis auf sein Verlangen bis zur nächstmöglichen Wiederholungsprüfung, höchstens um ein Jahr.

§ 2 - Ausbildungsstätte(n) siehe C*).

§ 3 - Pflichten des Ausbildenden

Der Ausbildende verpflichtet sich,

1. **(Ausbildungsziel)** (§ 6 Abs. 1 Ziff. 1 BBiG)
   dafür zu sorgen, daß dem Auszubildenden die Fertigkeiten und Kenntnisse vermittelt werden, die zum Erreichen des Ausbildungszieles nach der Ausbildungsordnung erforderlich sind, und die Berufsausbildung nach den beigefügten Angaben zur sachlichen und zeitlichen Gliederung des Ausbildungsablaufs so durchzuführen, daß das Ausbildungsziel in der vorgesehenen Ausbildungszeit erreicht werden kann;
2. **(Ausbilder)** (§ 6 Abs. 1 Ziff. 2 BBiG)
   selbst auszubilden oder einen persönlich und fachlich geeigneten Ausbilder ausdrücklich damit zu beauftragen und diesen dem Auszubildenden jeweils schriftlich bekanntzugeben;
3. **(Ausbildungsordnung)** (§ 6 Abs. 1 Ziff. 3 BBiG)
   dem Auszubildenden vor Beginn der Ausbildung die Ausbildungsordnung kostenlos auszuhändigen;
4. **(Ausbildungsmittel)** (§ 6 Abs. 1 Ziff. 3 BBiG)
   dem Auszubildenden kostenlos die Ausbildungsmittel, insbesondere Werkzeuge, Werkstoffe und Fachliteratur zur Verfügung zu stellen, die für die Ausbildung in den betrieblichen und überbetrieblichen Ausbildungsstätten und zum Ablegen von Zwischen- und Abschlußprüfungen, auch soweit solche nach Beendigung des Berufsausbildungsverhältnisses und in zeitlichem Zusammenhang damit stattfinden, erforderlich sind**);
5. **(Besuch der Berufsschule und von Ausbildungsmaßnahmen außerhalb der Ausbildungsstätte)** (§ 6 Abs. 1 Ziff. 4 BBiG)
   den Auszubildenden zum Besuch der Berufsschule anzuhalten und freizustellen. Das gleiche gilt, wenn Ausbildungsmaßnahmen außerhalb der Ausbildungsstätte vorgeschrieben oder nach Nr. 12 durchzuführen sind;
6. **(Berichtsheftführung)** (§ 6 Abs. 1 Ziff. 4 BBiG)
   dem Auszubildenden vor Ausbildungsbeginn und später die Berichtshefte für die Berufsausbildung kostenfrei auszuhändigen sowie die ordnungsgemäße Führung durch regelmäßige Abzeichnung zu überwachen, soweit Berichtshefte im Rahmen der Berufsausbildung verlangt werden;
7. **(Ausbildungsbezogene Tätigkeiten)** (§ 6 Abs. 2 BBiG)
   dem Auszubildenden nur Verrichtungen zu übertragen, die dem Ausbildungszweck dienen und seinen körperlichen Kräften angemessen sind;
8. **(Sorgepflicht)** (§ 6 Abs. 1 Ziff. 5 BBiG)
   dafür zu sorgen, daß der Auszubildende charakterlich gefördert sowie sittlich und körperlich nicht gefährdet wird;
9. **(Ärztliche Untersuchungen)** (§§ 32, 33 JArbSchG)
   von dem jugendlichen Auszubildenden sich Bescheinigungen gemäß §§ 32, 33 Jugendarbeitsschutzgesetz darüber vorlegen zu lassen, daß dieser
   a) vor der Aufnahme der Ausbildung untersucht und
   b) vor Ablauf des ersten Ausbildungsjahres nachuntersucht worden ist;
10. **(Eintragungsantrag)** (§ 33 Abs. 1 BBiG)
    unverzüglich nach Abschluß des Berufsausbildungsvertrages die Eintragung in das Verzeichnis der Berufsausbildungsverhältnisse bei der zuständigen Stelle unter Beifügung der Vertragsniederschriften und - bei Auszubildenden unter 18 Jahren - einer Kopie oder Mehrfertigung der ärztlichen Bescheinigung über die Erstuntersuchung gemäß § 32 Jugendarbeitsschutzgesetz zu beantragen; entsprechendes gilt bei späteren Änderungen des wesentlichen Vertragsinhaltes;
11. **(Anmeldung zu Prüfungen)**
    den Auszubildenden rechtzeitig zu den angesetzten Zwischen- und Abschlußprüfungen anzumelden und für die Teilnahme freizustellen sowie der Anmeldung zur Zwischenprüfung bei Auszubildenden unter 18 Jahren eine Kopie oder Mehrfertigung der ärztlichen Bescheinigung über die erste Nachuntersuchung gemäß § 33 Jugendarbeitsschutzgesetz beizufügen;
12. **(Ausbildungsmaßnahmen außerhalb der Ausbildungsstätte)** siehe D*) (§ 22 Abs. 2 BBiG)

§ 4 - Pflichten des Auszubildenden

Der Auszubildende hat sich zu bemühen, die Fertigkeiten und Kenntnisse zu erwerben, die erforderlich sind, um das Ausbildungsziel zu erreichen. Er verpflichtet sich insbesondere

1. **(Lernpflicht)** (§ 9 BBiG)
   die ihm im Rahmen seiner Berufsausbildung übertragenen Verrichtungen und Aufgaben sorgfältig auszuführen;
2. **(Berufsschulunterricht, Prüfungen und sonstige Maßnahmen)** (§ 9 Ziff. 2 BBiG)
   am Berufsschulunterricht und an Prüfungen sowie an Ausbildungsmaßnahmen außerhalb der Ausbildungsstätte teilzunehmen, für die er nach § 3 Nr. 5, 11, 12 freigestellt wird; sein Berufsschulzeugnis unverzüglich dem Ausbildenden zur Kenntnisnahme vorzulegen und ist damit einverstanden, daß sich Berufsschule und Ausbildungsbetrieb über seine Leistungen unterrichten;
3. **(Weisungsgebundenheit)** (§ 9 Ziff. 3 BBiG)
   den Weisungen zu folgen, die ihm im Rahmen der Berufsausbildung vom Ausbildenden, vom Ausbilder oder von anderen weisungsberechtigten Personen, soweit sie als weisungsberechtigt bekannt gemacht worden sind, erteilt werden;
4. **(Betriebliche Ordnung)** (§ 9 Ziff. 4 BBiG)
   die für die Ausbildungsstätte geltende Ordnung zu beachten.
5. **(Sorgfaltspflicht)** (§ 9 Ziff. 1 und 5 BBiG)
   Werkzeug, Maschinen und sonstige Einrichtungen pfleglich zu behandeln und sie nur zu den ihm übertragenen Arbeiten zu verwenden;
6. **(Betriebsgeheimnisse)** (§ 9 Ziff. 6 BBiG)
   über Betriebs- und Geschäftsgeheimnisse Stillschweigen zu wahren;
7. **(Berichtsheftführung)** (§ 39 Abs. 1 Ziff. 2 BBiG)
   ein vorgeschriebenes Berichtsheft ordnungsgemäß zu führen und regelmäßig vorzulegen;
8. **(Benachrichtigung)**
   bei Fernbleiben von der betrieblichen Ausbildung, vom Berufsschulunterricht oder von sonstigen Ausbildungsveranstaltungen dem Ausbildenden unter Angabe von Gründen unverzüglich Nachricht zu geben und ihm bei Krankheit oder Unfall spätestens am dritten Tag eine ärztliche Bescheinigung zuzuleiten.
9. **(Ärztliche Untersuchungen)**
   soweit auf ihn die Bestimmungen des Jugendarbeitsschutzgesetzes Anwendung finden, sich gemäß §§ 32 und 33 dieses Gesetzes ärztlich
   a) vor Beginn der Ausbildung untersuchen,
   b) vor Ablauf des ersten Ausbildungsjahres nachuntersuchen zu lassen und die Bescheinigungen hierüber dem Ausbildenden vorzulegen.

§ 5 - Vergütung und sonstige Leistungen

1. **(Höhe und Fälligkeit)** siehe E*). (§ 10 Ziff. 3, § 11 Ziff. 2 BBiG)
   Eine über die vereinbarte regelmäßige Ausbildungszeit hinausgehende Beschäftigung wird besonders vergütet.
   Die Vergütung wird spätestens am letzten Arbeitstag des Monats gezahlt. Das auf die Urlaubszeit entfallende Entgelt (Urlaubsentgelt) wird vor Antritt des Urlaubs ausgezahlt.
   Die Beiträge für die Sozialversicherung tragen die Vertragschließenden nach Maßgabe der gesetzlichen Bestimmungen.
2. **(Sachleistungen)** (§ 10 Abs. 2 BBiG)
   Soweit der Ausbildende dem Auszubildenden Kost und/oder Wohnung gewährt, gilt die in der Anlage beigefügte Regelung.
3. **(Kosten für Maßnahmen außerhalb der Ausbildungsstätte)**
   Der Ausbildende trägt die Kosten für Maßnahmen außerhalb der Ausbildungsstätte gemäß § 3 Nr. 5, soweit sie nicht anderweitig gedeckt sind. Ist eine auswärtige Unterbringung erforderlich, so können dem Auszubildenden anteilige Kosten für Verpflegung in dem Umfang in Rechnung gestellt werden, in dem dieser Kosten einspart. Die Anrechnung von anteiligen Kosten und Sachbezugswerten nach § 10 (2) BBiG darf 75% der vereinbarten Bruttovergütung nicht übersteigen.
4. **(Berufskleidung)**
   Wird vom Ausbildenden eine besondere Berufskleidung vorgeschrieben, so wird sie von ihm zur Verfügung gestellt.
5. **(Fortzahlung der Vergütung)** (§ 12 Abs. 1 BBiG)
   Dem Auszubildenden wird die Vergütung auch gezahlt
   a) für die Zeit der Freistellung gem. § 3 Nr. 5 und 11 dieses Vertrages sowie gemäß § 10 Abs. 1 Nr. 2 und § 43 Jugendarbeitsschutz
   b) bis zur Dauer von 6 Wochen, wenn er
      aa) sich für die Berufsausbildung bereithält, diese aber ausfällt
      bb) infolge unverschuldeter Krankheit nicht an der Berufsausbildung teilnehmen kann oder
      cc) aus einem sonstigen, in seiner Person liegenden Grund unverschuldet verhindert ist, seine Pflichten aus dem Berufsausbildungsverhältnis zu erfüllen.

§ 6 - Ausbildungszeit und Urlaub

1. **(Tägliche Ausbildungszeit)** siehe F*).
2. **(Urlaub)** siehe G*).
3. **(Lage des Urlaubs)**
   Der Urlaub soll zusammenhängend und in der Zeit der Berufsschulferien erteilt und genommen werden. Während des Urlaubs darf der Auszubildende keine dem Urlaubszweck widersprechende Erwerbstätigkeit leisten.

§ 7 - Kündigung

1. **(Kündigung während der Probezeit)** (§ 15 Abs. 1 BBiG)
   Während der Probezeit kann das Berufsausbildungsverhältnis ohne Einhaltung einer Kündigungsfrist und ohne Angabe von Gründen gekündigt werden.
2. **(Kündigungsgründe)** (§ 15 Abs. 2 BBiG)
   Nach der Probezeit kann das Berufsausbildungsverhältnis nur gekündigt werden
   a) aus einem wichtigen Grund ohne Einhalten einer Kündigungsfrist
   b) vom Auszubildenden mit einer Kündigungsfrist von 4 Wochen, wenn er die Berufsausbildung aufgeben oder sich für eine andere Berufstätigkeit ausbilden lassen will.
3. **(Form der Kündigung)** (§ 15 Abs. 3 BBiG)
   Die Kündigung muß schriftlich, im Falle der Nr. 2 unter Angabe der Kündigungsgründe erfolgen.
4. **(Unwirksamkeit einer Kündigung)** (§ 15 Abs. 4 BBiG)
   Eine Kündigung aus einem wichtigen Grund ist unwirksam, wenn die ihr zugrunde liegenden Tatsachen dem zur Kündigung Berechtigten länger als 2 Wochen bekannt sind. Ist ein Schlichtungsverfahren gem. § 9 eingeleitet, so wird bis zu dessen Beendigung der Lauf dieser Frist gehemmt.
5. **(Schadensersatz bei vorzeitiger Beendigung)** (§ 16 BBiG)
   Wird das Berufsausbildungsverhältnis nach Ablauf der Probezeit vorzeitig gelöst, so kann der Ausbildende oder der Auszubildende Ersatz des Schadens verlangen, wenn der andere den Grund für die Auflösung zu vertreten hat. Das gilt nicht bei Kündigung wegen Aufgabe oder Wechsels der Berufsausbildung nach Nr. 2 b. Der Anspruch erlischt, wenn er nicht innerhalb von 3 Monaten nach Beendigung des Berufsausbildungsverhältnisses geltend gemacht wird.
6. **(Aufgabe des Betriebes, Wegfall der Ausbildungseignung)**
   Bei Kündigung des Berufsausbildungsverhältnisses wegen Betriebsaufgabe oder wegen Wegfalls der Ausbildungseignung verpflichtet sich der Ausbildende, sich mit Hilfe der Berufsberatung des zuständigen Arbeitsamtes rechtzeitig um eine weitere Ausbildung im bisherigen Ausbildungsberuf in einer anderen geeigneten Ausbildungsstätte zu bemühen.

§ 8 - Zeugnis (§ 8 BBiG)

Der Ausbildende stellt dem Auszubildenden bei Beendigung des Berufsausbildungsverhältnisses ein Zeugnis aus. Hat der Ausbildende die Berufsausbildung nicht selbst durchgeführt, so soll auch der Ausbilder das Zeugnis unterschreiben. Es muß Angaben enthalten über Art, Dauer und Ziel der Berufsausbildung sowie über die erworbenen Fertigkeiten und Kenntnisse des Auszubildenden, auf Verlangen des Auszubildenden auch Angaben über Führung, Leistung und besondere fachliche Fähigkeiten.

§ 9 - Beilegung von Streitigkeiten (§ 102 BBiG)

Bei Streitigkeiten aus dem bestehenden Berufsausbildungsverhältnis ist vor Inanspruchnahme des Arbeitsgerichts der nach § 111 Abs. 2 des Arbeitsgerichtsgesetzes errichtete Ausschuß anzurufen.

§ 10 - Erfüllungsort

Erfüllungsort für alle Ansprüche aus diesem Vertrag ist der Ort der Ausbildungsstätte.

§ 11 - Sonstige Vereinbarungen - siehe H*).

Rechtswirksame Nebenabreden, die das Berufsausbildungsverhältnis betreffen, können nur durch schriftliche Ergänzung im Rahmen des § 11 dieses Berufsausbildungsvertrags getroffen werden.

*) Die Buchstaben verweisen auf den entsprechenden Text auf der Vorderseite.
**) Der Auszubildende kann das Prüfungsstück gegen Erstattung der Materialselbstkosten erwerben.

Abb. 42 (Fortsetzung): Muster eines Berufsausbildungsvertrages (Rückseite)

Anlage zum Berufsausbildungsvertrag
Sachliche und zeitliche Gliederung der Berufsausbildung

Ausbildungsbetrieb _____

Verantwortlicher Ausbilder _____

Auszubildender _____

Ausbildungsberuf　　Industriekaufmann

Lfd. Nr	Teil des Ausbildungsberufsbildes	zu vermittelnde Kenntnisse und Fertigkeiten	zu vermitteln im Ausbildungsabschnitt*					
			1	2	3	4	5	6
1	Materialwirtschaft (§ 3 Nr. 1)							
1.1	Organisation der Materialwirtschaft (§ 3 Nr. 1 Buchstabe a)	a) Aufgaben der Materialwirtschaft beschreiben	☐	☐				
		b) organisatorischen Aufbau der Materialwirtschaft im Ausbildungsbetrieb erklären	☐	☐				
		c) Stellung der Materialwirtschaft in der Organisation des Ausbildungsbetriebes und die Zusammenarbeit mit anderen Funktionsbereichen beschreiben	☐	☐				
1.2	Einkauf (§ 3 Nr. 1 Buchstabe b)	a) Einkaufsunterlagen zusammenstellen, au…						
		b) Bedarf in Zusammenarbeit mit technisch… schen Stellen ermitteln						
		c) Beschaffungsalternativen aufzeigen						
		d) Bestellmengen und Bestellzeiten nach Ar… chen Gesichtspunkten ermitteln						
		e) Bezugsquellen ermitteln und Vorauswah…						
		f) Angebote einholen						
		g) Angebote bearbeiten						
		h) Bestellungen abwickeln						
		i) Vertragserfüllung überwachen, Maßnahm… nach Anleitung einleiten						
		k) Arbeitsablauf im Einkauf des Ausbildung… Daten erfassen, die Verarbeitung und Ve… schreiben						
1.3	Warenannahme und Warenprüfung (§ 3 Nr. 1 Buchstabe c)	a) Warenannahme durchführen und Waren…						
		b) Waren auf offene Mängel prüfen und Prü… Warenqualität nennen						
		c) Unterlagen für den Wareneingang bearb…						
		d) Arbeitsablauf in der Warenannahme des… schreiben; Daten erfassen, die Verarbeit… Daten beschreiben						
1.4	Rechnungsprüfung (§ 3 Nr. 1 Buchstabe d)	a) Eingangsrechnungen mit den Bestell- un… gen vergleichen						
		b) Differenzen nach Anleitung klären						
		c) sachliche und rechnerische Richtigkeit f…						
		d) Arbeitsablauf bei der Rechnungsprüfung… bes beschreiben; Daten erfassen, die V… dung von Daten beschreiben						

Fortsetzung nächste Seite

Anlage zum Berufsausbildungsvertrag

Ausbildungsplan für den Auszubildenden

Sachliche und zeitliche Gliederung der Berufsausbildung

Ausbildungsberuf _____ Industriekaufmann (2½ J.)

Ausbildungsbetrieb NOWAS MECHANISCHE WERKE

Verantwortlicher Ausbilder Ingrid Maurer

Auszubildender Marion Schaumann

Fachrichtung _____

Teil des Ausbildungsberufsbildes Nr.	Ausbildungsort Abteilung, Werkstatt, Büro, Montagestelle usw.	Dauer in Wochen/ ~~Monaten~~ oder von/bis	Beginn Ausbildungs~~halbjahr/~~abschnitt oder Datum
1 Materialwirtschaft			
1.1 Organisation der Materialwirtschaft			
1.2 Einkauf	Einkauf	10	1
1.3 Warenannahme und Warenprüfung	Warenannahme /Lager	3	2
1.4 Rechnungsprüfung	Einkauf	3	1
1.5 Lagerung von Roh-, Hilfs- und Betriebsstoffen	Lager Anlagenbau	2	2
1.6 Materialverwaltung	Hauptlager	2	2
2 Produktionswirtschaft			
2.1 Organisation der Produktionswirtschaft	Produktionsleitung	2	2
2.2 Fertigung	Fertigungsleitung Anlagen	2	2
2.3 Fertigungsplanung	Fertigungsleitung / Arbeitsvorbereitung	5	3
	Fertigwarenlager	1	
3 Personalwesen			
3.1 Organisation des Personalwesens	Personal	1	3
3.2 Einstellen und Ausscheiden von Arbeitnehmern	Personal	2	3
3.3 Personalverwaltung	Personal	2	3
3.4 Berufsbildung im Ausbildungsbetrieb	Ausbildung	1	3
3.5 Arbeitsschutz und Unfallverhütung	Ausbildung	1	1
3.6 Lohn- und Gehaltsabrechnung	Lohn- u. Gehaltsbüro	4	3
4 Absatzwirtschaft			
4.1 Organisation der Absatzwirtschaft	Verkauf	1	4
4.2 Absatzförderung	Werbung	3	4
4.3 Verkauf	Verkauf	8	4
4.4 Versand	Versand	5	4
	Auslieferung	2	4
5 Rechnungswesen			
5.1 Organisation des Rechnungswesens	Rechnungswesen	2	6
5.2 Buchführung	Buchführung	8	5
5.3 Zahlungsverkehr	Buchführung	6	5
5.4 Kosten- und Leistungsrechnung	Kalkulation	6	6
		82	
Berufsschule (Blockunterricht) insgesamt		30	
Wiederholung (Prüfungsvorbereitung)		3	
Urlaub während der Ausbildungszeit		15	
insgesamt:		130 Wochen	

Änderungen des Zeitablaufes aus betriebsbedingten Gründen oder aus Gründen, die in der Person des Auszubildenden liegen, bleiben vorbehalten. Berufsschulunterricht (Blockunterricht). Urlaub und Ausbildungsmaßnahmen außerhalb der Ausbildungsstätte sind zu berücksichtigen. **Fortsetzung auf Seite ___**

　　Bestellnummer 3111

Abb. 43: Beispiel eines Ausbildungsplans für einen Industriekaufmann (zeitliche und sachliche Gliederung) – Bestandteil des Berufsausbildungsvertrages.
Oben: Teile des Berufsbildes und zu vermittelnde Kenntnisse und Fertigkeiten gem. Ausbildungsrahmenplan.
Unten (Deckblatt): Planungsteil des Betriebes mit Ausbildungsort und zeitlichen Angaben.

4 Ausbildungsnachweis

Der Auszubildende hat während der gesamten Ausbildungszeit regelmäßig, d. h. täglich oder wöchentlich zu berichten über

- die im Berichtszeitraum ausgeführten betrieblichen Tätigkeiten,
- Unterweisungen, die der Auszubildende am jeweiligen Arbeitsplatz erhalten hat,
- Informationen aus dem betrieblichen Unterricht oder sonstigen überbetrieblichen Schulungsmaßnahmen,
- die in der Berufsschule durchgenommenen Unterrichtsinhalte, gegliedert nach Fachgebieten.
  Bei Blockunterricht ist der gesamte zur Vergügung stehende Raum für die Berichte über den Unterricht zu benutzen. Jedes Fach ist mit dem betreffenden Unterrichtsthema anzugeben.

Der Ausbildungsnachweis muß sorgfältig und lückenlos geführt werden. Zur Abschlußprüfung wird der Auszubildende nur zugelassen, wenn er den ordnungsgemäß geführten Ausbildungsnachweis vorlegt. In welcher Weise der Ausbildungsnachweis geführt wird, zeigen die abgedruckten Muster eines Wochenberichts.

Name Kirsten Dort

Ausbildungsabteilung Personalabteilung

Ausbildungsnachweis Nr. 33 Ausbildungs-Woche vom 05.04. bis 09.04. 19 93 Ausbildungsjahr

Betriebliche Tätigkeit

1. Einführung in die Abteilung "Personal"
   Einführungsgespräch mit der Ausbildungsbeauftragten über die Zuständigkeit innerhalb der Abteilung
2. Schreiben eines Briefes anhand des Textverarbeitungsprogrammes PCText4
3. Bearbeiten bzw. Weiterleiten der Rechnungen von Angestellten verschiedener Zeitarbeitsfirmen
4. Kontrollieren der Auslaufdaten von Aushilfsverträgen
5. Erledigen verschiedener anfallender Bürotätigkeiten:
   - Schreiben von Zahlungsanweisungen und Änderungsmitteilungen
   - Anlegen und Neuordnen von Aktenordnern
   - Aktualisieren des Nachschlagewerkes "Personalbüro"
   - verschiedene Ablagetätigkeiten

Unterweisungen, Lehrgespräche, betrieblicher Unterricht, sonstige Schulungsveranstaltungen

Lehrgespräch mit dem Personalleiter Deutschland
Themen: - Bestimmungen des Betriebsverfassungsgesetzes
- Zusammenarbeit der Personalabteilung mit dem Betriebsrat
- Bedeutung einer Arbeitsordnung

Lehrgespräch mit der Ausbildungsbeauftragten
Themen: - Erläuterung der Abwicklung eines Einstellungsvorgangs einschließlich der benötigten Papiere

Werksunterricht bei Frau Semrau
Themen: - Durcharbeiten von Zwischenprüfungen

Berufsschule (Unterrichtsthemen)

Buchführung:	Belegbuchungen/Buchen von MwSt. und Vorsteuer
Deutsch:	Bedeutung von Sprache in Wissenschaft und Technik
Personalwirtschaft:	Unfallverhütung, gefährliche Stoffe, Kennzeichnung, Entsorgung
EDV:	Externe Speichermöglichkeiten/Ausgabegeräte
Politik:	Europäischer Regionalfonds

KONTROLLIERT 15. April 1993 Küst	13.4.93 Monika Fode	Kirsten Dort 9.4.93
Ausbildender bzw bestellter Ausbilder Prüfvermerk und Datum	Ausbilder (Unterweiser) Prüfvermerk und Datum	Auszubildender Unterschrift und Datum

Abb. 44: Ausbildungsnachweis für eine Woche ohne zeitliche Angaben

Die Form der Ausbildungsnachweise wird von der zuständigen Industrie- und Handelskammer vorgeschrieben. Der Inhalt der Ausbildungsnachweise unterscheidet sich dadurch, daß einmal die Tätigkeiten mit zeitlichen Angaben versehen sind und einmal nicht.

Name **Uwe Groth**

Ausbildungsabteilung **Einkauf**

Ausbildungsnachweis Nr. 18   Woche vom **6. Dez.** bis **10. Dez.** 19 **93** Ausbildungsjahr **1**

Tag	Ausgeführte Arbeiten, Unterricht, Unterweisungen usw.	Einzelstunden	Gesamtstunden
Montag	Lehrgespräch: Ausfindigmachen von Lieferanten für nur gelegentlich benötigte Materialien und Teile.	2	
	Telefonische Anfragen (z.T. per Fax) bei bekannten Herstellern und Großhändlern nach dekorativen Kleinteilen für einen Sonderauftrag – ohne Ergebnis.	6	8
Dienstag	Suche nach weiteren Lieferanten in Adressbüchern.	1½	
	Schriftliche Anfrage formuliert, geschrieben und an versch. Adressen per Fax ausgesendet.	2	
	Antworten geprüft, in zwei Fällen Muster angefordert.	1	
	Eingegangene Rechnungen routinemäßig geprüft.	3½	8
Mittwoch	Berufsschule:		
	Buchführung: Buchen nach Belegen	1½	
	Zahlungsverkehr: Einführung Wechsel	1½	
	Politik: EG-Binnenmarkt / MWSt.-Regelung	1½	
	EDV: PC mit MS-DOS, Programmierbeispiele Basic	1½	6
Donnerstag	Eingangsrechnungen geprüft. In zwei Fällen Liefermenge wegen fehlender Angaben am Lager überprüft.	4	
	Mängelrüge geschrieben. Verdeckte Transportschäden angezeigt.	2	
	Lehrgespräch: Fristen bei der Anzeige von Transportschäden und für Mängelrügen. Formulierung derselben.	2	8
Freitag	Eingetroffene Muster der Schmiedeeisen-Teile mit Produktionsleitung geprüft und besprochen. Fehlende Angaben in den Angeboten per Fax angefordert. Nach Eingang der Antworten Auftrag erteilt.	4	
	Zwei Reklamationen bearbeitet. Lieferungen angemahnt.	3	7
Samstag			
		Wochenstunden	37

Besondere Bemerkungen

Auszubildender	Ausbilder bzw. Ausbilder
Freiwilliger Ausstellungsbesuch am Mittwoch-Nachmittag.	Bitte nachfragen: Welche Ausstellung wurde besucht?

Für die Richtigkeit

13.12.93 *Uwe Groth*	15.12.93 *G. Rath*
Datum Unterschrift des Auszubildenden	Datum Unterschrift des Ausbildenden bzw. Ausbilders

Abb. 45: Ausbildungsnachweis für eine Woche mit zeitlichen Angaben

5 Berufliche Umschulung

Die berufliche Umschulung soll gem. § 1 Abs. 4 Berufsbildungs-Gesetz (BBiG) zu einer anderen beruflichen Tätigkeit befähigen. Bei der Umschulung für einen anerkannten Ausbildungsberuf sind gem. § 47 Abs. 3 BBiG das Ausbildungsberufsbild, der Ausbildungsrahmenplan und die Prüfungsanforderungen unter Berücksichtigung der besonderen Erfordernisse der Erwachsenenbildung zugrunde zu legen. Die zuständige Stelle regelt den Inhalt, das Ziel, die Anforderungen, das Verfahren der Prüfung, die Zulassungsvoraussetzungen und sie überwacht die Durchführung der Umschulung.

 Arbeitsaufträge

1. Wie heißt die gesetzliche Grundlage, nach der die betriebliche Berufsausbildung durchgeführt werden muß, und welche Inhalte sind dort festgelegt?

2. Aus welchen Teilen besteht der Ausbildungsrahmenplan für die Berufsausbildung zum Industriekaufmann?

3. Welcher Unterschied besteht zwischen dem gesetzlichen Ausbildungsrahmenplan und dem betrieblichen Ausbildungsplan?

4. Welche Angaben muß der Ausbildungsnachweis über eine Ausbildungsabteilung enthalten, und welche Bedeutung hat der Ausbildungsnachweis für die Abschlußprüfung?

5. Welche Verpflichtungen übernehmen der Ausbildende und der Auszubildende nach dem Berufsausbildungsvertrag?

6. Lesen Sie den § 5 des BBiG, und nennen Sie danach mindestens zwei Vereinbarungen, die als Bestandteil eines Berufsausbildungsvertrages nichtig sind.

7. Welchen Zweck soll die Zwischenprüfung erfüllen und welche rechtliche Bedeutung hat diese?

8. Was versteht man unter der „Praktischen Übung" in der mündlichen Abschlußprüfung?

9. Welche Gründe gibt es, eine berufliche Umschulung sinnvoll erscheinen zu lassen?

10. Warum sollten die Maßnahmen der beruflichen Umschulung unterstützt werden?

11. Nennen Sie wesentliche Vorschriften des Berufsbildungsgesetzes für die berufliche Umschulung.

---

b) Den Inhalt von Rechtsvorschriften nennen und beschreiben, die für die Durchführung der Ausbildung wesentlich sind

---

... auf einen Blick

▶ **Berufsbildungsgesetz (BBiG)**

▶ **Jugendarbeitsschutzgesetz (JArbSchG)**

▶ **Bildungsurlaubsgesetze (Ländergesetze)**

▶ **Schulpflichtgesetze (Ländergesetze)**

▶ **Anrechnungsverordnungen**

▶ **Ausbildereignungsverordnung (AEVO)**

▶ **Prüfungsordnungen**

▶ **Schlichtungsrecht**

▶ **Ausbildungsrechte während Kurzarbeit, Streik und Aussperrung**

1 Berufsbildungsgesetz (BBiG)

Es regelt u.a.

▷ den **Ausbildungsvertrag** (§§ 3-5, vgl. auch Abschnitt 3.4 a);

▷ die **Pflichten des Ausbildenden**, d.h. des Arbeitgebers (§§ 6-8, vgl. auch Abschnitt 3.4 a) Kapitel 2);

▷ die **Pflichten des Auszubildenden** (§ 9, vgl. auch Abschnitt 3.4 a Kapitel 2);

▷ den Anspruch auf **Ausbildungsvergütung** (§§ 10-12);

▷ Beginn und **Ende** sowie die **Abkürzung** und **Verlängerung** des Berufsausbildungsverhältnisses (§§ 13-16 und 29);

▷ die **Berechtigung** des Arbeitgebers **zum Einstellen und Ausbilden** (§§ 20-24 und 76); hier ist festgelegt, unter welchen Voraussetzungen ein Betrieb überhaupt ausbilden darf;

▷ das **Prüfungswesen** (§§ 34-43, vgl. auch Abschnitt 3.4 a); vor allem sind in diesen Vorschriften die Zwischen- und Abschlußprüfungen geregelt;

▷ die **Überwachung der Berufsausbildung** durch die zuständige Stelle (das ist die jeweilige Industrie- und Handelskammer) und deren Ausbildungsberater (§§ 44 und 45);

▷ die **Bußgeldvorschriften** bei Ordnungswidrigkeiten (§ 99); denn Verstöße gegen bestimmte Vorschriften des BBiG werden mit einer Geldbuße geahndet.

---

§ 6 Berufsausbildung.

(1) Der Ausbildende hat

1. dafür zu sorgen, daß dem Auszubildenden die Fertigkeiten und Kenntnisse vermittelt werden, die zum Erreichen des Ausbildungszieles erforderlich sind, und die Berufsausbildung in einer durch ihren Zweck gebotenen Form planmäßig, zeitlich und sachlich gegliedert so durchzuführen, daß das Ausbil-dungsziel in der vorgesehenen Ausbildungszeit erreicht werden kann,

2. selbst auszubilden oder einen Ausbilder ausdrücklich damit zu beauftragen,

3. dem Auszubildenden kostenlos die Ausbildungsmittel, insbesondere Werkzeuge und Werkstoffe zur Verfügung zu stellen, die zur Berufsausbildung und zum Ablegen von

Zwischen- und Abschlußprüfungen, auch soweit solche nach Beendigung des Berufsausbildungsverhältnisses stattfinden, erforderlich sind,

4. den Auszubildenden zum Besuch der Berufsschule sowie zum Führen von Berichtsheften anzuhalten, soweit solche im Rahmen der Berufsausbildung verlangt werden, und diese durchzusehen,

5. dafür zu sorgen, daß der Auszubildende charakterlich gefördert sowie sittlich und körperlich nicht gefährdet wird.

(2) Dem Auszubildenden dürfen nur Verrichtungen übertragen werden, die dem Ausbildungszweck dienen und seinen körperlichen Kräften angemessen sind.

Abb. 46: § 6 des Berufsbildungsgesetzes

§ 9 Verhalten wärend der Berufsausbildung

Der Auszubildende hat sich zu bemühen, die Fertigkeiten und Kenntnisse zu erwerben, die erforderlich sind, um das Ausbildungsziel zu erreichen. Er ist insbesondere verpflichtet,

1. die ihm im Rahmen seiner Berufsausbildung aufgetragenen Verrichtungen sorgfältig auszuführen,
2. an Ausbildungsmaßnahmen teilzunehmen, für die er nach § 7 freigestellt wird,
3. den Weisungen zu folgen, die ihm im Rahmen der Berufsausbildung vom Ausbildenden, vom Ausbilder oder von anderen weisungsberechtigten Personen erteilt werden,
4. die für die Ausbildungsstätte geltende Ordnung zu beachten,
5. Werkzeug, Maschinen und sonstige Einrichtungen pfleglich zu behandeln,
6. über Betriebs- und Geschäftsgeheimnisse Stillschweigen zu wahren.

§ 14 Beendigung

(1) Das Berufsausbildungsverhältnis endet mit dem Ablauf der Ausbildungszeit.

(2) Besteht der Auszubildende vor Ablauf der Ausbildungszeit die Abschlußprüfung, so endet das Berufsausbildungsverhältnis mit Bestehen der Abschlußprüfung.

(3) Besteht der Auszubildende die Abschlußprüfung nicht, so verlängert sich das Berufsausbildungsverhältnis auf sein Verlangen bis zur nächstmöglichen Wiederholungsprüfung, höchstens um ein Jahr.

§ 29 Abkürzung und Verlängerung der Ausbildungszeit

(1) Der Bundesminister für Wirtschaft oder der sonst zuständige Fachminister kann im Einvernehmen mit dem Bundesminister für Bildung und Wissenschaft nach Anhören des Hauptausschusses durch Rechtsverordnung bestimmen, daß der Besuch einer berufsbildenden Schule oder die Berufsausbildung in einer sonstigen Einrichtung ganz oder teilweise auf die Ausbildungszeit anzurechnen ist.

(2) Die zuständige Stelle hat auf Antrag die Ausbildungszeit zu kürze, wenn zu erwarten ist, daß der Auszubildende das Ausbildungsziel in der gekürzten Zeit erreicht.

(3) In Ausnahmefällen kann die zuständige Stelle auf Antrag des Auszubildenden die Ausbildungszeit verlängern, wenn die Verlängerung erforderlich ist, um das Ausbildungsziel zu erreichen.

(4) Vor der Entscheidung nach den Absätzen 2 und 3 sind die Beteiligten zu hören.

§ 34 Abschlußprüfung

(1) In den anerkannten Ausbildungsberufen sind Abschlußprüfungen durchzuführen. Die Abschlußprüfung kann zweimal wiederholt werden.

(2) Dem Prüfling ist ein Zeugnis auszustellen.

(3) Die Abschlußprüfung ist für den Auszubildenden gebührenfrei.

§ 39 Zulassung zur Abschlußprüfung.

(1) Zur Abschlußprüfung ist zugelassen,

1. wer die Ausbildungszeit zurückgelegt hat oder wessen Ausbildungszeit nicht später als zwei Monate nach dem Prüfungstermin endet,
2. wer an vorgeschriebenen Zwischenprüfungen teilgenommen sowie vorgeschriebene Berichtshefte geführt hat und
3. wessen Berufsausbildungverhältnis in das Verzeichnis der Berufsausbildungsverhältnisse eingetragen oder aus einem Grunde nicht eingetragen ist, den weder der Auszubildende noch dessen gesetzlicher Vertreter zu vertreten hat.

(2) Über die Zulassung zur Abschlußprüfung entscheidet die zuständige Stelle. Hält sie die Zulassungsvoraussetzungen nicht für gegeben, so entscheidet der Prüfungsausschuß. Auszubildenden, die Erziehungsurlaub in Anspruch genommen haben, darf hieraus kein Nachteil erwachsen, sofern die übrigen Voraussetzungen gemäß Absatz 1 Nr. 1 bis 3 dieser Vorschrift erfüllt sind.

§ 45 Überwachung, Ausbildungsberater

(1) Die zuständige Stelle überwacht die Durchführung der Berufsausbildung und fördert sie durch Beratung der Ausbildenden und der Auszubildenden. Sie hat zu diesem Zweck Ausbildungsberater zu bestellen. Die Ausbildenden sind verpflichtet, die für die Überwachung notwendigen Auskünfte zu erteilen und Unterlagen vorzulegen sowie die Besichtigung der Ausbildungsstätten zu gestatten.

(2) Der Auskunftpflichtige kann die Auskunft auf solche Fragen verweigern, deren Beantwortung ihn selbst oder einen der in § 52 Abs. 1 Nr. 1 bis 3 der Strafprozeßordnung bezeichneten Angehörigen der Gefahr strafrechtlicher Verfolgung oder eines Verfahrens nach dem Gesetz über Ordnungswidrigkeiten aussetzen würde.

(3) Die zuständige Stelle teilt der Aufsichtsbehörde nach dem Jugendarbeitsschutzgesetz Wahrnehmungen mit, die für die Durchführung des Jugendarbeitsschutzgesetzes von Bedeutung sein können.

Abb. 47: §§ 9, 14, 29, 34, 39 und 45 des Berufsbildungsgesetzes (BBiG)

2 Jugendarbeitsschutzgesetz (JArbSchG)

Es gilt grundsätzlich nur für Personen, die noch nicht 18 Jahre alt sind, und regelt u.a.:

▷ die **tägliche Beschäftigungszeit,** Ruhepausen, Freizeit, Nachtruhe sowie die Arbeit an Samstagen, Sonntagen und Feiertagen (§§ 4 und 8 sowie 11-18);

▷ die **Freistellung für den Berufsschulunterricht und bei Prüfungen** (§§ 9 und 10); im Zusammenhang mit der Freistellung ist auch § 7 BBiG zu beachten;

▷ den **Urlaubsanspruch** (§ 19); die Dauer des Urlaubs richtet sich nach

– dem Jugendarbeitsschutzgesetz, wenn der Auszubildende zu Beginn des Kalenderjahres noch nicht 18 Jahre alt ist;

– dem Bundesurlaubsgesetz, wenn der Auszubildende zu Beginn des Kalenderjahres das 18. Lebensjahr vollendet hat;

– den tariflichen Vereinbarungen, wenn diese günstiger als die Vorschriften des Jugendarbeitsschutz- bzw. Bundesurlaubsgesetzes sind.

– Grundsätzlich dient der Urlaub der Erholung und der Förderung der Gesundheit. Der Auszubildende darf also während der Urlaubszeit keine Erwerbstätigkeit übernehmen. Der Urlaub sollte in den Berufsschulferien genommen werden.

▷ **Beschäftigungsverbote und Beschränkungen** (§§ 22-27); Jugendliche dürfen z.B. nicht mit gefährlichen Arbeiten, mit Akkordarbeit und tempoabhängiger Arbeit beschäftigt werden;

▷ das **Züchtigungsverbot** sowie das Verbot der Abgabe von Alkohol und Tabak im Betrieb (§ 31);

▷ die **gesundheitliche Betreuung** (§§ 32-46); Jugendliche müssen vor und ein Jahr nach Beginn der Berufsausbildung ärztlich untersucht werden.

§ 8 Dauer der Arbeitszeit

(1) Jugendliche dürfen nicht mehr als acht Stunden täglich und nicht mehr als 40 Stunden wöchentlich beschäftigt werden.

(2) Wenn in Verbindung mit Feiertagen an Werktagen nicht gearbeitet wird, damit die Beschäftigten eine längere zusammenhängende Freizeit haben, so darf die ausfallende Arbeitszeit auf die Werktage von fünf zusammenhängenden, die Ausfalltage einschließenden Wochen nur dahin gestalt verteilt werden, daß die Wochenarbeitszeit im Durchschnitt dieser fünf Wochen 40 Stunden nicht überschreitet. Die tägliche Arbeitszeit darf hierbei achteinhalb Stunden nicht überschreiten.

(2a) Wenn an einzelnen Werktagen die Arbeitszeit auf weniger als acht Stunden verkürzt ist, können Jugendliche an den übrigen Werktagen derselben Woche achteinhalb Stunden beschäftigt werden.

(3) In der Landwirtschaft dürfen Jugendliche über 16 Jahre wärend der Erntezeit nicht mehr als neun Stunden täglich und nicht mehr als 85 Stunden in der Doppelwoche beschäftigt werden.

§ 9 Berufsschule

(1) Der Arbeitgeber hat den Jugendlichen für die Teilnahme am Berufsschulunterricht freizustellen. Er darf den Jugendlichen nicht beschäftigen

1. vor einem vor 9 Uhr beginnenden Unterricht,
2. an einem Berufsschultag mit mehr als 5 Unterrichtsstunden von mindestens 45 Minuten, einmal in der Woche,
3. in Berufsschulwochen mit einem planmäßigen Blockunterricht von mindestens 25 Stunden an mindestens fünf Tagen; zusätzliche betriebliche Ausbildungsveranstaltungen bis zu zwei Stunden wöchentlich sind zulässig.

(2) Auf die Arbeitszeit werden angerechnet
1. Berufsschultage nach Absatz 1 Nr. 2 mit acht Stunden,
2. Berufsschulwochen nach Absatz 1 Nr.3 mit 40 Stunden,
3. im übrigen die Unterrichtszeit einschließlich der Pausen.

(3) Ein Entgeltausfall darf durch den Besuch der Berufsschule nicht eintreten.

(4) Die Absätze 1 bis 3 gelten auch für die Beschäftigung von Personen die über 18 Jahre alt und noch berufsschulpflichtig sind.

§ 10 Prüfungen und außerbetriebliche Ausbildungsmaßnahmen

(1) Der Arbeitgeber hat den Jugendlichen
1. für die Teilnahme an Prüfungen und Ausbildungsmaßnahmen, die auf Grund öffentlich-rechtlicher oder vertraglicher Bestimmungen außerhalb der Ausbildungsstätte durchzuführen sind,
2. an dem Arbeitstag, der der schriftlichen Abschlußprüfung unmittelbar vorangeht, freizustellen.

(2) Auf die Arbeitszeit werden angerechnet
1. die Freistellung nach Absatz 1 Nr. 1 mit der Zeit der Teilnahme einschließlich der Pausen,
2. die Freistellung nach Absatz 1 Nr. 2 mit acht Stunden.
Ein Entgeltausfall darf nicht eintreten.

§ 11 Ruhepausen, Aufenthaltsräume

(1) Jugendliche müssen im voraus feststehende Ruhepausen von angemessener Dauer gewährt werden. Die Ruhepausen müssen mindestens betragen
1. 30 Minuten bei einer Arbeitszeit von mehr als viereinhalb bis zu sechs Stunden,
2. 60 Minuten bei einer Arbeitszeit von mehr als sechs Stunden.
Als Ruhepause gilt nur eine Arbeitsunterbrechung von mindestens 15 Minuten.

(2) Die Ruhepausen müssen in angemessener zeitlicher Lage gewährt werden, frühestens eine Stunde nach Beginn und spätestens eine Stunde vor Ende der Arbeitszeit. Länger als viereinhalb Stunden hintereinander dürfen Jugendliche nicht ohne Ruhepause beschäftigt werden.

(3) Der Aufenthalt wärend der Ruhepausen in Arbeitsräumen darf den Jugendlichen nur gestattet werden, wenn die Arbeit in diesen Räumen während dieser Zeit eingestellt ist und auch sonst die notwendigen Erholung nicht beeinträchtigt wird.

(4) Absatz 3 gilt nicht für den Bergbau unter Tage.

§ 19 Urlaub

(1) Der Arbeitgeber hat Jugendlichen für jedes Kalenderjahr einen bezahlten Erholungsurlaub zu gewähren.

(2) Der Urlaub beträgt jährlich
1. mindestens 30 Werktage, wenn der Jugendliche zu Beginn des Kalenderjahres noch nicht 16 Jahre alt ist,
2. mindestens 27 Werktage, wenn der Jugendliche zu Beginn des Kalenderjahres noch nicht 17 Jahre alt ist,
3. mindestens 25 Werktage, wenn der Jugendliche zu Beginn des Kalenderjahres noch nicht 18 Jahre alt ist.
Jugendliche, die im Bergbau unter Tage beschäftigt werden, erhalten in jeder Altersgruppe einen zusätzlichen Urlaub von drei Werktagen.

(3) Der Urlaub soll Berufsschülern in der Zeit der Berufsschulferien gegeben werden. Soweit er nicht in den Berufsschulferien gegeben wird, ist für jeden Berufsschultag, an dem die Berufsschule während des Urlaubs besucht wird, ein weiterer Urlaubstag zu gewähren.

(4) Im übrigen gelten für den Urlaub der Jugendlichen § 3 Abs. 2, §§ 4 bis 12 und § 13 Abs. 3 des Bundesurlaubsgesetzes. Der Auftraggeber oder Zwischenmeister hat jedoch abweichend von § 12 Nr. 1 des Bundesurlaubsgesetzes den jugendlichen Heimarbeitern für jedes Kalenderjahr einen bezahlten Erholungsurlaub entsprechend Absatz 2 zu gewähren; das Urlaubsentgelt der jugendlichen Heimarbeiter beträgt bei einem Urlaub von 30 Werktagen 11,6 vom Hundert, bei einem Urlaub von 27 Werktagen 10,3 vom Hundert und bei einem Urlaub von 25 Werktagen 9,5 vom Hundert.

§ 32 Erstuntersuchung

(1) Ein Jugendlicher, der in das Berufsleben eintritt, darf nur beschäftigt werden, wenn
1. er innerhalb der letzten 14 Monate von einem Arzt untersucht worden ist (Erstuntersuchung) und
2. dem Arbeitgeber eine von diesem Arzt ausgestellte Bescheinigung vorliegt.

(2) Absatz 1 gilt nicht für eine nur geringfügige oder eine nicht länger als zwei Monate dauernde Beschäftigung mit leichten Arbeiten, von denen keine gesundheitlichen Nachteile für den Jugendlichen zu befürchten sind.

§ 33 Erste Nachuntersuchung

(1) Ein Jahr nach Aufnahme der ersten Beschäftigung hat sich der Arbeitgeber die Bescheinigung eines Arztes darüber vorlegen zu lassen, daß der Jugendliche nachuntersucht worden ist (erste Nachuntersuchung). Die Nachuntersuchung darf nicht länger als drei Monate zurückliegen. Der Arbeitgeber soll den Jugendlichen neun Monate nach Aufnahme der ersten Beschäftigung nachdrücklich auf den Zeitpunkt, bis zu dem der Jugendliche ihm die ärztliche Bescheinigung nach Satz 1 vorzulegen hat, hinweisen und ihn auffordern, die Nachuntersuchung bis dahin durchführen zu lassen.

(2) Legt der Jugendliche die Bescheinigung nicht nach Ablauf eines Jahres vor, hat ihn der Arbeitgeber innerhalb eines Monats unter Hinweis auf das Beschäftigungsverbot nach Absatz 3 schriftlich aufzufordern, ihm die Bescheinigung vorzulegen. Je eine Durchschrift des Aufforderungsschreibens hat der Arbeitgeber dem Personensorgeberechtigten, dem Betriebs- oder Personalrat zuzusenden.

Der Jugendliche darf nach Ablauf von 14 Monaten nach Aufnahme der ersten Beschäftigung nicht weiterbeschäftigt werden, solange er die Bescheinigung nicht vorgelegt hat.

Abb. 48: §§ 8, 9, 10, 11, 19, 32 und 33 des Jugendarbeitsschutzgesetzes (JArbSchG)

3 Bildungsurlaubsgesetze (Ländergesetze)

Soweit in einem Bundesland Vorschriften über einen **Bildungsurlaub** bestehen, hat auch der Auszubildende Anspruch darauf (vgl. Lernziel 3.3 c).

4 Schulpflichtgesetze (Ländergesetze)

Da alle Schulangelegenheiten zur Kulturhoheit der Bundesländer gehören (Länderkompetenz), gibt es in jedem Bundesland ein Schulpflichtgesetz. Darin ist die allgemeine Schulpflicht sowie die **Berufsschulpflicht** geregelt. Die Schulpflichtgesetze der Länder sind in ihren wesentlichen Bestandteilen vereinheitlicht, nur in einigen Bestimmungen unterscheiden sie sich geringfügig. Die Berufsschulpflicht beginnt in der Regel mit dem Eintritt in ein Ausbildungsverhältnis. Sie dauert grundsätzlich 3 Jahre, endet jedoch vorzeitig, wenn die Ausbildung bereits vor Ablauf von drei Jahren abgeschlossen ist.
Mit dieser Regelung will der Gesetzgeber erreichen, daß alle Jugendlichen einen beruflichen Bildungsabschluß besitzen.

5 Anrechnungsverordnungen

Die **Berufsfachschulanrechnungsverordnung** (von 1972) und die **Berufsgrundbildungsjahresanrechnungsverordnung** (von 1978) schreiben vor, daß demjenigen, der eine einjährige oder zweijährige Berufsfachschule bzw. das Berufsgrundbildungsjahr mit entsprechendem Schwerpunkt besucht hat, ein Jahr auf die praktische Berufsausbildung angerechnet werden muß.

6 Ausbildereignungsverordnung (AEVO)

Dabei handelt es sich um eine **Verordnung über die berufs- und arbeitspädagogische Eignung der Ausbilder für die Berufsausbildung in der gewerblichen Wirtschaft.** Ab 01.01.1988 müssen alle betrieblichen Ausbilder außer der persönlichen und fachlichen Eignung auch die pädagogische Eignung zum Ausbilden durch die Ausbilderprüfung nachweisen. Ausbilder, die ihre pädagogische Eignung durch andere Prüfungen nachgewiesen haben (z.B. durch Meisterprüfung) sowie diejenigen, die vor dem 31.12.1989 ohne wesentliche Unterbrechung fünf Jahre ausgebildet haben, können von der Ausbilderprüfung befreit werden.

7 Prüfungsordnungen

Gemäß § 41 BBiG haben die Kammern – unter Berücksichtigung entsprechender Richtlinien des Hauptausschusses des Bundesinstituts für Berufsbildung – **Prüfungsordnungen** erlassen. Sie regeln vor allem die Zulassungen und Gliederungen der Prüfungen sowie die Bewertungsmaßstäbe. Die Prüfungsordnung bedarf der Genehmigung der zuständigen obersten Landesbehörde. Die Kammer spricht normalerweise die Zulassung zur Abschlußprüfung aus, in Zweifelsfällen entscheidet der Prüfungsausschuß.

Eine wesentliche Voraussetzung für die Zulassung zur Abschlußprüfung ist die Vorlage eines ordentlich geführten Ausbildungsnachweises. Die Richtlinien für das Führen von Ausbildungsnachweisen werden vom Berufsbildungsausschuß der Kammern festgelegt; sie können daher von Kammer zu Kammer unterschiedlich sein.

8 Schlichtungsrecht

Gemäß § 111 Abs. 2 des **Arbeitsgerichtsgesetzes (ArbGG)** können die Kammern zur Beilegung von Streitigkeiten zwischen dem Ausbildenden und dem Auszubildenden aus einem bestehenden Berufausbildungsverhältnis Schlichtungsausschüsse bilden. Arbeitgeber und Arbeitnehmer müssen einem solchen Ausschuß in gleicher Zahl angehören. Der Schlichtungsausschuß hat die streitenden Parteien mündlich zu hören und danach einen Spruch (eine Entscheidung) zu fällen. Wird der gefällte Spruch nicht innerhalb einer Woche von beiden Parteien anerkannt, so kann binnen zwei Wochen nach ergangenem Spruch Klage beim zuständigen Arbeitsgericht erhoben werden.

9   Ausbildungsrechte während Kurzarbeit, Streik und Aussperrung

Das Berufsausbildungsverhältnis ist kein Arbeitsverhältnis, sondern vielmehr ein Vertragsverhältnis besonderer Art im Sinne eines Ausbildungs- und Erziehungsverhältnisses. Kurzarbeit, Streik oder Aussperrung dürfen sich daher nicht auf das Ausbildungsverhältnis auswirken. Auch nach der überwiegenden Meinung der Arbeitsrechtsliteratur wird Kurzarbeit, Streik oder Aussperrung von Auszubildenden für unzulässig gehalten. Dem Betrieb sind daher besondere Maßnahmen zuzumuten, um den Fortgang der Berufsausbildung während dieser Ereignisse sicherzustellen.

 Arbeitsaufträge

1. Nennen Sie mindestens je drei Pflichten des Ausbildenden bzw. des Auszubildenden, die nach dem Berufsbildungsgesetz den Beteiligten auferlegt sind.

2. Beantworten Sie folgende Fragen:

   a) Welche „zuständige Stelle" erteilt die Erlaubnis zur Berufsausbildung?

   b) Welche Institution überwacht die Durchführung der Berufsausbildung in Ihrem Ausbildungsbetrieb?

   c) Wie bezeichnet man den Mitarbeiter der „zuständigen Stelle", der Ausbildende und Auszubildende berät?

   d) Wie bezeichnet man denjenigen Mitarbeiter in Ihrem Ausbildungsbetrieb, der Ihre Ausbildung vor Ort in der Abteilung durchführt?

3. In welchem Gesetz sind Vorschriften über die tägliche Beschäftigungszeit (Arbeitszeit, Ruhepausen und dergl.) für Jugendliche zu finden?

4. Nach welchen Gesetzen richtet sich der Urlaubsanspruch von Auszubildenden unter und über 18 Jahre?

5. Auf Grund welcher Rechtsgrundlage ist Ihr persönlicher Urlaub geregelt?

6. Angenommen, ein Auszubildender Ihres Ausbildungsbetriebes ist im zweiten Ausbildungsjahr und wird am 23. März 1993 18 Jahre alt. Welchen Urlaubsanspruch hat er 1993 und 1994, wenn am 31. Mai 1994 seine Berufsausbildung beendet ist?

7. Angenommen, Sie wären Ausbildungsleiter. Was würden Sie einem Auszubildenden mitteilen, der vier Wochen Jahresurlaub während der Berufsschulzeit – also nicht während der Berufsschulferien – beantragt hat?

8. Wieviel ärztlichen Untersuchungen muß sich ein Jugendlicher, der in das Berufsleben eintritt bzw. eingetreten ist, unterziehen, und in welchem Zeitraum müssen diese ärztlichen Untersuchungen geschehen?

9. Welche gesetzlichen Grundlagen gibt es für den Besuch der Berufsschule?

10. Welche Auszubildenden können die Berufsfachschulanrechnungsverordnung für sich in Anspruch nehmen?

11. Welche Verhältnisse regelt die Ausbildereignungsverordnung?

12. Welche Möglichkeiten haben die Industrie- und Handelskammern im Falle von Streitigkeiten zwischen Ausbildenden und Auszubildenden, den Streit beizulegen?

13. Dürfen Auszubildende streiken? Begründen Sie Ihre Antwort!

---

c) Innerbetriebliche Fortbildungsmöglichkeiten nennen

... auf einen Blick

► **Gründe für die Fortbildung**
  ▷ Persönliche Gründe des Lernenden
  ▷ Betriebliche Gründe
  ▷ Volkswirtschaftliche Gründe

► **Arten der Fortbildung**
  ▷ Innerbetriebliche Anpassungsfortbildung
  ▷ Innerbetriebliche Aufstiegsfortbildung

1 Gründe für die Fortbildung

Eine solide **berufliche Erstausbildung (Grundausbildung)** reicht wegen der ständigen wirtschaftlichen und technischen Neuerungen nicht mehr für das gesamte Arbeitsleben aus. Auch entscheidet die Qualifikation der Mitarbeiter immer mehr über die wirtschaftliche Wettbewerbsfähigkeit eines Betriebes. Fortbildung ist heute demnach ein „betrieblicher Produktionsfaktor".

Fortbildung in der Wirtschaft wird gleichermaßen aus persönlichen, betrieblichen und gesamtwirtschaftlichen Gründen betrieben.

1.1 Persönliche Gründe des Lernenden

Berufliche Bildung ist als lebenslanger Prozeß aufzufassen, der nicht etwa mit der Abschlußprüfung in einem anerkannten Ausbildungsberuf endet. Mit der ständigen Fortbildung erhöht der Arbeitnehmer die Möglichkeit der Einkommensverbesserung, sein „Marktwert" steigt. Die Bildung ist für einen Arbeitnehmer sein wichtigstes Kapital, man bezeichnet es auch als „Humankapital".

Fortbildung dient ebenso den Interessen des einzelnen an der Entfaltung seiner individuellen Anlagen, seiner beruflichen Entwicklung sowie der Erhaltung und Sicherung seines Arbeitsplatzes.

1.2 Betriebliche Gründe

Es gibt eine Reihe von Gründen, die den Betrieb veranlassen, Fortbildung zu betreiben.

▷ Die wirtschaftliche und technische Dynamik, insbesondere der Einsatz moderner Techniken (EDV), verlangt nach neuen Qualifikationen. So können Investitionen in neue Kommunikations- und Informationstechniken (Hardware und Software) ohne entsprechende Bildungsinvestitionen sehr schnell zu Fehlinvestitionen werden.

▷ In vielen Fällen kann ein Betrieb den qualitativen Personalbedarf am externen Arbeitsmarkt nicht vollständig decken. Die fortgeschrittene Spezialisierung der Betriebe erfordert speziell qualifizierte Mitarbeiter.

▷ Führungskräfte, Mitarbeiter müssen auch in berufsübergreifenden Qualifikationen wie Denken in Zusammenhängen, Fähigkeit zum Teamwork, Übernahme von Verantwortung geschult werden.

▷ Die hohen deutschen Personalkosten erfordern eine intensive Bildungsarbeit. Fachlich nicht qualifizierte Mitarbeiter erhöhen die Kostenbelastung zusätzlich. Forbildungsinvestitionen entsprechen somit dem betrieblichen Ziel, kostenwirtschaftlich zu arbeiten.

Die Fortbildung der Arbeitnehmer trägt dazu bei, die betrieblichen Leistungen sowie das Mitarbeiter- und Führungsverhalten zu verbessern. Sie ist heute somit eine wesentliche Voraussetzung für den betrieblichen Erfolg. Die Aufwendungen für die Fortbildung der Mitarbeiter sind für den Betrieb Investitionen, deren Nutzen ihm langfristig zugute kommen.

1.3 Volkswirtschaftliche Gründe

Eine Volkswirtschaft benötigt qualifizierte und leistungsbereite Mitarbeiter, um auf Dauer ihre internationale Wettbewerbsfähigkeit zu erhalten. Ohne laufende Anpassung der Kenntnisse und Fertigkeiten der in der Wirtschaft Tätigen an neue Entwicklungen ist eine durch wirtschaftlichen und technischen Fortschritt gekennzeichnete Industriegesellschaft nicht konkurrenzfähig. Berufliche Fortbildung ist deshalb zur Erhaltung der Leistungsfähigkeit einer hochentwickelten Volkswirtschaft international unerläßlich.

2   Arten der Fortbildung

Unter Weiterbildung versteht man die Fortsetzung oder Wiederaufnahme des organisierten Lernens nach Abschluß der Erstausbildung. Die Weiterbildung wird unterschieden in Fortbildung, Umschulung und Erwachsenenbildung. Während sich die Erwachsenenbildung mehr den allgemeinbildenden Fächern bzw. Lehrinhalten widmet, legt die Fortbildung und Umschulung ihren Schwerpunkt auf die berufliche Bildung. Das Berufsbildungsgesetz definiert daher in § 1, was berufliche Fortbildung und Umschulung bedeuten.

▷ Die **berufliche Umschulung** soll zu einer anderen beruflichen Tätigkeit befähigen.

▷ Bei der **beruflichen Fortbildung** wird unterschieden in Anpassungsfortbildung und Aufstiegsfortbildung.

Nach den **Bildungsorten**, an denen Fortbildung stattfindet, unterscheidet man innerbetriebliche, überbetriebliche und außerbetriebliche Fortbildung.

▷ Bei der **innerbetrieblichen Fortbildung** finden die Fortbildungsmaßnahmen im Betrieb statt.

▷ Bei der **überbetrieblichen Fortbildung** organisieren mehrere Betriebe gemeinsam Fortbildungsmaßnahmen.

▷ Die **außerbetrieblichen Fortbildungsmaßnahmen** werden von selbständigen Bildungsträgern organisiert und durchgeführt.

2.1   Innerbetriebliche Anpassungsfortbildung

Die **innerbetriebliche Anpassungsfortbildung** dient dem Ziel, die Kenntnisse und Fertigkeiten der Mitarbeiter an die sich verändernden Qualifikationen am Arbeitsplatz anzupassen.

Ein Einkäufer für Eisenmaterialien übernimmt zunehmend den Einkauf von Kunststoffmaterialien. Ein Sachbearbeiter der Lagerbuchführung wird in die Finanzbuchhaltung versetzt, ein Lohnabrechner übernimmt zusätzlich die Personaleinsatzplanung für Produktionsabteilungen. In all diesen Fällen muß sich der Mitarbeiter auf sein neues Aufgabengebiet vorbereiten, er muß sich hinsichtlich der erforderlichen Kenntnisse und Fertigkeiten entsprechend „anpassen".

Die Anpassungsfortbildung dient auch dem Zweck, die vorhandenen fachlichen Kenntnisse und Fertigkeiten zu „modernisieren", um den Anschluß an den neuesten Stand des Fachwissens zu erhalten. Ebenso wie Maschinen und andere Sachmittel ständig verbessert und „auf den neuesten Stand gebracht" werden, wird versucht, die menschliche Leistungsfähigkeit zu fördern und zu verbessern. Die Anpassungsfortbildung ist demnach eine **arbeitsplatzbezogene Fortbildung.**

Der Umfang der innerbetrieblichen Fortbildung hängt zum größten Teil von der Betriebsgröße ab. Kleinbetriebe besitzen zumeist nicht die finanziellen und organisatorischen Möglichkeiten, Fortbildungsmaßnahmen allein durchzuführen.

2.2   Innerbetriebliche Aufstiegsfortbildung

Die **innerbetriebliche Aufstiegsfortbildung** dient dem Ziel, zusätzliche Qualifikationen zu vermitteln, um die Aufstiegschancen der Mitarbeiter zu erhöhen. Die meisten Betriebe sind nicht in der Lage, diese innerbetriebliche Aufstiegsfortbildung in eigener Regie anzubieten. Sie schicken daher ihre Mitarbeiter zu über- bzw. außerbetrieblichen Fortbildungsträgern, gewähren ihnen die notwendige Freizeit und finanzieren teilweise derartige Veranstaltungen.

Für den kaufmännischen Bereich ist von den Industrie- und Handelskammern ein Fortbildungskonzept entwickelt worden, das dem ausgebildeten Kaufmann, der über einige Jahre Berufserfahrung verfügt, Möglichkeiten der Aufstiegsfortbildung zum Fachwirt, Fachkaufmann oder Ausbilder erschließt.

In der gewerblichen Ausbildung sind die „klassischen" Möglichkeiten der Aufstiegsfortbildung z. B. die Meister- oder Technikerlehrgänge.

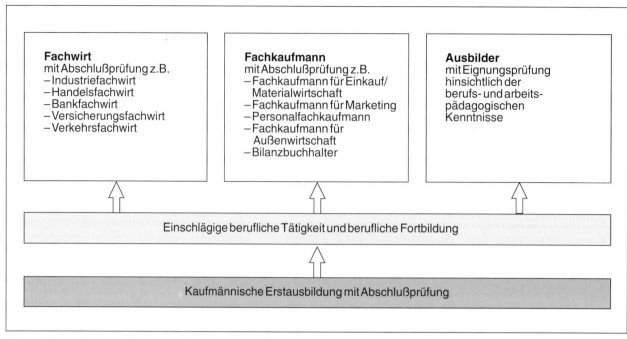

Abb. 49: Möglichkeiten der kaufmännischen Aufstiegsfortbildung

 Arbeitsaufträge

1. Welche persönlichen Gründe könnten Sie veranlassen, eine Fortbildung zu betreiben?

2. Erklären Sie mindestens zwei Gründe, aus denen Betriebe Fortbildung unterstützen bzw. betreiben.

3. Welche Wirkungen haben Fortbildungsmaßnahmen auf die internationale Konkurrenzfähigkeit?

4. Unterscheiden Sie die Anpassungs- und Aufstiegsfortbildung.

5. Nennen Sie Möglichkeiten der Fortbildung für den Industriekaufmann.

6. Welche innerbetrieblichen Stellen in Ihrem Ausbildungsbetrieb können Auskunft über Fortbildungsmaßnahmen erteilen?

7. Welche Vorteile bietet die berufliche Fortbildung

   a) dem einzelnen Mitarbeiter,

   b) dem einzelnen Betrieb und

   c) der Volkswirtschaft?

3.5 Arbeitsschutz und Unfallverhütung

> a) Die Bedeutung von Arbeitsschutz und Unfallverhütung erklären

... auf einen Blick

► **Arten des Arbeitsschutzes**
  ▷ Arbeitsschutz im weitesten Sinn
  ▷ Arbeitsschutz im engeren Sinn
    – Arbeitszeitschutz
    – Technischer Arbeitsschutz
    – Arbeitsschutz für spezielle Arbeitnehmergruppen

► **Unfallverhütung**

► **Bedeutung von Arbeitsschutz und Unfallverhütung**
  ▷ Bedeutung für den Arbeitnehmer
  ▷ Bedeutung für die Familienangehörigen
  ▷ Bedeutung für den Betrieb
  ▷ Bedeutung für die Unfallversicherung (Berufsgenossenschaft)
  ▷ Bedeutung für die Volkswirtschaft

1   Arten des Arbeitsschutzes

Lebensgrundlage für jeden arbeitenden Menschen ist sowohl seine Gesundheit als auch seine persönliche Leistungsfähigkeit, d. h. seine beruflich-fachliche Qualifikation. Nicht nur der einzelne Mitarbeiter sondern ebenso die Unternehmen und der Staat sind bestrebt, diese menschliche Leistungsfähigkeit zu schützen. Jedem arbeitenden Menschen wird daher das Recht zugesprochen, unter menschengerechten und menschenwürdigen Bedingungen zu arbeiten. Auf Grund des Art.2 Abs.2 Grundgesetz hat der Staat den verfassungsrechtlichen Auftrag dafür zu sorgen, daß Leben und Gesundheit der Bürger geschützt werden.

Die Schutzpflicht kann jedoch nicht so weit gehen, daß jede Gefährdung ausgeschlossen wird. Es kann kein Grundrecht auf eine risikofreie Arbeitswelt geben, sondern nur eine staatliche Schutzverpflichtung. Das Arbeitsrisiko als Produkt aus Eintrittswahrscheinlichkeit und Schadensausmaß muß je nach Einzelfall mit allen geeigneten und dem Grundsatz der Verhältnismäßigkeit entsprechenden Maßnahmen abgewehrt werden. Unter **Arbeitsschutz** versteht man alle rechtlichen, organisatorischen, medizinischen und technischen Maßnahmen, die zum Schutz des arbeitenden Menschen vor allen Gefahren getroffen werden, die das Arbeitsleben mit sich bringt. Der Staat sowie die beauftragten Berufsgenossenschaften haben daher eine Vielzahl von Schutzvorschriften erlassen.

Der **Arbeitsschutz im weitesten Sinne** ist Aufgabe des gesamten Arbeitsrechts. Z. B. gehören das Berufsbildungsgesetz und das Kündigungsschutzgesetz ebenso dazu wie das Mindesturlaubgesetz für Arbeitnehmer und das Lohnfortzahlungsgesetz vgl. Abschnitt 3.2 g), Abschnitt 3.3 c) und Abschnitt 3.4 b).

Der **Arbeitsschutz im engeren Sinne** umfaßt:

▷ Den für alle Arbeitnehmer geltenden **Arbeitszeitschutz**. Er schützt den Arbeitnehmer vor Überanstrengungen durch Festlegen von Höchstarbeitszeiten, durch das Verbot von Sonntags- und Feiertagsarbeit usw. Die Mehrzahl der Vorschriften ist in der Arbeitszeitordnung (AZO) enthalten.

▷ Den **technischen Arbeitsschutz**. Er schützt den Mitarbeiter vor Gefahren, die ihm aus den technischen Einrichtungen des Betriebes drohen. Schwerpunkte sind: Schutz vor Verletzungen (Unfallschutz), Schutz vor Erkrankungen (Berufskrankheiten und arbeitsbedingte Krankheiten) und Humanisierung des Arbeitslebens (Schutz vor vorzeitigem Verschleiß der Arbeitskraft) und die Unfallverhütung.

▷ Den **Arbeitsschutz für spezielle Arbeitnehmergruppen**. So werden besonders z. B. Jugendliche, Mütter, Schwerbehinderte, Heimarbeiter besonders geschützt.

Die Einhaltung der Arbeitsschutzvorschriften wird intensiv durch verschiedene Einrichtungen beaufsichtigt. Die externe Aufsicht wird durch **Beamte der staatlichen Gewerbeaufsichtsämter** und durch **Technische Aufsichtsbeamte der (zuständigen) Berufsgenossenschaft** durchgeführt, um die interne Aufsicht kümmern sich der **Betriebsrat** (vgl. §§ 89, 90 BetrVG), die **Sicherheitsfachkräfte** und die **Sicherheitsbeauftragten**.

2 Unfallverhütung

Unter Unfallverhütung sind alle Maßnahmen zu verstehen, die ergriffen werden, um einen **möglichen Unfall** und eine **mögliche Berufserkrankung** zu verhindern bzw. deren Eintritt frühzeitig zu erkennen. Für die Unfallverhütung erläßt die Berufsgenossenschaft Unfallverhütungsvorschriften. Sie hat durch ihre technischen Aufsichtsbeamten die Durchführung der Unfallverhütung zu überwachen und die Arbeitgeber zu beraten. Sie kann auch Bußgelder verhängen.

Die Unfallverhütung ist ein wichtiges Teilgebiet des Arbeitsschutzes. Sie beschreibt die Aufgaben der Berufsgenossenschaften in Abgrenzung zum Aufgabengebiet der staatlichen Gewerbeaufsicht.

3 Die Bedeutung von Arbeitsschutz und Unfallverhütung

Arbeitsschutz und Unfallverhütung haben nicht nur Bedeutung für den Arbeitnehmer selbst sowie für seine Familienangehörigen, sondern ebenso auch für den Betrieb und die Volkswirtschaft.

3.1 Bedeutung für den Arbeitnehmer

Wer bereits selbst einen Unfall erlitten hat oder an einer Berufskrankheit leidet, weiß, welche Folgen damit verbunden sein können. Je nach Art der Verletzung bzw. der Berufskrankheit sind die Folgen für den Geschädigten unterschiedlich (Gehbehinderung oder Atembeschwerden und anderes mehr). Diese können sich nicht nur auf die Berufstätigkeit, sondern auch auf das Privatleben auswirken.

3.2 Bedeutung für die Familienangehörigen

Ein Unfallgeschädigter oder an einer Berufskrankheit Leidender bedarf nicht nur der körperlichen, sondern auch der seelischen Hilfe der Familienmitglieder zur Überwindung der Unfallfolgen bzw. der Berufskrankheit. Die Familie kann z. B. den Jahresurlaub nicht in der geplanten Weise durchführen, der Tagesablauf in der Familie wird unter Umständen durch den Unfall erheblich beeinflußt und zusätzliche finanzielle Belastungen können entstehen.

3.3 Bedeutung für den Betrieb

Auch für den Betrieb, in dem sich der Unfall ereignete, entstehen zusätzliche Aufwendungen. Die Sozialgesetze schreiben vor, daß ein Arbeitnehmer, der infolge einer Erkrankung bzw. eines Unfalls nicht arbeitsfähig ist, bis zu 6 Wochen Arbeitslohn vom Arbeitgeber erhalten muß (Lohnfortzahlung im Krankheitsfall). Für den Betrieb bedeutet dies, daß „unproduktive" Personalkosten anfallen, d. h. der Betrieb zahlt Lohn und Gehalt ohne Gegenleistung. Kann die ausfallende Arbeit nicht von anderen Mitarbeitern erledigt werden, so ist der Betrieb gezwungen, kurzfristig Ersatz zu beschaffen, was wiederum mit zusätzlichen Personalkosten verbunden ist.

Auch die Arbeit der Personalabteilung wird durch den Unfall eines Arbeitnehmers vermehrt; denn es müssen Unfallmeldungen erstellt und Unfallberichte verfaßt werden. Unfälle erhöhen folglich die Kosten des Betriebes und wirken sich damit auf die Preise der Erzeugnisse bzw. den Gewinn der Betriebes aus. Außerdem können u. U. Liefertermine nicht eingehalten werden, was auch die Konkurrenzfähigkeit beeinflussen kann.

3.4 Bedeutung für die Unfallversicherung (Berufsgenossenschaft)

Jeder Unfallgeschädigte und jeder Berufskranke belastet nicht nur den Betroffenen, dessen Familie und den Betrieb, sondern auch die Unfallversicherung, die alle Kosten tragen muß. Zu den Kosten zählen nicht nur diejenigen des Heilprozesses, sondern vor allem auch eventuelle Folgekosten z. B. für berufliche oder soziale Rehabilitation. Dazu gehören z. B. die der Umschulung in einen anderen Beruf oder die Anpassung eines Arbeitsplatzes an eine Behinderung. Kostenerhöhungen der Berufsgenossenschaft schlagen sich in Beitragserhöhungen für den Betrieb nieder.

Die Beiträge für die Unfallversicherung an die Berufsgenossenschaft werden wie folgt berechnet:

Beitrag = Jahresentgeltsumme · Gefahrenklasse · Umlageziffer

Beispiel:

Jahresentgeltssumme	·	Gefahrenklasse	·	Umlageziffer	= Beitrag
2 358 700	·	3,40	·	0,002384	= 19 118,68 DM
1 895 600	·	1,00	·	0,002384	= 4 519,11 DM
Jahresbeitrag					23 637,79 DM

Die Umlageziffer berechnet die Berufsgenossenschaft aus ihren eigenen Verwaltungskosten und den tatsächlichen Aufwendungen, die im abgelaufenen Kalenderjahr für die Regulierung der Unfallfolgen entstanden sind.

3.5 Bedeutung für die Volkswirtschaft

Jeder Unfall und jede Berufskrankheit mindert nicht nur die betriebliche, sondern auch die volkswirtschaftliche Leistung. Ebenso belastet jeder Unfallgeschädigte und jeder Berufskranke nicht nur die Berufsgenossenschaft, sondern auch die Einkommen aller Arbeitnehmer; denn der Staat (Bund, Länder, Gemeinden) ist an der Finanzierung von Krankenhäusern, Rettungsdiensten und anderen Hilfseinrichtungen mit seinen Steuergeldern beteiligt. Außerdem wird das Steueraufkommen des Staates dadurch gemindert, daß Unfallgeschädigte und Berufskranke u. U. keine oder weniger Steuern vom Einkommen zahlen.

Die Bedeutung, die die Unfälle für die Volkswirtschaft haben, wird dadurch deutlich, daß gem. § 722 Reichsversicherungsordnung die Bundesregierung dem Bundestag alljährlich einen Bericht über den Stand der Unfallverhütung und das Unfallgeschehen in der Bundesrepublik zu erstatten hat. Dieser **Unfallverhütungsbericht** hat die Berichte der Träger der Unfallversicherung und die Jahresberichte der Gewerbeaufsicht zusammenzufassen und einen umfassenden Überblick über die Entwicklung der Arbeitsunfälle, die durch die Unfälle verursachten Kosten und über die Unfallverhütungsmaßnahmen zu geben.

 Arbeitsaufträge

1. In welche Bereiche gliedert man den Arbeitsschutz im engeren Sinne?

2. Schildern Sie einen gewerblichen und einen kaufmännischen Arbeitsplatz in Ihrem Ausbildungsbetrieb, der mit besonderen Gefahren für Leben und Gesundheit verbunden ist.

3. Nennen Sie zwei Tätigkeiten, die wegen besonderer gesundheitlicher Belastung entweder zu körperlichen oder psychischen Schäden führen können.

4. Nennen Sie Geräte oder Einrichtungen – möglichst aus Ihrem Ausbildungsbetrieb –, die dem Arbeitsschutz dienen.

5. Schildern Sie einen Ihnen bekannten (oder möglichen) Arbeitsunfall und geben Sie an, welche Nachteile

   a) der Unfallgeschädigte selbst dadurch erlitten hat (erleiden könnte);

   b) die Familienangehörigen hatten (hätten);

   c) der Betrieb auf sich genommen hat (nehmen müßte);

   d) die Gemeinschaft der Unfallversicherten hatte (hätte).

6. Definieren Sie die Begriffe „Unfallverhütung" und „Berufskrankheit".

7. Wer erstattet einen Unfallverhütungsbericht, und für welchen Zeitraum wird er erstellt?

---

b) Die für die Tätigkeit im kaufmännischen Bereich wichtigen Vorschriften für Arbeitsschutz und Unfallverhütung nennen und erklären

---

... auf einen Blick

► **Vorschriften- und Aufsichtssystem für den Arbeitsschutz und die Unfallverhütung**

► **Wichtige Vorschriften des Arbeitsschutzes für Tätigkeiten im kaufmännischen Bereich**
  ▷ Gewerbeordnung (GewO)
  ▷ Gesetz über technische Arbeitsmittel – Gerätesicherheitsgesetz (GSG)
  ▷ Arbeitsstättenverordnung (ArbStättV)
  ▷ Arbeitsschutzvorschriften für gefährliche Stoffe
  ▷ Arbeitsschutzvorschriften für persönliche Schutzausrüstung
  ▷ Arbeitsschutzvorschriften für innerbetriebliche Arbeitsschutzorganisation
    – Sicherheitsbeauftragte
    – Betriebsärzte
    – Fachkräfte für Arbeitssicherheit

► **Wichtige Vorschriften der Unfallverhütung für Tätigkeiten im kaufmännischen Bereich**
  ▷ Grundlegende Vorschriften für die Unfallverhütung
  ▷ Unfallverhütungsvorschriften für kaufmännische Tätigkeiten

1 Vorschriften- und Aufsichtssystem für den Arbeitsschutz und die Unfallverhütung

Das **Vorschriftensystem** für den Arbeitsschutz und die Unfallverhütung besteht aus **zwei Arten von Rechtsvorschriften**:

▷ den **staatlichen Vorschriften**, das sind die durch die Parlamente verabschiedeten **Gesetze** bzw. die durch die Exekutive erlassenen **Verordnungen**, und

▷ den **Unfallverhütungsvorschriften** der Berufsgenossenschaften. Obwohl diese nicht vom Bundestag beschlossen werden, gelangen sie durch Genehmigung des Bundesministers für Arbeit und Sozialordnung allgemeine Geltung.

Die für den Arbeitsschutz und die Unfallverhütung erlassenen Vorschriften unterscheiden **nicht** zwischen dem gewerblichen und kaufmännischen Bereich, die Vorschriften gelten also für beide Bereiche gleichermaßen. Die nachfolgenden Ausführungen haben dennoch vor allem den kaufmännischen Bereich im Blickfeld.

Das **Aufsichtssystem** für den Arbeitsschutz und die Unfallverhütung besteht entsprechend dem Vorschriftensystem auch aus **zwei externen Aufsichtsbehörden**:

▷ der **staatlichen Gewerbeaufsicht** und

▷ dem **Technischen Aufsichtsdienst** der **Berufsgenossenschaft**.

Ergeben sich bei der Durchführung einzelner Vorschriften Probleme, so empfiehlt es sich, hinsichtlich der staatlichen Gesetze und Verordnungen die Gewerbeaufsichtsämter und hinsichtlich der Unfallverhütungsvorschriften die Berufsgenossenschaft anzusprechen.

2 Wichtige Vorschriften des Arbeitsschutzes für Tätigkeiten im kaufmännischen Bereich

2.1 Gewerbeordnung (GewO)

Die grundlegenden Vorschriften für den Arbeitsschutz sind in der Gewerbeordnung zu finden. Schon im Jahre 1891 wurden die §§ 120a und 120b in die **Gewerbeordnung** eingefügt, die noch heute die wesentliche Grundlage des technischen Arbeitsschutzes in den Betrieben darstellen.

---

§ 120a Betriebssicherheit

(1) Die Gewerbunternehmer sind verpflichtet, die Arbeitsräume, Betriebsvorrichtungen, Maschinen und Gerätschaften so einzurichten und zu unterhalten und den Betrieb so zu regeln, daß die Arbeitnehmer gegen Gefahren für Leben und Gesundheit soweit geschützt sind, wie es die Natur des Betriebes gestattet.

(2) Insbesondere ist für genügendes Licht, ausreichenden Luftraum und Luftwechsel, Beseitigung des bei dem Betrieb entstehenden Staubes, der dabei entwickelten Dünste und Gase sowie der dabei entstehenden Abfälle Sorge zu tragen.

(3) Ebenso sind diejenigen Vorrichtungen herzustellen, welche zum Schutze der Arbeitnehmer gegen gefährliche Berührungen mit Maschinen oder mit Maschinenteilen oder gegen andere in der Natur der Betriebsstätte oder des Betriebs liegende Gefahren, namentlich auch gegen die Gefahren, welche aus Betriebsbränden erwachsen können, erforderlich sind.

(4) Endlich sind diejenigen Vorschriften über die Ordnung des Betriebs und das Verhalten der Arbeitnehmer zu erlassen, welche zur Sicherung eines gefahrlosen Betriebs erforderlich sind.

§ 120b Sitte und Anstand im Betrieb; Umkleide-, Wasch- und Toilettenräume.

(1) Die Gewerbunternehmer sind verpflichtet, diejenigen Einrichtungen zu treffen und zu unterhalten und diejenigen Vorschriften über das Verhalten der Arbeitnehmer im Betrieb zu erlassen, welche erforderlich sind, um die Aufrechterhaltung der guten Sitten und des Anstands zu sichern.

(2) Insbesondere muß, soweit es die Natur des Betriebs zuläßt, die Trennung der Geschlechter durchgeführt werden, sofern nicht die Aufrechterhaltung der guten Sitten und des Anstands durch die Einrichtung des Betriebs ohnehin gesichert ist.

(3) In Anlagen, deren Betrieb es mit sich bringt, daß die Arbeitnehmer sich umkleiden und nach der Arbeit sich reinigen, müssen ausreichende, nach Geschlechtern getrennte Ankleide- und Waschräume vorhanden sind.

(4) Die Bedürfnisanstalten müssen so eingerichtet sein, daß sie für die Zahl der Arbeitnehmer ausreichen, daß den Anforderungen der Gesundheitspflege entsprochen wird und daß ihre Benutzung ohne Verletzung von Sitte und Anstand erfolgen kann.

Abb. 50: §§ 120a und 120b Gewerbeordnung (GewO)

2.2 Gesetz über technische Arbeitsmittel – Gerätesicherheitsgesetz (GSG)

Damit der technische Arbeitsschutz nicht erst beginnt, wenn Werkzeuge, Geräte, Maschinen, technische Anlagen und Fahrzeuge im Betrieb eingesetzt werden bzw. verkauft worden sind, sondern bereits bei der Herstellung bzw. beim Import berücksichtigt wird, wurde das **Gesetz über technische Arbeitsmittel – Gerätesicherheitsgesetz (GSG)** erlassen. Es verpflichtet die Hersteller, Importeure und auch Händler, nur solche Werkzeuge, Geräte, Maschinen, technische Anlagen und Fahrzeuge auf den Markt zu bringen, die den Arbeitsschutz- und Unfallverhütungsvorschriften sowie den allgemein anerkannten Regeln der Technik entsprechen. Der Bundesarbeitsminister veröffentlicht in Verzeichnissen die einzelnen Vorschriften, Normen und Regeln, die bei der Produktion bzw. beim Import eingehalten werden müssen. Bis jetzt sind etwa 2 000 in- und ausländische Vorschriften veröffentlicht worden.

Mit dem Gerätesicherheitsgesetz werden zwei Arbeitsschutzziele verfolgt.

▷ Für den auf die **Produktsicherheit** ausgerichteten Arbeitsschutz sind Hersteller, Importeure, u. U. auch Händler zuständig. Sie sind dafür verantwortlich, daß die für den Verkauf serienmäßig gefertigten technischen Erzeugnisse sicher sind.

▷ Für den **innerbetrieblichen technischen Arbeitsschutz** sind die Arbeitgeber verantwortlich. Sie sind zuständig dafür, daß die sowohl in der Produktion als auch in der Verwaltung verwendeten Arbeitsmittel sicher und ohne Gefahr eingesetzt werden können. Besondere Vorschriften gelten für die Einrichtung und den Betrieb überwachungsbedürftiger Anlagen. Die Prüfung dieser Anlagen wird von amtlichen oder amtlich für diesen Zweck anerkannten Sachverständigen vorgenommen.

Lassen Hersteller und Importeure ihre technischen Arbeitsmittel von amtlich anerkannten Prüfstellen prüfen, dürfen diese ihre Erzeugnisse mit dem „GS"-Zeichen versehen, wenn die Prüfung positiv beschieden wurde.

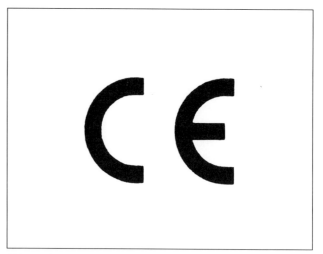

Abb. 51: Sicherheitszeichen der amtlich anerkannten Prüfstellen   Abb. 52: Sicherheitszeichen der EG (CE = Comité Européen)

Für den Wirtschaftsraum der Europäischen Gemeinschaft ist das „CE"-Sicherheitszeichen geschaffen worden. Es zeigt an, daß alle grundlegenden Anforderungen sämtlicher für ein Produkt maßgebenden EG-Richtlinien beachtet wurden. Ein mit dem „CE"-Zeichen (von Comité Européen) versehenes Produkt gilt als „sicher" und darf in der EG frei verkehren und verkauft werden.

Für den kaufmännischen Bereich sind aus der Sicht des Gerätesicherheitsgesetzes von Bedeutung: Standsicherheit, transportgerechte Gestaltung, Tritt- und Stehsicherheit, Lärm, elektrische Energie, Warneinrichtungen, elektrostatische Aufladung, ergonomische Gestaltung.

Besondere Aufmerksamkeit wird denjenigen Anlagen gewidmet, von denen für die Benutzer oder Dritte besondere Gefahren ausgehen können (z. B. Dampfkesselanlagen). Für den kaufmännischen Bereich sind vor allem die Aufzuganlagen von Interesse. Die **Verordnung über Aufzugsanlagen** bestimmt, daß Aufzugsanlagen in ordnungsgemäßem Zustand zu erhalten, ordnungsmäßig zu betreiben, notwendige Instandhaltungs- und Instandsetzungsarbeiten unverzüglich vorzunehmen und die den Umständen nach erforderlichen Sicherheitsmaßnahmen zu treffen sind. Eine überwachungsbedürftige Anlage darf nicht betrieben werden, wenn sie Mängel aufweist, durch die Beschäftigte oder Dritte gefährdet sind.

2.3 Arbeitsstättenverordnung (ArbStättV)

Der technische Arbeitsschutz beginnt bei der baulichen Beschaffenheit der Arbeitsstätte und der Arbeitsplätze. Die wichtigste Vorschrift für dieses Sachgebiet ist die **Arbeitsstättenverordnung**.

Zu den Arbeitsstätten zählen nach der Arbeitsstättenverordnung alle Arbeitsräume mit den dazugehörigen Nebenräumen und Verkehrswegen. Die in der Gewerbeordnung genannten Schutzziele, die nach den heutigen Erkenntnissen **keinem schnellen Wandel** unterworfen sind, werden in der Arbeitsstättenverordnung geregelt (z. B. Größe und Belegung der Arbeitsräume, natürliche Beleuchtung). Schutzziele, die **einem schnellen Wandel** unterliegen, werden durch Arbeitsstätten- Richtlinien geregelt. Die auch für den kaufmännischen Bereich wichtigen Arbeitsstätten-Richtlinien regeln u. a. Lüftung, Raumtemperaturen, künstliche Beleuchtung, Sicherheitsbeleuchtung, Fußböden, Türen, Tore, Glastüren, Türen mit Glaseinsatz, Schutz gegen Absturz und herabfallende Gegenstände, Feuerlöscheinrichtungen, Verkehrswege, Lärm, Fahrtreppen und Fahrsteige, Sitzgelegenheiten, Pausen-, Liege-, Umkleide-, Wasch-, Toiletten- und Sanitätsräume.

2.4 Arbeitsschutzvorschriften für gefährliche Stoffe

Die wichtigsten Rechtsvorschriften für dieses Sachgebiet sind

▷ das **Gesetz zum Schutz vor gefährlichen Stoffen** (Chemikaliengesetz);

▷ die **Verordnung über gefährliche Stoffe** (Gefahrstoffverordnung); danach müssen die unterschiedlich gefährlichen Arbeitsstoffe durch die in der folgenden Abbildung wiedergegebenen Symbole gekennzeichnet werden;

▷ die zwölfte Verordnung zur Durchführung des **Bundes-Immissionsschutzgesetzes (Störfall-Verordnung)**.

Die Arbeitsschutzvorschriften in diesen Rechtsvorschriften gelten überwiegend für die Produktion und das Inverkehrbringen von chemischen Stoffen.

Kennbuchstabe, Gefahrensymbol, Gefahrenbezeichnung	Bedeutung	Kennbuchstabe, Gefahrensymbol, Gefahrenbezeichnung	Bedeutung
E Explosionsgefährlich	Stoffe in festem oder flüssigem Zustand, die durch Erwärmung oder eine nicht außergewöhnliche Beanspruchung durch Schlag zur Explosion gebracht werden.	**T** Giftig	Stoffe, die durch Einatmen, Verschlucken oder Aufnahme durch die Haut erhebliche Gesundheitsschäden oder den Tod verursachen können.
O Brandfördernd	Stoffe, die bei Berühren mit anderen, insbesondere entzündlichen Stoffen, so reagieren, daß Wärme in großer Menge frei wird.	**T+** Sehr giftig	
F Leichtentzündlich	Stoffe, die sich bei gewöhnlicher Temperatur erhitzen und entzünden können oder in festem Zustand durch kurzzeitige Einwirkung einer Zündquelle entzündet werden.	**Xn** Gesundheitsschädlich	Stoffe, die durch Einatmen, Verschlucken oder Aufnahme durch die Haut Gesundheitsschäden geringeren Ausmaßes verursachen können.
F+ Hochentzündlich		**Xi** Reizend	Stoffe, die ohne ätzend zu sein, nach ein- oder mehrmaliger Berührung mit der Haut Entzündungen verursachen können.
C Ätzend	Stoffe, die durch Berühren die Haut oder Material zerstören können.	**N** Umweltgefährlich	
Weitere Gefahrenbezeichnungen (ohne Symbol): Sensibilisierend, Krebserzeugend, Fortpflanzungsgefährdend, Erbgutverändernd			

Abb. 53: Symbole für gefährliche Arbeitsstoffe gem. § 4 Gefahrstoffverordnung (orangegelber Hintergrund und schwarze Piktogramme)

2.5 Arbeitsschutzvorschriften für persönliche Schutzausrüstung

Im technischen Arbeitsschutz haben sich drei Vorgehensstufen herausgebildet. Zunächst sollen mögliche Unfallgefahren durch **technische** Maßnahmen ausgeschlossen werden. Kann die Gefahr dadurch nicht oder nicht genügend verhindert werden, dann sind **organisatorische** Maßnahmen zu treffen, um die Gefahr abzuwenden. Erst wenn die Unfallgefahr trotz allem nicht oder nur ausreichend beseitigt werden kann, sollten **persönliche** Schutzausrüstungen eingesetzt werden. Es gelten also folgende Stufen der Gefahrenabwendung:

erst **technische Maßnahmen** (z.B. den Lärm beim Lärmerzeuger mindern),

dann **organisatorische Maßnahmen** (z.B. größere Entfernung zum Lärmerzeuger schaffen) und

schließlich **persönliche Maßnahmen** treffen (z.B. Gehörschutz anlegen).

Mit diesen Vorgehensstufen soll verhindert werden, daß persönliche Schutzausrüstungen als Ersatz für den technischen Arbeitsschutz eingesetzt werden. Manchmal sind persönliche Schutzausrüstungen allerdings die einzige Möglichkeit, um Unfallgefahren abzuwenden. Solche gefahrvollen Tätigkeiten sind fast ausschließlich im gewerblichen Bereich zu finden. Die Tragepflicht für kaufmännische Auszubildende gilt nur, wenn sie sich aus besonderen Anlässen im Bereich dieser Tätigkeiten aufhalten, z. B. bei Schweiß- oder Gerüstbauarbeiten sowie bei Arbeiten mit feuerflüssigen Massen, in Tiefkühlräumen, an lärmintensiven Arbeitsplätzen oder mit strahlendem Material.

Persönliche Schutzausrüstungen werden in folgende Gruppen eingeteilt: Kopfschutz, Fuß- oder Beinschutz, Augen- oder Gesichtsschutz, Atemschutz, Gehörschutz, Rumpf-, Arm- und Handschutz, Wetterschutzkleidung, Warnkleidung, Anseilschutz (Sicherheitsgeschirre) und Hautschutzmittel.

2.6 Arbeitsschutzvorschriften für die innerbetriebliche Arbeitsschutzorganisation

Die Einhaltung der Arbeitsschutzvorschriften wird durch **überbetriebliche Aufsichtsdienste**, d.h. durch Gewerbeaufsichtsbeamte und technische Aufsichtsbamte der Berufsgenossenschaft kontrolliert.

Die schnelle technische Entwicklung nach dem Zweiten Weltkrieg führte jedoch zu der Erkenntnis, daß die überbetrieblichen Aufsichtsdienste für einen wirkungsvollen Arbeitsschutz allein nicht ausreichen. Es wurde daher eine **innerbetriebliche Arbeitsschutzorganisation** geschaffen.

Die Existenz sowie Umfang und Bedeutung der innerbetrieblichen Arbeitsschutzorganisation in den Betrieben hängt von der Betriebsgröße ab. In **Betrieben bis zu 20 Beschäftigten**, ist eine innerbetriebliche Arbeitsschutzeinrichtung nicht erforderlich. In diesen Betrieben ist der Arbeitgeber allein für den gesamten technischen Arbeitsschutz und die Unfallverhütung verantwortlich, er braucht zu seiner Unterstützung auch keine entsprechenden betrieblichen Stellen einzurichten.

In **Betrieben mit mehr als 20 Beschäftigten** hat der Unternehmer gem. § 719 Reichsversicherungsordnung (RVO) einen oder mehrere **Sicherheitsbeauftragte** zu bestellen. Ein Sicherheitsbeauftragter ist ein „ehrenamtlicher" Mitarbeiter, der „an der Basis" wirkt. Ohne Vorgesetzter zu sein, soll er von „Kollege zu Kollege" das Verhalten der Mitarbeiter beeinflussen. Der Sicherheitsbeauftragte beobachtet den Arbeitsablauf und das Arbeitsverhalten seiner Kollegen und versucht, diese zu sicherem Arbeiten anzuhalten. Er macht seinen Vorgesetzten Verbesserungsvorschläge und unterstützt ihn in allen Fragen der Arbeitssicherheit. Der Sicherheitsbeauftragte darf nicht mit der Fachkraft für Arbeitssicherheit (Sicherheitsfachkraft) verwechselt werden.

Die Bestellung eines Sicherheitsbeauftragten hat unter Mitwirkung des Betriebsrates zu erfolgen. Werden mehr als drei Sicherheitsbeauftragte bestellt, so bilden sie aus ihrer Mitte einen Sicherheitsausschuß. Dies gilt jedoch nicht, wenn Sicherheitsfachkräfte bestellt sind.

Im **Gesetz über Betriebsärzte, Sicherheitsingenieure und andere Fachkräfte für Arbeitssicherheit – Arbeitssicherheitsgesetz (ASiG)** wird der Arbeitgeber verpflichtet, Betriebsärzte und Sicherheitsfachkräfte zu bestellen, auf die er seine Pflichten, besonders seine Unterrichtungs- und Belehrungspflicht, übertragen kann.

Betriebsarzt ist, wer die Fachgebietsbezeichnung „Arbeitsmedizin" oder die Zusatzbezeichnung „Betriebsmedizin" führen darf. Der Betriebsarzt muß nicht Angestellter des Betriebes sein; er kann auch freiberuflich tätig sein.

Eine **Fachkraft für Arbeitssicherheit** (Sicherheitsfachkraft) kann ein **Sicherheitsingenieur, Sicherheitstechniker** oder **Sicherheitsmeister** sein. Sie erfüllt die Anforderungen nach § 7 Arbeitssicherheitsgesetz (ASiG), wenn sie die Fachkunde nach § 3 VBG 122 besitzt. Die Fachkraft für Arbeitssicherheit darf nicht mit dem Sicherheitsbeauftragten verwechselt werden. Die Stellung dieser beiden Sicherheitskräfte läßt sich aus der Abb. 47 erkennen.

In größeren Betrieben besteht eine innerbetriebliche Arbeitsschutzorganisation. Sie setzt sich zusammen aus dem Arbeitgeber oder einem von ihm Beauftragten, zwei Betriebsratsmitgliedern, dem Sicherheitsbeauftragten, dem Betriebsarzt und der Fachkraft für Arbeitssicherheit. Gem. § 11 ASiG bilden die genannten Personen den **Arbeitsschutzausschuß**, der die Aufgabe hat, Anliegen des Arbeitsschutzes und der Unfallverhütung zu beraten. Der Arbeitsschutzausschuß muß mindestens einmal vierteljährlich zusammentreten (Vgl. Abb. 52).

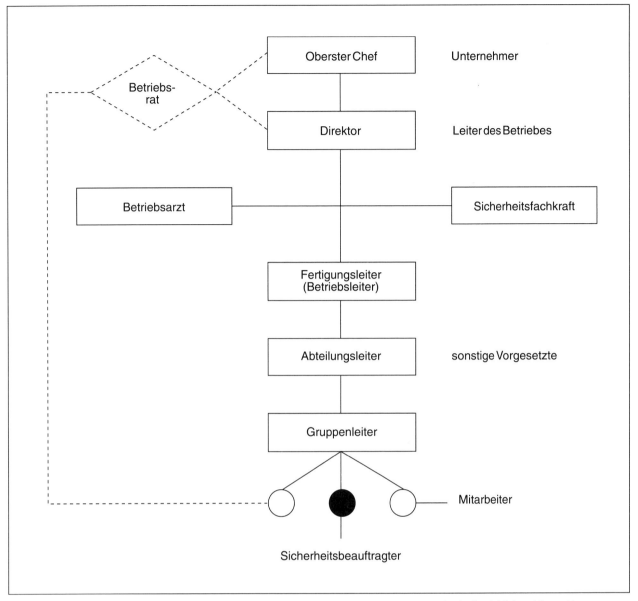

Abb. 54: Stellung des Sicherheitsbeauftragten, der Sicherheitsfachkraft und des Betriebsarztes in der betrieblichen Hierarchie

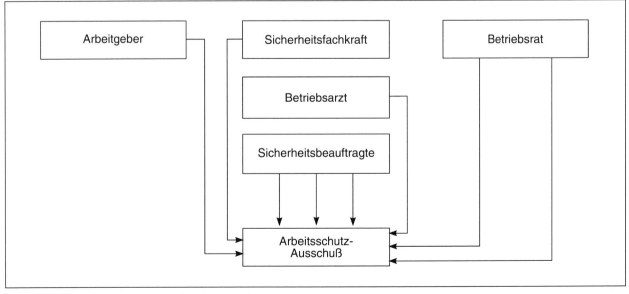

Abb. 55: Zusammensetzung des Arbeitsschutzausschusses

3 Wichtige Vorschriften der Unfallverhütung für Tätigkeiten im kaufmännischen Bereich

3.1 Grundlegende Vorschriften für die Unfallverhütung

Die Reichsversicherungsordnung (RVO) bestimmt in § 708, daß die Berufsgenossenschaften Unfallverhütungsvorschriften zu erlassen haben. Heute gibt es Unfallverhütungsvorschriften (UVV) vor allem für folgende Bereiche:

▷ UVV für Einrichtungen, Anordnungen und Maßnahmen, die die **Arbeitgeber** zur Verhütung von Arbeitsunfällen zu treffen haben, sowie für die Übertragung dieser Aufgaben an andere Personen.

Aus Anlaß der Harmonisierung des europäischen Binnenmarktes gilt ab April 1995 die neugefaßte Unfallverhütungsvorschrift „Sicherheits- und Gesundheitsschutzkennzeichnung am Arbeitsplatz" (VBG 125). Diese UVV schreibt zur Verhütung von Unfällen u. a. das Anbringen der nachfolgenden Verbots- und Warnzeichen am Arbeitsplatz vor:

Abb. 56: Verbotszeichen am Arbeitsplatz (weißer Hintergrund, roter Rand, roter Querbalken und schwarzes Piktogramm)

Alle auf dieser und den folgenden Seiten wiedergegebenen Sicherheitszeichen entsprechen der Unfallverhütungsvorschrift „Sicherheits- und Gesundheitsschutzkennzeichnung am Arbeitsplatz " (VBG 125) vom 1.4.1995.
Quelle: Band 4 der Reihe „Sicherheit für Sie – Band 4", Herausgeber: Hauptverband der gewerblichen Berufsgenossenschaften, 53754 Sankt Augustin, Verlag: Universum Verlagsanstalt GmbH KG, 65175 Wiesbaden.

Warnzeichen

Warnung
vor feuergefährlichen
Stoffen

Warnung vor
explosionsgefährlichen
Stoffen

Warnung vor
giftigen Stoffen

Warnung vor
ätzenden Stoffen

Warnung vor
radioaktiven Stoffen oder
ionisierenden Strahlen

Warnung vor
schwebender Last

Warnung vor
Flurförderzeugen

Warnung vor
gefährlicher elektrischer
Spannung

Warnung vor
einer Gefahrstelle

Warnung vor
explosionsfähiger
Atmosphäre

Warnung vor
Laserstrahl

Warnung vor
Gefahren
durch Batterien

Warnung vor
Fräswelle

Warnung vor
elektromagnetischem
Feld

Warnung vor
Quetschgefahr

Warnung vor
Kippgefahr
beim Walzen

Warnung vor
Biogefährdung

Warnung vor
brandfördernden
Stoffen

Warnung vor
magnetischem Feld

Warnung vor
Stolpergefahr

Warnung vor
Absturzgefahr

Warnung vor Kälte

Warnung vor
gesundheitsschädlichen
oder reizenden Stoffen

Warnung vor
Gasflaschen

Warnung vor
automatischem Anlauf

Warnung vor
heißer Oberfläche

Warnung vor
Handverletzungen

Warnung vor
Rutschgefahr

Abb. 57: Warnzeichen am Arbeitsplatz (gelber Hintergrund, schwarzer Rand und schwarzes Piktogramm)

▷ UVV über das Verhalten, das die **Arbeitnehmer** zur Verhütung von Arbeitsunfällen zu beachten haben; durch die nachfolgenden Gebotszeichen werden die Arbeitnehmer auf das Tragen der erforderlichen Schutzausrüstung aufmerksam gemacht.

Gebotszeichen

Augenschutz benutzen   Schutzhelm benutzen   Gehörschutz benutzen   Atemschutz benutzen   Schutzschuhe benutzen

Schutzhandschuhe benutzen   Übergang benutzen   Schutzkleidung benutzen   Gesichtsschutzschild benutzen   Auffanggurt anlegen

Für Fußgänger   Vor Öffnen Netzstecker ziehen   Vor Arbeiten freischalten   Allgemeines Gebotszeichen

Abb. 58: Gebotszeichen (blauer Hintergrund, weißes Piktogramm) am Arbeitsplatz

▷ UVV für **ärztliche Untersuchungen** von Arbeitnehmern, die vor der Beschäftigung mit Arbeiten durchzuführen sind, deren Verrichtung mit außergewöhnlichen Unfall- oder Gesundheitsgefahren für sie oder Dritte verbunden ist.

▷ UVV über **Maßnahmen**, die der Arbeitgeber zur Erfüllung der sich aus dem Gesetz über Betriebsärzte, Sicherheitsingenieure und andere Fachkräfte für Arbeitssicherheit ergebenden Pflichten zu treffen hat.

▷ UVV für **Erste Hilfe**, in denen unter Berücksichtigung der Betriebsgröße und des Gefährdungsgrades der Arbeit die Zahl der erforderlichen **Ersthelfer und Betriebssanitäter** sowie die nach einem Arbeitsunfall zu ergreifenden Maßnahmen festgelegt sind. Die UVV schreiben u. a. das Anbringen der auf der folgenden Seite abgebildeten Rettungs- und Brandschutzzeichen vor.

▷ UVV über die Bestellung von **Sicherheitsbeauftragten**;

▷ UVV über Inhalt und Häufigkeit von **Ausbildungslehrgängen** für die Unfallverhütung.

Rettungszeichen

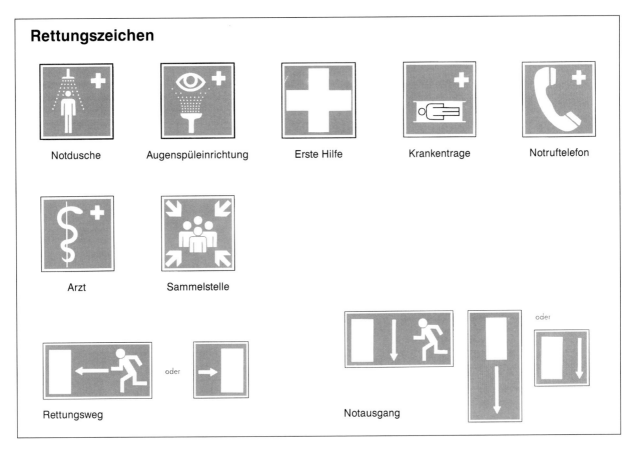

Notdusche　　　Augenspüleinrichtung　　　Erste Hilfe　　　Krankentrage　　　Notruftelefon

Arzt　　　Sammelstelle

Rettungsweg　　　oder　　　Notausgang　　　oder

Brandschutzzeichen

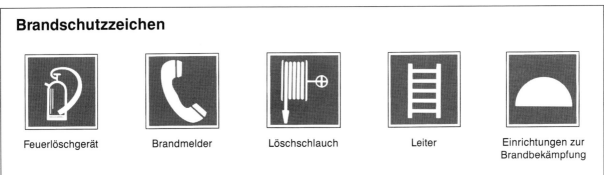

Feuerlöschgerät　　　Brandmelder　　　Löschschlauch　　　Leiter　　　Einrichtungen zur Brandbekämpfung

Abb. 59:　Rettungszeichen, oben (grüner Hintergrund, weißes Piktogramm), Brandschutzzeichen, unten (roter Hintergrund, weißes Piktogramm)

3.2　Unfallverhütungsvorschriften für kaufmännische Tätigkeiten

Die von den Berufsgenossenschaften erlassenen Unfallverhütungsvorschriften (UVV) betreffen die gleichen Schutzziele wie diejenigen des Arbeitsschutzes, gehen jedoch zumeist im Interesse der Arbeitnehmer über die Grundanforderungen hinaus. Sie enthalten auch **Verhaltensregeln für die Arbeitnehmer**, die diese zur Verhütung von Arbeitsunfällen zu beachten haben. In diesem Punkt unterscheiden sich die Unfallverhütungsvorschriften von den staatlichen Arbeitsschutzvorschriften, die ausschließlich an den Arbeitgeber gerichtet sind.

Die „Sicherheitsregeln für Büro-Arbeitsplätze" der Berufsgenossenschaft enthalten die sicherheitstechnischen und ergonomischen Anforderungen für Büroarbeitsplätze; die „Sicherheitsregeln für Bildschirmarbeitsplätze im Bürobereich" enthalten wesentlich Anforderungen für Bildschirmarbeitsplätze.

Arbeitsaufträge

1. Nennen Sie drei mögliche Gefahren für Leben und Gesundheit, die in einem Büro auftreten könnten.

2. Wer erläßt Unfallverhütungsvorschriften und wer Arbeitsschutzvorschriften?

3. Wer kontrolliert die staatlichen Arbeitsschutzgesetze und -verordnungen und wer die Unfallverhütungsvorschriften?

4. Was schreibt § 120 a) GewO hinsichtlich der Betriebssicherheit im Büro vor?

5. Welche beiden Arbeitsschutzziele verfolgt das Gerätesicherheitsgesetz?

6. Welche Bedeutung hat das „GS"-Zeichen auf einem Erzeugnis?

7. In welcher Weise hat das Gerätesicherheitsgesetz Bedeutung für kaufmännisch-verwaltende Arbeitsplätze?

8. Nennen Sie den wesentlichen Inhalt der Arbeitsstättenverordnung.

9. Nennen Sie mindestens drei Regelungen der Arbeitsstättenverordnung.

10. Welchen Sinn hat die Gefahrstoffverordnung? Beschreiben Sie mindestens zwei Symbole, die die Gefahrstoffverordnung für gefährliche Arbeitsstoffe vorschreibt.

11. Welche Arbeitsschutzvorschriften für gefährliche Arbeitsstoffe muß Ihr Ausbildungsbetrieb beachten?

12. In welche Gruppen sind die persönlichen Schutzausrüstungen eingeteilt?

13. Lesen Sie § 1 ASichG und erklären Sie, welchen Zweck die Vorschriften des Arbeitssicherheitsgesetzes erfüllen sollen.

14. Was versteht man unter der innerbetrieblichen Arbeitsschutzorganistion und welche Personen gehören ihr an?

15. Geben Sie den Namen und die Telefonnummer des für Ihren Ausbildungsbetrieb bestellten Betriebsarztes an, und nennen Sie den Ort, an dem er gewöhnlich zu erreichen ist.

16. Welche „Fachkräfte für Arbeitssicherheit" muß jeder Betrieb bestellen?

17. Nennen Sie drei Vorschriften zur Unfallverhütung in Ihrem Ausbildungsbetrieb.

18. Nennen Sie die Berufsgenossenschaft (Name und Adresse), die für Ihren Ausbildungsbetrieb zuständig ist.

19. Nennen Sie je drei für die Arbeitssicherheit wichtige Verpflichtungen, die die Berufsgenossenschaft

    a) dem Arbeitgeber und

    b) dem Arbeitnehmer auferlegt.

20. Wodurch stellt die Berufsgenossenschaft sicher, daß ihre Sicherheitsanordnungen bzw. Unfallverhütungsvorschriften befolgt werden?

21. An welcher Stelle (welchen Stellen) Ihres Betriebes sind die Unfallverhütungsvorschriften ausgehängt oder ausgelegt?

22. In welcher Weise wirkt der Betriebsrat an Unfallverhütungsmaßnahmen mit?

23. Warum ist es im Betrieb grundsätzlich untersagt, auf einen Stuhl zu steigen, um einen Aktenordner zu holen, der aus dem Stand nicht zu erreichen ist?

24. Angenommen, die elektrische Schreibmaschine an Ihrem Arbeitsplatz fällt aus.

    a) Dürfen Sie den Fehler selbst suchen?

    b) Die Steckdose hat gelegentlich einen Wackelkontakt. Dürfen Sie diesen Schaden selbst beseitigen?

    c) An welche Stelle Ihres Ausbildungsbetriebes können Sie sich wenden, um die Schäden beheben zu lassen?

25. Stellen Sie fest, ob bzw. welche überwachungsbedürftigen Anlagen in Ihrem Ausbildungsbetrieb eingesetzt werden.

---

c) Die Einrichtungen der Unfallhilfe im Betrieb beschreiben

... auf einen Blick

► **Sachmittel zur Unfallhilfe**
▷ Meldeeinrichtungen
▷ Sanitätsräume
▷ Erste-Hilfe-Material
▷ Rettungstransportmittel
▷ Rettungsgeräte

► **Personen für die Unfallhilfe**
▷ Ersthelfer
▷ Betriebssanitäter
▷ Arzt bzw. Krankenhaus

Trotz aller Vorsichtsmaßnahmen geschehen dennoch immer wieder Unfälle im Betrieb. In diesen Fällen muß „Erste Hilfe" geleistet werden. Die Unfallverhütungsvorschriften „Erste Hilfe" (VBG 109) schreiben verschiedene Einrichtungen vor. VBG ist die Abkürzung für Verband der gewerblichen Berufsgenossenschaften.

§ 3
(1) Der Unternehmer hat dafür zu sorgen, daß
1. die zur Leistung der Ersten Hilfe erforderlichen Einrichtungen, insbesondere Meldeeinrichtungen, Sanitätsräume, Erste-Hilfe-Material und Rettungstransportmittel,
2. die zur Rettung aus Gefahr für Leben und Gesundheit erforderlichen Einrichtungen, insbesondere Rettungsgeräte,
3. das zur Leistung der Ersten Hilfe und zur Rettung aus Gefahr für Leben und Gesundheit erforderliche Personal (Ersthelfer, Betriebssanitäter) zur Verfügung stehen und

4. nach einem Arbeitsunfall sofort Erste Hilfe geleistet und insbesondere eine etwa erforderliche ärztliche Behandlung veranlaßt wird.

(2) Die nach Absatz 1 vom Unternehmer zur Verfügung zu stellenden Einrichtungen müssen den Vorschriften dieser Unfallverhütungsvorschrift und den übrigen allgemein anerkannten technischen, medizinischen und hygienischen Regeln entsprechen.

Abb. 60: § 3 der Unfallverhütungsvorschrift „Erste Hilfe" (VBG109)

Zusätzlich zu den Unfallverhütungsvorschriften sind die von den Berufsgenossenschaften herausgegebenen „Grundsätze über Hilfspersonal, Räume, Einrichtungen, Geräte und Mittel für Betriebsärzte im Betrieb" zu beachten.

1 Sachmittel zur Unfallhilfe

In den Betrieben müssen nachfolgende Sachmittel zur Unfallhilfe vorhanden sein:

▷ **Meldeeinrichtungen**, das sind nachrichtentechnische Anlagen, über die Hilfe herbeigerufen werden kann; dazu gehören vor allem das Telefon sowie Personenruf- und Suchanlagen. Die Telefonnummern der Unfallhelfer sollten an geeigneten Stellen sichtbar angebracht sein.

▷ **Sanitätsräume**, das sind Räume, in denen bei einem Unfall oder bei einer Erkrankung im Betrieb Erste Hilfe geleistet oder die ärztliche Erstversorgung durchgeführt werden kann. Ein Sanitätsraum oder eine vergleichbare Einrichtung muß vorhanden sein, wenn mehr als 1 000 Versicherte (Arbeitnehmer) beschäftigt sind.

▷ **Erste-Hilfe-Material**, das sind Verbandstoffe, alle sonstigen Hilfsmittel und medizinischen Geräte sowie Medikamente, die der Durchführung der Ersten Hilfe dienen. Zum Erste-Hilfe-Material zählt insbesondere das Verbandzeug; es wird meistens in Verbandkästen bereitgehalten. In jedem Betrieb muß mindestens ein großer Verbandkasten vorhanden sein.

▷ **Rettungstransportmittel**, das sind alle Geräte, mit denen ein notwendiger Transport sachgerecht durchgeführt werden kann, wie Krankentragen, Schleifkörbe, Rettungstücher.

▷ **Rettungsgeräte**, das sind technische Hilfsmittel zur Rettung aus Gefahr für Leben und Gesundheit, wie Löschdecken, Rettungsgurte, Atemgeräte, Schneidgeräte. Soweit die Handhabung der bereitgehaltenen Rettungsgeräte Kenntnisse verlangt, hat der Unternehmer sicherzustellen, daß dafür sachkundiges Personal zur Verfügung steht.

2 Personen für die Unfallhilfe

In den Betrieben müssen zur Leistung der Ersten Hilfe und zur Rettung aus Gefahr für Leben und Gesundheit die nachfolgenden Personen zur Verfügung stehen.

▷ **Ersthelfer**, das sind Personen, die bei einer von der Berufsgenossenschaft anerkannten Stelle in Erster Hilfe ausgebildet worden sind. Ersthelfer müssen in angemessenen Zeiträumen fortgebildet werden. Bei bis zu 20 anwesenden Versicherten muß ein Ersthelfer vorhanden sein. Bei mehr als 20 Versicherten müssen 5% davon Ersthelfer sein.

▷ **Betriebssanitäter**, das sind Personen, die eine Fachausbildung für den Sanitätsdienst durch eine von der Berufsgenossenschaft anerkannten Stelle erhalten haben. Sie müssen in Betrieben mit mehr als 500 Versicherten zur Verfügung stehen.

▷ Ein **Arzt** ist bei einem Unfall hinzuzuziehen, sofern Art und Umfang der Verletzung oder des Gesundheitsschadens eine ärztliche Versorgung angezeigt erscheinen lassen.

▷ Ins **Krankenhaus** ist der Unfallverletzte zu transportieren, sofern die Verletzung es erfordert oder der Arzt dies anordnet.

Auch den **Versicherten** sind bestimmte Pflichten auferlegt. So haben sie die der Ersten Hilfe dienenden Maßnahmen zu unterstützen und die Pflicht, sich zum Ersthelfer ausbilden bzw. fortbilden zu lassen, sofern keine persönlichen Gründe entgegenstehen. Nach der Ausbildung hat der Versicherte die Pflicht, sich für Erste-Hilfe-Leistungen zur Verfügung zu stellen.

 Arbeitsaufträge

1. Auf Grund welcher Vorschriften muß Ihr Ausbildungsbetrieb Einrichtungen zur Unfallhilfe vorsehen?

2. Welche Sachmittel zur Unfallhilfe gibt es in Ihrem Ausbildungsbetrieb?

3. Welche Personen gibt es für die Unfallhilfe in Ihrem Ausbildungsbetrieb?

4. Welchen Ersthelfer rufen Sie zu Hilfe, wenn ein Mitarbeiter die letzten Stufen einer Treppe hinuntergestürzt ist und sich nicht mehr aufrichten kann? Geben Sie den Namen und die Telefonnummer des Ersthelfers an. Was tun Sie, wenn der Ersthelfer nicht zu erreichen ist?

5. Welcher Unfallarzt und welches Unfallkrankenhaus ist für Ihren Ausbildungsbetrieb zuständig? Geben Sie Namen, Adressen und Telefonnummern an.

6. Nennen Sie die Telefonnummern für

   a) Notarzt, Rettung, Feuer,

   b) den Notruf und

   c) den Giftnotruf!

> ## d) Geeignete Maßnahmen bei Unfällen beschreiben

... auf einen Blick

► **Arten der Unfälle**

► **Maßnahmen bei Arbeitsunfällen**

► **Maßnahmen bei Wegeunfällen**

1 Arten der Unfälle

Ein **Arbeitsunfall** liegt vor, wenn ein Mitarbeiter (eine versicherte Person) bei der Ausübung seiner beruflichen Tätigkeit innerhalb und außerhalb der Arbeitsstätte einen Unfall erleidet. Zu den Arbeitsunfällen gehören auch Verkehrsunfälle, die sich während eines betrieblich bedingten Weges ereignen.

Ein **Wegeunfall** liegt vor, wenn sich ein Unfall auf dem Weg zwischen Wohnung und Arbeitsstätte ereignet.

2 Maßnahmen bei Arbeitsunfällen

Jeder **Mitarbeiter** hat

▷ bei leichten Unfällen dem Verletzten unmittelbar zu helfen, z. B. eine Schnittwunde zu verbinden;

▷ bei schweren Unfällen den Ersthelfer sofort zu verständigen, eventuell einen angestellten Betriebsarzt zu holen oder den für den Betrieb zuständigen Unfallarzt zu benachrichtigen;

▷ den Vorgesetzten des Verunglückten zu benachrichtigen;

▷ soweit er Zeuge des Unfalls wurde, der Geschäftsführung bzw. deren Beauftragten einen Bericht zu verfassen.

Der **Betrieb** hat

▷ je nach Schwere des Unfalls die Angehörigen des Verunglückten zu verständigen;

▷ jeden Unfall der Berufsgenossenschaft und dem Gewerbeaufsichtsamt anzuzeigen, wenn ein Mitarbeiter getötet wurde oder durch den Unfall so verletzt worden ist, daß er stirbt oder für mehr als drei Tage arbeitsunfähig wird; die Unfallanzeige, die auch der Betriebsrat zu unterzeichnen hat, ist binnen drei Tagen abzugeben, nach dem der Unternehmer vom Unfall Kenntnis erlangt hat.

▷ einen Unfallbericht zu verfassen und diesen der Berufsgenossenschaft und dem Gewerbeaufsichtsamt zu übersenden.

▷ Ereignet sich der Unfall auf der Reise, so kann er auch der inländischen Ortspolizeibehörde angezeigt werden, in deren Bezirk sich der Verletzte zuerst nach dem Unfall aufhält.

3 Maßnahmen bei Wegeunfällen

Der Unfallgeschädigte hat dem Betrieb anzuzeigen, daß er einen Wegeunfall erlitten hat. Erforderlichenfalls hat er einen Unfallbericht abzugeben.

Die einzelnen Berufsgenossenschaften geben Merk- oder Informationsblätter heraus, in den zusammengefaßt ist, welche Maßnahmen bei Unfällen zu ergreifen sind.

Arbeitsaufträge

1. Welche Personen müssen bei einem Unfall in Ihrem Ausbild mungsbetrieb sofort informiert werden?
   Wo sind die Telefonnummern dieser Personen zu finden?

2. Wo befindet sich der nächste Verbandkasten für Ihre derzeitige Ausbildungsabteilung?

3. Grenzen Sie einen Arbeitsunfall von einem Wegeunfall ab.

4. Aus welchem Grund wird ein Unfallbericht erstellt?

5. Welchen Stellen muß ein Unfall angezeigt werden?

3.6 Lohn- und Gehaltsabrechnung

---

a) Entlohnungsformen des Ausbildungsbetriebes unterscheiden

... auf einen Blick

► **Zeitlohn**

► **Leistungslohn**
  ▷ Stück**geld**akkord
  ▷ Stück**zeit**akkord

► **Prämienlohn**

► **Erfolgsbeteiligung**

Unter Lohn ist das Entgelt für die zur Verfügung gestellte Arbeitskraft zu verstehen. Man unterscheidet Zeit-, Leistungs-, Prämienlohn und Erfolgsbeteiligung.

1   Zeitlohn

Der Zeitlohn ist ein Arbeitsentgelt, das sich nach der Dauer der geleisteten Arbeitszeit bemißt. Beim Zeitlohn richtet sich der Verdienst des Arbeitnehmers allein nach seiner Anwesenheit im Betrieb; zur Arbeitsleistung besteht kein unmittelbarer Bezug. In der abgeleisteten Arbeitszeit wird jedoch eine bestimmte Normalleistung erwartet.

Bei **Arbeitern** wird die Anwesenheit in Stunden, Tagen oder Wochen bemessen (Stunden-, Tage- oder Wochenlohn). Die Lohnhöhe ist das Produkt aus geleisteten Zeiteinheiten (Anzahl der Stunden, Tage, Wochen) und dem Lohnsatz je Zeiteinheit. Bei **Angestellten** wird die Anwesenheit in Monaten bemessen, der Monatslohn wird als Gehalt bezeichnet.

2   Leistungslohn

Beim Leistungslohn, auch Akkordlohn genannt, wird die tatsächliche Leistung bezahlt. Als Grundlage für die Berechnung der Leistung gilt die tatsächliche produzierte Stückzahl, ohne Rücksicht auf die dafür benötigte Zeit. Die Berechnung des Leistungslohnes geht vom jeweils tariflichen **Stundenlohn** (= Grundlohn einer Lohngruppe) aus. Auf den Stundenlohn (Grundlohn) wird ein **Akkordzuschlag** hinzugerechnet, die Summe beider wird **Akkordrichtsatz** genannt.

> Akkordrichtsatz = Stundenlohn (Grundlohn) + Akkordzuschlag

Für einen Stundenlohn (Grundlohn) von 16,– DM und einen Akkordrichtsatz von 20% gilt:

　　　　Akkordzuschlag = 20% von 16,– DM Stundenlohn = 3,20 DM

　　　　Akkordrichtsatz = 16,– DM + 3,20 DM = <u>19,20 DM</u>

Man unterscheidet beim Akkordlohn den Stückgeldakkord und den Stückzeitakkord.

2.1　Stückgeldakkord

Beim **Stückgeldakkord** wird für jedes produzierte und einwandfreie Stück ein bestimmter Lohn bezahlt. Dieser Lohn für ein Stück wird **Stückgeld** oder **Stückgeldakkordsatz** genannt. Er ist vom Akkordrichtsatz und von der Normalleistung je Stunde abhängig.

$$\text{Stückgeldakkordsatz} = \frac{\text{Akkordrichtsatz}}{\text{Normalleistung je Stunde}}$$

Für einen Akkordrichtsatz von 19,20 DM und einer Normalleistung von 20 Stück je Stunde gilt:

$$\text{Stückgeldakkordsatz} = \frac{19{,}20\ \text{DM}}{20\ \text{Stück}} = \underline{\underline{0{,}96\ \text{DM/Stück}}}$$

2.2　Stückzeitakkord

Beim **Stückzeitakkord** wird für jedes produzierte und einwandfreie Stück eine vorher berechnete Zeit, die sogenannte Vorgabezeit, gutgeschrieben. Die Vorgabezeit für ein Stück nennt man den Stückzeitakkordsatz; dieser ist von der Normalleistung je Stunde abhängig und ergibt sich wie folgt:

$$\text{Stückzeitakkordsatz} = \frac{60\ \text{Minuten}}{\text{Normalleistung je Stunde}}$$

Für eine Normalleistung von 20 Stück je Stunde gilt:

$$\text{Stückzeitakkordsatz} = \frac{60\ \text{min}}{20\ \text{Stück}} = \underline{\underline{3\ \text{min/St}}}$$

Stellt ein Arbeiter in einer Stunde mehr als 20 Stück her, steigt sein Stundenlohn. Angenommen, er stellt 22 Stück her, so werden ihm 66 min gutgeschrieben, obwohl er nur 60 min gearbeitet hat.

Für jede Minute der Vorgabezeit bzw. des Akkordrichtsatzes ist ein bestimmter Geldbetrag festgelegt. Dieser Geldbetrag wird **Minutenfaktor** genannt. Er ist vom Akkordrichtsatz abhängig und drückt den Lohnbetrag je Minute aus.

$$\text{Minutenfaktor} = \frac{\text{Akkordrichtsatz}}{60\ \text{Minuten}}$$

Für einen Akkordrichtsatz von 19,20 DM gilt:

$$\text{Minutenfaktor} = \frac{19{,}20\ \text{DM}}{60\ \text{min}} = \underline{\underline{0{,}32\ \text{DM/min}}}$$

Um den Akkordlohn einfacher errechnen zu können, wird in der Industrie vielfach statt mit der üblichen 60-Minuten-Stunde mit einer 100-Minuten-Stunde gearbeitet. Werden die Stückzeiten auf der Basis einer 60- Minuten-Stunde ermittelt, spricht man von **Zeitminuten** (min); werden die Stückzeiten dagegen auf der Basis einer 100-Minuten-Stunde errechnet, spricht man von **Dezimalminuten** (min_{dez}). Bei Verwendung von Dezimalminuten ergibt sich natürlich ein anderer Stückzeitakkordsatz bzw. Minutenfaktor als bei Verwendung von Zeitminuten.

$$\text{Stückzeitakkordsatz} = \frac{100 \text{ min}_{dez}}{\text{Normalleistung je Stunde}}$$

Für eine Normalleistung von 20 Stück je Stunde ergibt sich:

$$\text{Stückzeitakkordsatz} = \frac{100 \text{ min}_{dez}}{20 \text{ Stück}} = 5 \text{ min}_{dez} / \text{St.}$$

$$\text{Minutenfaktor} = \frac{\text{Akkordrichtsatz}}{100 \text{ min}_{dez}}$$

Für einen Akkordrichtsatz von 19,20 DM gilt:

$$\text{Minutenfaktor} = \frac{19,20 \text{ DM}}{100 \text{ min}_{dez}} = 0,192 \text{ DM/min}_{dez}$$

Beide Formen des Akkordlohnes, also sowohl der Stückgeldakkord als auch der Stückzeitakkord können als Einzelakkordlohn oder als Gruppenakkordlohn auftreten. Beim **Einzelakkord** wird die Leistung des einzelnen Arbeiter bewertet und bezahlt. Beim **Gruppenakkord** wird die Leistung einer Gruppe von Arbeitern als Ganzes bewertet und bezahlt; hierbei gibt es unterschiedliche Verteilungsmaßstäbe: z. B. gleichmäßige Verteilung unter allen Arbeitern oder Verteilung nach Lohngruppen bzw. Leistungsfaktoren.

Die Entlohnung in der Form des Leistungslohnes ist nur bei bestimmten Arbeiten möglich. Für die **Leistungsentlohnung** müssen **folgende Voraussetzungen** möglich sein:

- der Arbeitsauftrag muß genau definiert sein und die Arbeitsgänge müssen festliegen;

- die Bearbeitungszeit des einzelnen Stückes oder eines Arbeitsvorganges muß auf Grund von Arbeitszeitstudien genau meßbar, d.h. die Normalleistung bestimmbar sein;

- das Arbeitstempo muß vom Arbeitenden beeinflußt werden können;

- die gleichen Arbeitsgänge müssen sich ständig wiederholen.

Der Leistungslohn soll dem Arbeitnehmer die Chance geben, durch Leistungssteigerung mehr verdienen zu können, wobei allerdings die Normalleistung objektiv festgesetzt sein muß. Sollte jedoch die Arbeitsleistung eines Arbeiters aus persönlichen Gründen sinken (z. B. nach einer Krankheit), ist ein Mindestlohn garantiert.

3   Prämienlohn

Der Prämienlohn ist teils Zeitlohn und teils Leistungslohn. Zum vereinbarten Zeitlohn tritt als zusätzliches Entgelt eine Prämie für erhöhte Leistungen. Die vielfältigen Arten von Prämien lassen sich in folgende Gruppen einteilen:

▷ **Mengenleistungsprämien** für die Unterschreitung von Vorgabezeiten, z. B. schnelle Erledigung eines Fertigungsauftrages;

▷ **Qualitätsprämien** für hohe Arbeitsqualität, z. B. Paßgenauigkeit bei Teilen, die später zusammengesetzt werden müssen, d. h. es wird weniger Nacharbeit erforderlich;

▷ **Nutzungsprämien** für optimalen Maschineneinsatz, z. B. für optimale Nutzung und Bedienung der Maschinen;

▷ **Ersparnisprämien**, für Materialeinsparung (möglichst wenig Ausschuß) oder Einsparung von Energie- und Werkzeugkosten.

4 Erfolgsbeteiligung

Erfolgsbeteiligung liegt vor, wenn die Arbeitnehmer an dem durch ihre Mitarbeit erzielten Erfolg des Betriebes beteiligt werden. Dabei werden folgende Arten unterschieden:

▷ **Umsatzbeteiligung**, z. B. bei Überschreitung eines geplanten Umsatzes;

▷ **Gewinnbeteiligung**, z. B. wird ein bestimmter Prozentsatz des Gewinns an die Arbeitnehmer ausbezahlt;

▷ **Kapitalbeteiligung**, in diesem Fall werden die Arbeitnehmer durch Ausgabe von Belegschaftsaktien bzw. Geschäftsanteilen am Kapital des Unternehmens beteiligt.

Mögliche Rechtsgrundlagen für Erfolgsbeteiligungen kann ein Tarifvertrag, eine Betriebsvereinbarung oder ein Individualarbeitsvertrag sein.

Arbeitsaufträge

1. Welche Entlohnungsformen unterscheidet man im Industriebetrieb?

2. Welche Bemessungsgrundlagen liegen dem Zeitlohn zugrunde?

3. Welche Zeiten sind Grundlage für die Lohnhöhe bei Arbeitern und bei Angestellten?

4. Welche Arten des Leistungslohnes gibt es in der Industrie?

5. Erklären Sie den Unterschied zwischen Stückgeldakkord und Stückzeitakkord.

6. Welche Angaben sind nötig, um

   a) den Akkordrichtsatz,

   b) den Stückgeldakkordsatz (das Stückgeld),

   c) den Stückzeitakkordsatz,

   d) den Minutenfaktor zu errechnen?

7. In der Industrie werden für die Berechnung der Bruttolöhne häufig Dezimalminuten verwendet. Was versteht man darunter und welche Vorteile erbringt diese Art der Berechnung gegenüber dem Rechnen mit Zeitminuten?

8. Welche Entlohnungsformen gibt es in Ihrem Ausbildungsbetrieb?

9. Was versteht man unter Einzel- und unter Gruppenakkord?

10. Nennen Sie die Voraussetzungen, unter denen die Entlohnung in der Form des Leistungslohnes überhaupt möglich ist.

11. Welche Vor- und Nachteile hat der Arbeitnehmer, wenn er für Leistungslohn arbeitet?

12. Welche Probleme sind mit der Entlohnung in der Form des Leistungslohnes für den Arbeitnehmer sowie für den Betrieb verbunden?

13. Nennen Sie mindestens zwei Formen von Prämienlöhnen, und erklären Sie diese.

14. Welche Formen der Erfolgsbeteiligung gibt es?

15. Welche Formen der Erfolgsbeteiligung gibt es in Ihrem Ausbildungsbetrieb?

16. Welche Tätigkeiten in Ihrem Ausbildungsbetrieb würden Sie

    a) in der Form des Zeitlohnes,

    b) in der Form des Leistungslohnes entlohnen?

    Nennen Sie jeweils mindestens drei Tätigkeiten.

17. Wählen Sie für den Fall, daß Ihr Ausbildungsbetrieb Leistungslöhne zahlt, eine solche Tätigkeit aus, die mit Leistungslohn entlohnt wird. Geben Sie für den ausgewählten Fall die Grundsätze an, mit denen die Normalleistung (je Stunde) festgelegt worden ist.

18. Angenommen, der Stundenlohn für eine Lohngruppe beträgt 15,– DM, der Akkordzuschlag 4,6% und die Normalleistung für eine Akkordtätigkeit 15 Stück je Stunden. Wieviel DM beträgt der Akkordrichtsatz sowie der Stückgeldakkordsatz (das Stückgeld)?

19. Angenommen, der Stundenlohn für eine Lohngruppe beträgt 17,50 DM, der Akkordzuschlag 6% und die Normalleistung 12 Stück je Stunden. Wieviel DM beträgt der Stückzeitakkordsatz

    a) bei Zeitminuten,

    b) bei Dezimalminuten?

> b)Wesentliche Inhalte der für die Lohn- und Gehaltsabrechnung im Ausbildungsbetrieb geltenden Tarifverträge und Betriebsvereinbarungen nennen

... auf einen Blick

► **Tarifverträge**
  ▷ Manteltarifvertrag
  ▷ Lohn- und Gehaltsrahmentarifvertrag
  ▷ Lohn- und Gehaltstarifvertrag
  ▷ Abkommen über die Ausbildungsvergütungen

► **Mögliche Betriebsvereinbarungen hinsichtlich der Löhne und Gehälter**
  ▷ Arbeits- und Schichtzeit
  ▷ Lohn- bzw. Arbeitswertgruppen
  ▷ Vorgabezeiten
  ▷ Durchschnittsverdienste der Akkordarbeiter
  ▷ Grundsätze zum Prämienlohn
  ▷ Ermittlung von Anerkennungsbeiträgen
  ▷ Verfahren und Zeitpunkt der Lohnzahlung
  ▷ Zahlung besonderer Sozialleistungen
  ▷ Form und Inhalt der Lohn- und Gehaltsabrechnung
  ▷ Sonderzahlungen
  ▷ Zusätzliche betriebliche Altersversorgung (Betriebsrente)

1   Tarifverträge

Tarifvertragliche Regelungen werden zwischen den Sozialpartnern, d.h. zwischen den Gewerkschaften einerseits und den Arbeitgeberverbänden andererseits, abgeschlossen. Sowohl die Gewerkschaften als auch die Arbeitgeberverbände sind fachlich, d.h. nach Branchen, organisiert (Fachprinzip).

Für die Lohn- und Gehaltsabrechnung bedeutsame Regelungen werden von den Sozialpartnern entweder im Rahmen

– eines Manteltarifvertrages,

– eines **Lohn- und Gehaltsrahmentarifvertrages** oder **eines Lohn- und Gehaltstarifvertrages**,
  auch **Lohn- und Gehaltsabkommens** genannt, vereinbart.

1.1 Manteltarifvertrag

Der Manteltarifvertrag enthält Regelungen, die für einen längeren Zeitraum, d. h. mehrere Jahre Gültigkeit haben. Hinsichtlich der Lohn- und Gehaltsabrechnung sind vor allem bedeutsam:

▷ Regelungen zur **Arbeitszeit**, wie Wochenarbeitszeit, Gestaltung der Teilzeitarbeit;

▷ Absprachen hinsichtlich verschiedener **Lohnzuschläge** für z. B. Mehr-, Schicht-, Nacht- oder Sonn- und Feiertagsarbeit;

▷ Regelungen für **Arbeitsausfall durch Betriebsstörungen**;

▷ Vereinbarung zur **Lohnfortzahlung bei Arbeitsunfähigkeit** infolge Krankheit;

▷ Vereinbarungen über die **Zahlungsweise**, d. h. wie das Arbeitsentgelt gezahlt werden soll (bar, unbar);

▷ Regelungen zum **Urlaubsentgelt**;

1.2 Lohn- und Gehaltsrahmentarifvertrag

Lohn- und Gehaltsrahmentarifverträge beinhalten Regelungen zu Löhnen und Gehältern. Sie werden wie die Manteltarifverträge ebenfalls für einen längeren Zeitraum, d. h. mehrere Jahre abgeschlossen.

▷ In **Lohnrahmentarifverträgen** werden z. B. festgelegt:

- die Bezeichnung der **Tarif- oder Lohngruppen**;

- die **Zuordnung** der Tätigkeit zu den Lohn- und Tarifgruppen;

- Grundsätze der **Arbeits- und Leistungsbewertung**;

- Regelungen über **Erschwerniszulagen** und **Leistungszulagen** sowie **Prämien**;

▷ In **Gehaltsrahmentarifverträgen** werden z. B. festgelegt:

- die Bezeichnung der **Gehaltsgruppen**, d.h. für kaufmännische Angestellte die Gehaltsgruppen K1 bis K6, für technische Angestellte die Gehaltsgruppen T1 bis T6 und für Meister die Gehaltsgruppen M1 bis M4 (vergl. folgende Abbildungen.)

- die verschiedenen **Leistungszulagen** z. B. für besonderen Arbeitseinsatz, für besondere Arbeitssorgfalt, für besondere Anwendung der beruflichen Kenntnisse sowie für gute Zusammenarbeit und personelle Wirksamkeit.

Die Sozialpartner der **chemischen Industrie** haben als erste die Arbeitsentgelte der Arbeiter und Angestellten zu einem „**Entgelttarif**" zusammengefaßt. Die Leistungsmerkmale der Arbeiter und Angestellten sind folglich vereinheitlicht worden.

Für **Auszubildende** gibt es ebenfalls „Manteltarifverträge". In der Eisen- Metall- und Elektroindustrie des Landes Hessen gilt z. B. das

Abkommen für Auszubildende in der Berufsausbildung. Es enthält u.a. Regelungen über die:

▷ **wöchentliche Ausbildungszeit** sowie grundsätzliches zu den Ausbildungsvergütungen,

▷ **Bezahlung** bei vorzeitiger oder verspäteter Ablegung der Prüfung,

▷ **Fortzahlung der Ausbildungsvergütung** infolge unverschuldeter Krankheit oder unverschuldeter Verhinderung,

▷ **Mehrarbeitsvergütung**, Akkord- und Prämienarbeit sowie Urlaubsentgelt.

1.3 Lohn- und Gehaltstarifvertrag

Der Lohn- und Gehaltstarifvertrag, auch Lohn- und Gehaltsabkommen genannt, legt unmittelbar die Vergütung für die Arbeitsleistung der Arbeiter und Angestellten fest.

Für Auszubildende werden entsprechende Abkommen über Ausbildungsvergütungen vereinbart.

Die Lohn- und Gehaltstarifverträge haben im allgemeinen eine Gültigkeitsdauer von 1 bis 3 Jahren.

▷ Im **Lohntarifvertrag (Lohnabkommen)** werden vor allem vereinbart:

- Der **Ecklohn** für Arbeiter. Er ist meist der Stundenlohn für „Arbeiten, deren Ausführung eine Lehre voraussetzen oder Fähigkeiten und Kenntnisse, die denen eines Facharbeiters gleichzusetzen sind." Der Ecklohn dient als Basis für die Berechnung der übrigen Tariflohnsätze, er allein wird in Lohnverhandlungen vereinbart. Der Ecklohn entspricht 100%.

- Der **Lohnschlüssel**. Er besteht aus einer Lohngruppenstaffel, bei der der Ecklohn 100% ist. Durch prozentuale Zu- oder Abschläge lassen sich die Tariflöhne für die übrigen Lohngruppen errechnen (Vergl. Abb. 63).

▷ Im **Gehaltsabkommen (Gehaltstarifvertrag)** werden vor allem vereinbart:

- Das **Eckgehalt** für Angestellte. Es ist meist das Gehalt eines 21- oder 23jährigen Angestellten in der Gehaltsgruppe K2, T2 bzw. M1. Das Eckgehalt dient als Basis für die Berechnung der übrigen Gehaltsgruppen. Nur das Eckgehalt allein wird in den Tarifverhandlungen vereinbart; es entspricht 100%.

- Der **Gehaltsschlüssel**. Er besteht aus einer Gehaltsgruppenstaffelung, bei der das Eckgehalt 100% ist. Durch prozentuale Zu- oder Abschläge lassen sich die Tarifgehälter für die übrigen Gehaltsgruppen errechnen (Vergl. Abb. 63).

§ 4
Gehaltsgruppen

Für die Einstufung in eine Gehaltsgruppe sind unter der Voraussetzung, daß die tariflich vorgesehenen Ausbildungsmerkmale vorliegen, allein die Tätigkeitsmerkmale maßgebend. Die bei den einzelnen Gehaltsgruppen aufgeführten Beispiele sind nicht erschöpfend und sollen lediglich einen Anhalt zur Eingruppierung bieten.

Wird von Angestellten die Beherrschung einer oder mehrerer Fremdsprachen in Wort und Schrift verlangt und sind diese Kenntnisse wesentlicher Bestandteil ihrer Tätigkeit, so sind sie im Rahmen der tätigkeitsmerkmale angemessen zu berücksichtigen.

Die in einzelnen Beispielen genannte Einarbeitungszeit ist hinsichtlich ihrer Dauer jeweils schriftlich zu vereinbaren.

Kaufmännische Angestellte
K 1
Tätigkeitsmerkmale:
Vorwiegend schematische Tätigkeiten
Hierunter fallen z.B.:
Aufnehmen und Übertragen von einfachen Texten durch Nachwuchskräfte in Anfangsstellung während der Einarbeitungszeit;
Abschreibarbeiten, schematische Rechen- und Übertragungsarbeiten;
Sortieren von Unterlagen und Ablegen von Schriftgut nach einfachen Ordnungsmerkmalen;
Vervielfältigungen einfacher Art;
Hilfstätigkeit bei der Postabfertigung und im Fernsprechverkehr;
Lochen, Prüfen von Lochkarten während der Einarbeitungszeit.

K 2a
Für die Einreihung in die Gruppe K 2a sind Kenntnisse und Fertigkeiten erforderlich, die
a) durch eine abgeschlossene Anlernausbildung oder
b) durch eine andere gleichwertige Ausbildung
erworben werden.

Tätigkeitsmerkmale:
Einfache Bürotätigkeiten
Hierunter fallen z.B.:
Aufnehmen und Übertragen einfacher, sich inhaltlich wiederholender Texte, für die entsprechende Kenntnisse in Kurzschrift und Maschinenschreiben erforderlich sind;
Herstellen von Fernsprechverbindungen im Orts- und Inlandsverkehr;
Registraturarbeiten nach Anweisung;
Vervielfältigen schwieriger Art;
Arbeiten in der Postabfertigung; einfache Fernschreibtätigkeit; Ausführen von einfachen Zuarbeiten in Buchhaltung, Lager, Rechnungs- und Kontrollwesen, in Werkstätten und auf Baustellen, im Personal- und Sozialwesen und in der allgemeinen Verwaltung;
Lochen, Prüfen von Lochkarten;
Bedienen von Ergänzungsmaschinen für die Datenverarbeitung ohne Schaltungen (Sortieren, Mischen, Doppeln, Lochschriftübersetzen u.ä.),
Bedienen von Datenverarbeitungsmaschinen in der Einarbeitungszeit.

Für die Einreihung in die Gruppen K 2 bis K 6 gelten folgende Ausbildungsmerkmale:
a) eine abgeschlossene Lehre oder
b) eine abgeschlossene Anlernausbildung mit nachfolgender einschlägiger mehrjähriger beruflicher Tätigkeit oder
c) eine die kaufmännische Ausbildung ersetzende - in der Regel nach Vollendung des 17. Lebensjahres zurückgelegte - einschlägige praktische kaufmännische Tätigkeit von mindestens 5 Jahren.

K 2
Tätigkeitsmerkmale:
Kaufmännische Tätigkeiten, die sich auf einfache Geschäftsvorgänge erstrecken.
Hierunter fallen z.B.:
Aufnahmen und formgerechtes Übertragen von Diktaten;
Herstellen von Fernsprechverbindungen im Orts-, Fern- und gelegentlich auch im Auslandsverkehr, die Erfahrungen und Fertigkeiten erfordern;

Rechnen- und Auflistungsarbeiten in Buchhaltung, Personal- und Sozialwesen, in allgemeiner Verwaltung, Lager-, Rechnungs- und Kontrollwesen sowie in Werkstätten und auf Baustellen; Bedienen von Buchungs- und Fakturiermaschinen oder Schreiben von Rechnungen und Versandpapieren nach vorbereiteten Unterlagen; einfache Tätigkeiten im Einkauf, im Verkauf;
Bedienen von Datenverarbeitungsmaschinen ohne Schalt- bzw. Programmiertätigkeit.

K 3
Tätigkeitsmerkmale:
Kaufmännische Tätigkeiten, die sich auf schwierigere Geschäftsvorgänge erstrecken und im allgemeinen Berufserfahrung erfordern.
Hierunter fallen z.B.:
Form- und stilgerechtes Schreiben nach Stichwortansagen, Aufnehmen und sicheres Wiedergeben schwieriger Texte;
Herstellen von Fernsprechverbindungen aller Art einschließlich Auslandsverkehr, die entsprechende Kenntnisse und langjährige Erfahrungen erfordern;
Tätigkeiten in Teilgebieten der Kalkulation und Statistik, des Einkaufs, des Verkaufs, des Versands, des Personal- und Sozialwesens und der allgemeinen Verwaltung;
Führen von Konten und Fakturieren;
Führen und Verwalten eines kleineren Lagers oder entsprechender Teilgebiete eines großen Lagers nach allgemeinen Anweisungen;
Bedienen von Datenverarbeitungsmaschinen mit Schalttätigkeit bzw. mit erforderlichen Grundkenntnissen im Programmieren.

K 4
Tätigkeitsmerkmale:
Kaufmännische Tätigkeiten, die sich auf die Bearbeitung schwieriger Geschäftsvorgänge erstrecken und die im Rahmen des übertragenen Aufgabengebietes selbständig ausgeführt werden.
Hierunter fallen z.B.:
Sekretariatstätigkeit in Vertrauensstellung;
qualifizierter Sachbearbeiter in der Vor- oder Nachkalkulation sowie Statistik und für Teilgebiete des Finanz- und Rechnungswesens, des Einkaufs, des Verkaufs, des Personal- und Sozialwesens und der allgemeinen Verwaltung;
Führen und Verwalten eines großen Lagers;
qualifizierter Sachbearbeiter im Versand, dessen Tätigkeit besondere Kenntnisse im Speditions- und Tarifwesen, der Zoll- und Versicherungsbestimmungen voraussetzt;
Einrichten von Datenverarbeitungsmaschinen für schwierige Schaltungen;
Ausarbeiten einfacher Programme für Datenverarbeitungsmaschinen.

K 5
Tätigkeitsmerkmale:
Kaufmännische Tätigkeiten, die selbständig ausgeführt werden und die im Rahmen des übertragenen Aufgabengebietes umfangreiche Spezialkenntnisse und praktische Erfahrungen erfordern.
Hierunter fallen z.B.:
Qualifizierter Sachbearbeiter im Finanz- und Rechnungswesen, im Ein- und Verkauf, Personal- und Sozialwesen und in der allgemeinen Verwaltung;
Bearbeiten von schwierigen Steuer- und Finanzfragen;
Ausarbeiten und Durchführen schwieriger Programme für die Datenverarbeitung.

K 6
Tätigkeitsmerkmale
Kaufmännische Tätigkeiten in besonders verantwortlicher Stellung
Hierunter fallen z.B.:
Tätigkeiten der Gruppe K 5, die den vorstehenden Tätigkeitsmerkmalen entsprechen.

Abb. 61: Gehaltsgruppen mit Tätigkeitsmerkmalen nach dem Gehaltsrahmentarifvertrag für Angestellte in der Eisen-, Metall- und Elektroindustrie des Landes Hessen vom 15. Januar 1982, in der Fassung vom 1. April 1990 (Fortsetzung nächste Seite)

Technische Angestellte

T 1
Tätigkeitsmerkmale:
Vorwiegend schematische Tätigkeiten
Hierunter fallen z.B.:
Ordnende Arbeiten nach einfachen Merkmalen.

T 2a
Für die Einreihung in die Gruppe T 2a sind Kenntnisse und Fertigkeiten erforderlich, die
a) durch eine abgeschlossene Anlernausbildung oder
b) durch eine andere gleichwertige Ausbildung
erworben werden.

Tätigkeitsmerkmale:
Einfache Tätigkeiten im technischen Bereich
Hierunter fallen z.B.:
Zeichnen von einfachen graphischen Darstellungen und Tabellen oder Einzelteilen nach Vorlage;
Zeichnen von Stromlaufplänen oder Schaltbildern nach eindeutiger Vorlage;
Erstellen von einfachen Stücklisten;
einfache Zuarbeiten in der Arbeitsvorbereitung;
Erledigen einfacher, sich wiederholender technischer Arbeiten in Labor und Prüffeld.

T 2
Für die Einreihung in die Gruppe T2 gelten folgende Ausbildungsmerkmale:
a) abgeschlossene, auch fachnahe gewerbliche Lehrzeit mit bestandener Prüfung oder gleichwertiger Vorbildung oder
b) abgeschlossene Anlernausbildung mit nachfolgender mehrjähriger Berufstätigkeit oder
c) eine mindestens 5jährige Berufsausübung als Angestellter - in der Regel - nach vollendetem 17. Lebensjahr oder mindestens als qualifizierter angelernter Arbeiter.

Tätigkeitsmerkmale:
Technische Tätigkeiten, die sich auf einfache Aufgaben erstrekken.
Hierunter fallen z.B.:
Anfertigen werkstattgerechter Zeichnungen von Einzelteilen oder von einfachen Gruppen- und Zusammenstellungszeichnungen;
Zeichnen von Stromlaufplänen, Schaltplänen oder Schaltbildern nach vorhandenen Unterlagen oder Vorlagen;
Erstellen von Stücklisten;
Ermitteln von Vorgabezeiten für einfache Arbeitsvorgänge;
einfache Aufgaben der Arbeitsplatzgestaltung oder der Arbeitsbewertung;
Erstellen von einfachen Fertigungsplänen nach Tabellen und vorbereiteten Unterlagen;
Durchführen von Untersuchungen und Messungen nach Anweisung in Betrieben, Laboratorien, Prüf- und Versuchsfeldern und dazugehöriges Aufzeichnen der Ergebnisse;
Erstellen von Angeboten und Erledigen von Aufträgen nach Listen und Katalogen; Überwachen von Fertigungsterminen.

Für die Einreihung in die Gruppen T 3 bis T 6 gelten folgende Ausbildungsmerkmale:
a) abgeschlossene Ausbildung auf einer behördlich anerkannten technischen Lehranstalt oder entsprechend anerkannte technische Abschlußprüfungen;
b) abgeschlossene, auch fachnahe gewerbliche Lehrzeit mit bestandener Prüfung und mehrjähriger Tätigkeit im Beruf;
c) bei technischen Angestellten ohne abgeschlossene Lehre genügt eine mindestens 5jährige Berufsausübung als qualifizierter angelernter Arbeiter - in der Regel - nach vollendetem 17. Lebensjahr. Außerdem ist das Vorliegen der Fähigkeiten und der dauernden Tätigkeit eines Angestellten in der jeweiligen Gruppe Voraussetzung.

T 3
Tätigkeitsmerkmale:
Technische Tätigkeiten, die sich auf umgrenzte Aufgaben erstrecken, die gründliche Fachkenntnisse im Beruf voraussetzen und zu einer sachgemäßen Erledigung entsprechend eingehender Anweisung bedürfen.
Hierunter fallen z.B.:
Anfertigen schwieriger technischer Zeichnungen nach Entwurfsskizzen oder Anweisungen ohne Konstruktionstätigkeit;
Ausarbeiten von Stromlaufplänen, Schaltplänen oder Schaltbildern nach Anweisung;
Ausarbeiten von umfangreichen Stücklisten;
Konstruieren und Berechnen von Einzelteilen, Werkzeugen oder Vorrichtungen einfacher Art,
Ermitteln von Vorgabezeiten für schwierige Arbeitsvorgänge;
schwierige Aufgaben der Arbeitsplatzgestaltung oder der Arbeitsbewertung;
Erstellen von Fertigungsplänen nach Zeichnungen und Unterlagen;
Einzeldisposition der Arbeitsverteilung und Fertigungstermine;
Ausführen betriebsüblicher Untersuchungen in Betrieben, Laboratorien, Entwicklungsabteilungen, Prüf- und Versuchsfeldern und Erstellen der dazugehörigen Berichte;
Bearbeiten von Angeboten oder Aufträgen unter Verwendung vorgegebener technischer Daten;
Beraten in einfachen technischen Fragen einschließlich der Führung sich daraus ergebender Verkaufsgespräche und Bearbeiten von Beanstandungen;
Erledigen umgrenzter Aufgaben auf dem Gebiet der Unfallverhütung:
Feststellen von Unfallhergängen und Erstellen der erforderlichen Meldungen und Berichte nach Anweisung.

T 4
Tätigkeitsmerkmale:
Technische Tätigkeiten, die sich auf die Bearbeitung schwieriger Aufgaben erstrecken und die im Rahmen des übertragenen Aufgabengebietes selbständig ausgeführt werden.
Hierunter fallen z.B.:
Anfertigen von Konstruktionsarbeiten und Berechnungen einfachen bis mittleren Schwierigkeitsgrades von Maschinen, Getrieben, Armaturen und Apparaten nach allgemeinen Angaben und gegebenen Unterlagen;
Entwerfen und Berechnen von schwierigen Stromlaufplänen, Schaltplänen oder Schaltbildern;
Konstruieren und Berechnen von Vorrichtungen und Werkzeugen nach allgemeinen Angaben und gegebenen Unterlagen;
Ermitteln von Vorgabezeiten für schwierige Arbeitsvorgänge;
schwierige Aufgaben der Arbeitsplatzgestaltung oder der Arbeitsbewertung;
Erstellen von schwierigen Fertigungsplänen nach Zeichnungen oder entsprechenden Fertigungsunterlagen;
Steuern und Zusammenfassen von Arbeitsabläufen in einem umgrenzten Fertigungsbereich;
Aufbauen und Durchführen von schwierigen Untersuchungen oder umgrenzter Entwicklungsarbeiten in Betrieben, Laboratorien, Entwicklungsabteilungen, Prüf- und Versuchsfeldern und Auswerten von einfachen Prüfberichten;
Beraten in schwierigen technischen Fragen einschließlich der Führung sich daraus ergebender Verkaufsverhandlungen nach Anweisungen und Bearbeiten von Beanstandungen;
Ausarbeiten schwieriger Angebotsunterlagen oder Bearbeiten entsprechender Aufträge;
Durchführen von Sicherheitsinspektionen und Überwachen der Sicherheits- und Unfallverhütungsvorschriften in einem sachlich oder räumlich umgrenzten Bereich.

Abb. 61: Gehaltsgruppen mit Tätigkeitsmerkmalen nach dem Gehaltsrahmentarifvertrag für Angestellte in der Eisen-, Metall- und Elektroindustrie des Landes Hessen vom 15. Januar 1982, in der Fassung vom 1. April 1990 (Fortsetzung nächste Seite)

T 5

Tätigkeitsmerkmale:

Technische Tätigkeiten, die selbständig ausgeführt werden und die im Rahmen des übertragenen Aufgabengebietes umfangreiche Spezialkenntnisse und praktische Erfahrungen erfordern.

Hierunter fallen z.B.:

Ausführen von Entwürfen, Konstruktionen und Berechnungen schwieriger Art von Maschinen, Anlagen oder wesentlichen Teilen von Anlagen;

Ausführen von komplizierten Stromlaufplänen, Schaltplänen oder Schaltbildern;

Erstellen von schwierigen, umfangreichen oder verschiedenartigen Fertigungsplänen nach Zeichnungen oder entsprechenden Fertigungsunterlagen;

Steuern und Zusammenfassen von Arbeitsabläufen in größeren Fertigungsbereichen;

Aufbauen und Durchführen von schwierigen Untersuchungen oder Entwicklungsarbeiten in Betrieben, Laboratorien, Entwicklungsabteilungen, Prüf- und Versuchsfeldern und Auswerten von Prüfberichten;

Beraten in schwierigen technischen Fragen einschließlich der Führung sich daraus ergebender Verkaufsverhandlungen und Bearbeiten von Beanstandungen;

Ausarbeiten schwieriger und umfangreicher Angebotsunterlagen oder Bearbeiten entsprechender Aufträge;

technische Vorkalkulation schwieriger oder umfangreicher Projekte; Durchführen von Sicherheitsinspektionen und Überwachen der Sicherheits- und Unfallverhütungsvorschriften in einem größeren Bereich.

T 6

Tätigkeitsmerkmale:

Technische Tätigkeiten in besonders verantwortlicher Stellung

Hierunter fallen z.B.:

Ausführen von Entwürfen und Konstruktionen komplizierter Art von Maschinen, Anlagen oder wesentlichen Teilen von großen Anlagen;

Planen und Durchführen schwieriger, umfassender oder neuartiger Prüfungen und Versuche oder Entwerfen und Aufbauen von schwierigen Prüf- und Versuchseinrichtungen;

Steuern und Zusammenfassen von Arbeitsabläufen in großen Fertigungsbereichen;

Planen, Entwerfen und Ausarbeiten schwieriger und umfangreicher Anlagen zu Angebotszwecken oder für Bearbeitung entsprechender Aufträge.

Meister
M1

Tätigkeitsmerkmale:

Beaufsichtigungs- und Anweisungsbefugnis für eine Gruppe von Arbeitnehmern außerhalb der Fertigung und handwerklichen Tätigkeit des Betriebes

Hierunter fallen z.B.:

Platzmeister, Wiegemeister, Lagermeister und Meister mit entsprechenden Funktionen.

M 2

Für die Einreihung in die Gruppe M2 gelten folgende Ausbildungsmerkmale:

a) abgeschlossene Lehre oder

b) eine entsprechende Berufserfahrung die befähigt, die Tätigkeitsmerkmale dieser Gruppe zu erfüllen.

Tätigkeitsmerkmale:

Anordnungs- und Aufsichtsbefugnis mit fachlicher Verantwortung für eine Gruppe von Arbeitnehmern oder unterstützende Tätigkeit für Abteilungsmeister

M 3

Für die Einreihung in die Gruppe M 3 gelten folgende Ausbildungsmerkmale:

a) abgeschlossene Lehre und Meisterprüfung oder

b) abgeschlossene Lehre mit Berufserfahrung als Meister oder

c) ohne abgeschlossene Lehre mit langjähriger Berufserfahrung als Meister.

Tätigkeitsmerkmale:

Anordnungs- und Aufsichtsbefugnis mit Verantwortung für eine Betriebsabteilung oder Werkstatt, in denen Facharbeiter beschäftigt werden.

Anordnungs- und Aufsichtsbefugnis mit Verantwortung für eine Betriebsabteilung oder Werkstatt, in denen keine Facharbeiter beschäftigt werden, die jedoch wegen ihrer Größe oder Bedeutung für die Produktion gleichwertig sind.

M 4

Für die Einreihung in die Gruppe M4 gelten folgende Ausbildungsmerkmale:

a) abgeschlossene Lehre und Meisterprüfung oder

b) abgeschlossene Lehre mit Berufserfahrung als Meister der Gruppe M 3 oder

c) ohne abgeschlossene Lehre mit langjähriger Berufserfahrung als Meister der Gruppe M 3.

Tätigkeitsmerkmale:

Anordnungs- und Aufsichtsbefugnis über mehrere Meister oder Meister in einem schwierigen und verantwortungsvollen Aufgaben- und Aufsichtsbereich, deren Tätigkeit besondere Umsicht und organisatorische Fähigkeiten bei häufig wechselnden Aufgaben erfordert.

Die Anwendung der analytischen Arbeitsbewertung abweichend von den genannten Gehaltsgruppen ist zulässig. Die Tarifvertragsparteien sind vor der Einführung rechtzeitig, d.h. spätestens bei Beginn der Gespräche zwischen Geschäftsleitung und Betriebsrat, zu unterrichten und beratend einzuschalten. Die über die analytische Arbeitsbewertung abzuschließende Betriebsvereinbarung bedarf vor Inkrafttreten der schriftlichen Zustimmung der Tarifvertragsparteien.

Abb. 61: Gehaltsgruppen mit Tätigkeitsmerkmalen nach dem Gehaltsrahmentarifvertrag für Angestellte in der Eisen-, Metall- und Elektroindustrie des Landes Hessen vom 15. Januar 1982, in der Fassung vom 1. April 1990 (Schluß)

---

§ 2
Lohnschlüssel

1. Die Tarifparteien vereinbaren einen Ecklohn, aus dem sich -gemäß den nachfolgenden Staffeln - die Grundlöhne errechnen.
2. Ecklohn ist der Lohn der Lohngruppe 6 für Arbeiter.

Lohngruppenstaffel

Lohngruppe 2	84 %	Lohngruppe 6	100%
Lohngruppe 3	86,25%	Lohngruppe 7	110%
Lohngruppe 4	88,5 %	Lohngruppe 8	120%
Lohngruppe 5	93,5 %	Lohngruppe 9	133%

§ 3
Tariflöhne

1. Für Zeit-, Akkord- und Prämienlohnarbeiter wird der Grundlohn (Ecklohn) mit Wirkung ab

1. April 1992 auf DM 16,25
1. April 1993 auf DM 17,20

festgesetzt.

Die übrigen Löhne werden nach dem in § 2 genannten Lohnschlüssel errechnet und sind in der Tabelle festgelegt, die Bestandteil dieses Lohnabkommens ist.

2. Bisher einzelvertraglich vereinbarte Zulagen auf die Tariflöhne werden im übrigen von diesem Abkommen nicht berührt.

Abb. 62: Lohngruppenstaffel und Tarifgehälter aus dem Lohnabkommen für die Eisen-, Metall- und Elektroindustrie des Landes Hessen vom 1. April 1992 (§§ 2 und 3)

---

§ 2
Gehaltsschlüssel

Die Tarifparteien vereinbaren ein Eckgehalt, aus dem die Tarifgehälter - gemäß dem nachstehenden Gehaltsschlüssel - errechnet werden. Eckgehalt ist jeweils das Gehalt des kaufmännischen und technischen Angestellten der Gehaltsgruppe K2 beziehungsweise T 2 nach vollendetem 23. Lebensjahr beziehungsweise T 2 nach vollendetem 23. Lebensjahr beziehungsweise das Gehalt des Meisters der Gehaltsgruppe M 1
Es gilt der folgende Gehaltsschlüssel.

Angestellte	kaufmännische	technische
	(in Prozent des Eckgehaltes)	

I. Ohne Berufsausbildung
K 1/T 1

		kaufm.	techn.
bis zum vollendetem	26. Lebensjahr	80	80
nach vollendetem	26. Lebensjahr	90	90
nach vollendetem	28. Lebensjahr	100	100

II. mit Anlernausbildung oder ihnen tariflichen Gleichgestellte
K 2a/T 2a

bis zum vollendeten	23. Lebensjahr	85	85
nach vollendetem	23. Lebensjahr	95	95
nach vollendetem	26. Lebensjahr	110	110
nach vollendetem	28. Lebensjahr	120	120

III. Mit Berufsausbildung oder ihnen tariflichen Gleichgestellte
K 2/T 2

bis zum vollendeten	23. Lebensjahr	90	90
nach vollendetem	23. Lebensjahr (Eckgehalt)	100	100
nach vollendetem	26. Lebensjahr	110	110
nach vollendetem	28. Lebensjahr	120	120

K 3/T 3

bis zum vollendeten	23. Lebensjahr	100	110
nach vollendetem	23. Lebensjahr	110	120
nach vollendetem	26. Lebensjahr	125	135
nach vollendetem	28. Lebensjahr	140	150

K 4/T 4

bis zum vollendeten	26. Lebensjahr	125	130
nach vollendetem	26. Lebensjahr	145	150
nach vollendetem	28. Lebensjahr	165	175

K 5/T 5

bis zum vollendetem	28. Lebensjahr	165	175
nach vollendetem	28. Lebensjahr	190	200

K 6/T 6

bis zum vollendetem	28. Lebensjahr	200	210
nach vollendetem	28. Lebensjahr	220	230

Meister

M 1	100	(Eckgehalt)
M 2	120	
M 3	140	
M 4	160	

§ 3
Tarifgehälter

1. Die Eckgehälter werden wie folgt festgesetzt:

	ab 1.4.1992	ab 1.4.1993
a) Kaufmännische und technische Angestellte (Gehaltsgruppen K 2 und T 2 nach vollendetem 23. Lebensjahr)	2 257,– DM	2 325,– DM
b) Meister (Gehaltsgruppe M 1)	3 000,– DM	3 090,– DM

Die übrigen Gehaltssätze werden nach dem in § 2 genannten Gehaltsschlüssel errechnet und sind aus den nachstehenden Gehaltstabellen ersichtlich, die Bestandteile dieses Gehaltsabkommens sind.

2. Bei der Errechnung der Gehaltssätze werden Bruchteile von DM-Beträgen bis einschließlich 0,49 DM nach unten, ab 0,50 DM nach oben auf volle DM-Beträge ab- beziehungsweise aufgerundet.

3. Angestellte mit einer regelmäßigen wöchentlichen Arbeitszeit von 37 Stunden (ab 1. April 1993: 36 Stunden, ab 1. Oktober 1995: 35 Stunden) erhalten das Tarifgehalt gemäß der diesem Abkommen beigefügten Gehaltstabellen.

Angestellte, deren individuelle regelmäßige Wochenarbeitszeit von der tariflichen wöchentlichen Arbeitszeit von 37 Stunden - ab 1. April 1993: 36 Stunden - ab 1. Oktober 1995: 35 Stunden - abweicht, erhalten ein Tarifgehalt, das nach folgender Formel ermittelt wird:

$$\frac{\text{Tarifgehalt gemäß Gehaltstarifvertrag} \times \text{vereinbarte wöchentliche Arbeitszeit}}{37 \text{ Stunden (ab 1. April 1993: 36 Stunden; ab 1. Oktober 1995: 35 Stunden)}} = \text{Tarifgehalt}$$

4. Bisher einzelvertraglich vereinbarte Zulagen auf die Tarifgehälter werden im übrigen von diesem Abkommen nicht berührt.

Abb. 63: Gehaltsgruppenstaffel und Tarifgehälter aus dem Gehaltsabkommen für die Eisen-, Metall- und Elektroindustrie des Landes Hessen vom 1. April 1992 (§§ 2 und 3)

1.4　Abkommen über die Ausbildungsvergütungen

In diesem Abkommen werden die Ausbildungsvergütungen für die einzelnen Ausbildungsjahre vereinbart.

---

§ 2 Ausbildungsvergütungen

Die Ausbildungsvergütungen betragen monatlich im

	ab 1.4.93		ab 1.4.93
1. Ausbildungsjahr .... DM	985,–	3. Ausbildungsjahr .... DM　1 122,–
2. Ausbildungsjahr .... DM	1 041,–	4. Ausbildungsjahr .... DM　1 167,–

Abb. 64: Auszug aus dem Abkommen über Ausbildungsvergütungen für die Eisen-, Metall- und Elektroindustrie des Landes Hessen, gültig ab 1. April 1992

2　Mögliche Betriebsvereinbarungen hinsichtlich der Löhne und Gehälter

Eine Betriebsvereinbarung ist ein Abkommen zwischen dem Arbeitgeber (Geschäftsleitung, Vorstand) und dem Betriebsrat. Hinsichtlich der Lohn- und Gehaltsabrechnung können im Rahmen einer Betriebsvereinbarung folgende Regelungen getroffen werden:

▷ Beginn und Ende der täglichen **Arbeits- und Schichtzeit**;

▷ Änderungen bestehender Akkorde sowie Ein- und Umgruppierungen in **Lohn- bzw. Arbeitswertgruppen**;

▷ Festsetzung von **Vorgabezeiten** auf Grund neuer oder veränderter Arbeitsmethoden;

▷ Berechnung der **Durchschnittsverdienste der Akkordarbeiter**;

▷ **Grundsätze** bei Einführung von **Prämienlöhnen**;

▷ Verfahren zur **Ermittlung von Anerkennungsbeträgen** für besondere Leistungen;

▷ **Verfahren und Zeitpunkt der Lohnzahlung**;

▷ **Zahlung von besonderen Sozialleistungen**, soweit sie über die gesetzlichen oder tarifvertraglichen Sozialleistungen hinausgehen;

▷ **Form und Inhalt der Lohn- und Gehaltsabrechnungen**;

▷ Voraussetzung, Höhe und Zeitpunkt für **Sonderzahlungen, wie Weihnachts- bzw. Urlaubsgeld** oder **Gewinn- bzw. Erfolgsbeteiligung**, soweit sie über gesetzliche oder tarifvertragliche Regelungen hinausgehen;

▷ **Zusätzliche betriebliche Altersversorgung** (Betriebsrente).

Arbeitsaufträge

1. Welches sind die Sozialpartner in der Bundesrepublik Deutschland?

2. Welchen Gewerkschaften gehören die Arbeitnehmer Ihres Ausbildungsbetriebes an?

3. Welchem Arbeitgeberverband gehört Ihr Ausbildungsbetrieb an?

4. Welche Tarifvertragsarten gibt es und wodurch unterscheiden sich diese?

5. Nennen Sie mindestens 3 Regelungen des für Ihren Ausbildungsbetrieb gültigen Manteltarifvertrages, die die Löhne und Gehälter betreffen.

6. Nennen Sie mindestens 3 Regelungen des für Ihren Ausbildungsbetrieb gültigen Lohn- und Gehaltstarifvertrages.

7. Für welche besonderen Leistungen werden Leistungszulagen in Ihrem Ausbildungsbetrieb gezahlt?

8. Welche Gehaltsgruppen unterscheidet der für Ihren Ausbildungsbetrieb gültige Tarifvertrag?

9. Was versteht man unter Ecklohn und Eckgehalt?

10. Welcher Ecklohn und welches Eckgehalt gelten zur Zeit für Ihren Ausbildungsbetrieb?

11. Nach welchem Prinzip werden die tariflichen Stundenlöhne für die einzelnen Lohngruppen, vom Ecklohn ausgehend, berechnet?

12. Wer sind die Vertragspartner einer Betriebsvereinbarung?

13. Nennen Sie mindestens 3 Regelungen aus Ihrem Ausbildungsbetrieb, die die Löhne und Gehälter betreffen und die aufgrund einer Betriebsvereinbarung getroffen wurden.

c) Bruttolohn ermitteln

... auf einen Blick

► **Bruttolohn**

► **Ermitteln des Arbeitsentgeltes**
  ▷ Monatsgehalt
  ▷ Monatslohn mit Stundenlohn
  ▷ Monatslohn mit Akkordlohn

► **Ermitteln der Zulagen bzw. Zuschläge**

1   Bruttolohn

Der Bruttolohn ist die Summe aller Beträge, die dem Arbeitnehmer aufgrund des Dienst- bzw. Arbeitsverhältnisses vertraglich, tariflich oder gesetzlich zusteht. Hauptbestandteil des Bruttolohnes ist das Entgelt für die Arbeitsleistung. Dieses Arbeitsentgelt kann jedoch noch durch verschiedene Zulagen und Zuschläge erhöht werden.

Arbeitsentgelt

+   tarifliche, betriebsvereinbarungsgemäße oder einzelvertragliche Zulagen bzw. Zuschläge

+   freiwillige Zulagen bzw. Zuschläge

=   **Bruttolohn**

2   Ermitteln des Arbeitsentgeltes

Je nach vereinbarter Lohnform (Zeit- oder Leistungslohn) wird das Arbeitsentgelt unterschiedlich berechnet.

2.1 Monatsgehalt

Ist ein Monatsgehalt mit einem Angestellten vereinbart worden, entspricht der tariflich oder vertraglich vereinbarte Betrag dem Arbeitsentgelt. Es ist, unabhängig von den jeweiligen Arbeitstagen bzw. Arbeitsstunden im Monat, stets gleich hoch. Die Höhe des Monatsgehalts ist von der Art der Tätigkeit und vom Alter abhängig (siehe Gehaltsschlüssel).

Zahlt ein Betrieb mehr Gehalt als in den Tarifverträgen vereinbart wurde, spricht man von einem **übertariflichen** Lohn. Die übertarifliche Entlohnung darf nicht mit dem außertariflichen Lohn verwechselt werden. **Außertariflichen** Lohn erhalten Mitarbeiter, deren Tätigkeiten über die Qualitätsmerkmale oder Anforderungen der Tarifverträge hinausgehen und die folglich ein höheres Gehalt beziehen als für die höchste Gehaltsgruppe im Tarifvertrag vereinbart wurde. Außertarifliche Gehälter werden mit leitenden Angestellten oder wissenschaftlichen Mitarbeitern vereinbart.

2.2 Monatslohn mit Stundenlohn

Ist Stundenlohn mit einem Mitarbeiter vereinbart worden, ergibt sich das Arbeitsentgelt wie folgt:

Anzahl der geleisteten Stunden im Abrechnungsmonat	x	Stundensatz	=	Arbeitsentgelt im Abrechnungsmonat

Sind in einem Abrechnungsmonat gesetzliche Feiertage, Krankheitstage oder Urlaubstage enthalten, so werden diese wie geleistete Stunden behandelt. Die tatsächlich geleisteten Arbeitsstunden werden mit Hilfe von Zeiterfassungsgeräten oder durch Anwesenheitslisten festgestellt. Der Stundensatz ist von der Lohngruppe abhängig, in der der Arbeiter eingestuft ist.

Beispiel:

Ein Fräser erhält pro Arbeitsstunde 14,80 DM. Er hat im Abrechnungsmonat 22 Arbeitstage zu je 7,5 Stunden gearbeitet. Wieviel DM beträgt sein Arbeitsentgelt?

$$22 \text{ Arbeitstage} \quad x \quad 7,5 \text{ Stunden} \quad x \quad 14,80 \text{ DM} \quad = \quad \underline{2\,442,- \text{ DM}}$$

2.3 Monatslohn mit Akkordlohn

Ist Akkordlohn mit einem Arbeiter vereinbart worden, hängt die Höhe seines monatlichen Arbeitsentgelts von seiner tatsächlich geleisteten Arbeit ab. Das monatliche Arbeitsentgelt kann entweder mit Stückgeldakkord oder mit Stückzeitakkord ermittelt werden.

Das Ermitteln des Arbeitsentgelts mit Akkordlohn soll an folgendem **Beispiel** erläutert werden:

Der Stundenlohn für einen Dreher beträgt 16,- DM je Stunde, der Akkordzuschlag 20%; die Normalleistung je Stunde beträgt 20 Stück. Im Monat März hat der Dreher 3 485 Drehteile gleicher Bauart gefertigt. Wieviel DM Arbeitsentgelt stehen ihm zu?

▷ **Ermitteln des Arbeitsentgelts mit Stückgeldakkord**

1. Ermitteln des Akkordrichtsatzes:

    Akkordrichtsatz = Grundlohn + Akkordzuschlag

    Akkordrichtsat = 16,- DM + 3,20 DM = 19,20 DM

2. Ermitteln des Stückgeldakkordsatzes:

$$\text{Stückgeldakkordsatz} \quad = \quad \frac{\text{Akkordrichtsatz}}{\text{Normalleistung je Stunde}}$$

$$\text{Stückgeldakkordsatz} \quad = \quad \frac{19,20 \text{ DM}}{20 \text{ Stück}} \quad = \quad 0,96 \text{ DM/Stück}$$

3. Ermitteln des Arbeitsentgelts:

    Arbeitsentgelt = Stückgeldakkordsatz x Stückzahl

    Arbeitsentgelt = 0,96 DM/Stück x 3 485 = $\underline{3\,345,60 \text{ DM}}$

▷ **Ermitteln des Arbeitsentgelts mit Stückzeitakkord**

Berechnung in Zeitminuten: Berechnung in Dezimalminuten:

1. Ermitteln des Stückzeitakkordsatzes:

$$\text{Zeitakkordsatz} \quad = \quad \frac{60 \text{ Minuten}}{\text{Normalleistung / Stunde}} \quad = \quad \frac{100 \text{ Minuten}}{\text{Normalleistung / Stunde}}$$

$$\text{Stückzeitakkordsatz} = \frac{60 \text{ min}}{20 \text{ Stück}} = 3,- \text{ DM/St.} = \frac{100 \text{ min}}{20 \text{ Stück}} = 5,- \text{ DM/St.}$$

2. Ermitteln des Akkordrichtsatzes:

    Akkordrichtsatz = Grundlohn + Akkordzuschlag

    Akkordrichtsatz = 16,- DM + 3,20 DM (20% von 16 DM) = 19,20 DM

3. Ermitteln des Minutenfaktors:

$$\text{Minutenfaktor} = \frac{\text{Akkordrichtsatz}}{60 \text{ Minuten}} = \frac{\text{Akkordrichtsatz}}{100 \text{ Minuten}}$$

$$\text{Minutenfaktor} = \frac{19,20 \text{ DM/St.}}{60 \text{ min}} = 0,32 \text{ DM / min} = \frac{19,20 \text{ DM/St.}}{100 \text{ min}} = 0,192 \text{ DM / min}$$

4. Ermitteln des Arbeitsentgeltes:

$$\text{Arbeitsentgelt} = \text{Zeitakkordsatz} \cdot \text{Stück} \cdot \text{Minutenfaktor}$$

Arbeitsentgelt $= 3,– \text{ DM} \cdot 3485 \text{ St.} \cdot 0,32 \text{ DM}; = 5 \text{ DM} \cdot 3485 \text{ St.} \cdot 0,192 \text{ DM}$

            $= \underline{\underline{3\,345,60 \text{ DM}}}$ $= \underline{\underline{3\,345,60 \text{ DM}}}$

3   Ermitteln der Zulagen bzw. Zuschläge

Art und Höhe der Zulagen bzw. Zuschläge sind entweder den Tarifverträgen, den Betriebsvereinbarungen oder dem Einzelarbeitsvertrag zu entnehmen. Häufig kommen u. a. folgende Zulagen bzw. Zuschläge vor für Mehrarbeit (Überstunden), Schicht-, Nacht-, Sonntags- und Feiertagsarbeit, Erschwerniszuschlag, Auslösungen bei auswärtiger Tätigkeit, Berufskleidung, vermögenswirksame Leistungen des Arbeitgebers, Kontoführungsgebühren.

---

§ 6
Zuschläge

1. Der Zuschlag beträgt bei
   a) Mehrarbeit
      – für die 1. – 6. Mehrarbeitsstunde pro Woche   25%
      – für die 7. und 8. Mehrarbeitsstunde pro Woche   40%
      – ab der 9. Mehrarbeitsstunde pro Woche   50%
   b) Spätschichtarbeit im Rahmen von Wechselschichtarbeit
      – für die volle Spätschicht   10%
      Der Zuschlag für Spätschichtarbeit ab 20.00 Uhr wird als Zuschlag für Nachtarbeit (§ 4 Ziff. 4) gezahlt.
   c) Nachtarbeit
      – für regelmäßige Nachtarbeit   25%
      – für den Fall, daß die Ansagefrist (§ 4 Ziff. 4 Abs. 2) nicht eingehalten werden kann, ist für die erste Nacht ein Zuschlag zu zahlen von   50%
      – für Nachtschichtarbeit im Rahmen von Wechselschichtarbeit (§ 4 Ziff. 3 Abs. 3) – für die volle Nachschicht (§ 4 Ziff. 4 Abs. 1) –   25%
      – für Nachtarbeit - einschließlich Nachtschichtarbeit – die zugleich Mehrarbeit von der 1. – 6. Stunde pro Woche ist   40%
      – für unregelmäßige Nachtarbeit und Nachtarbeit – einschließlich Nachtschichtarbeit - die zugleich Mehrarbeit ab der 7. Stunde pro Woche ist   50%

d) Sonntags- und Feiertagsarbeit
   – für Sonntagsarbeit und für Arbeiten am 24. und 31. Dezember ab 14.00 Uhr   70%
   – für Arbeiten an gesetzlichen Feiertagen, an denen keine Arbeit ausfällt sowie am 24. und 31. Dezember ab 20.00 Uhr   100%
   – für Arbeiten an gesetzlichen Feiertagen, an denen Arbeit ausfällt   150%

2. Für die Berechnung der Zuschläge ist der regelmäßige Arbeitsverdienst (vgl. § 25) zugrunde zu legen.
   Angestellte erhalten außer dem laufenden Gehalt für jede geleistete Mehrarbeitsstunde den regelmäßigen Arbeitsverdienst (§ 25) zuzüglich der in Ziff. 1 festgelegten Zuschläge.

3. Beim Zusammentreffen mehrerer Zuschläge ist nur ein Zuschlag, und zwar der höhere, zu zahlen.

4. Wird ein Arbeitnehmer stundenweise an sonst arbeitsfreien Tagen zur Arbeit herangezogen, so sind ihm mindestens 3 Arbeitsstunden zu vergüten.

5. Eine monatliche pauschale Abgeltung von Mehrarbeit für **Angestellte** kann in besonderen Fällen vereinbart werden; die Pauschale hat der durchschnittlichen Mehrarbeitsleistung zu entsprechen und ist bei der Gehaltsabrechnung gesondert auszuweisen. Entsprechendes gilt für Pauschalabgeltungen von Zuschlägen für Schicht-, Sonntags- und Feiertagsarbeit.

Abb. 65: § 6 des Manteltarifvertrages für Arbeiter und Angestellte in der Eisen-, Metall- und Elektroindustrie des Landes Hessen in der Fassung vom 1.4.90

Weitere Zulagen bzw. Zuschläge sind Jahressonderzahlungen wie Weihnachtsgratifikationen, Urlaubsgeld, Gewinnbeteiligung, Jubiläumszuwendungen usw. Sie sind teils freiwillige teils tarifvertraglich vereinbarte Zuwendungen oder auf Grund von Betriebsvereinbarungen zu zahlen.

Arbeitsaufträge

1. Aus welchen Bestandteilen setzt sich der Bruttolohn zusammen?

2. Welcher Unterschied besteht zwischen dem übertariflichen und außertariflichen Arbeitsentgelt?

3. Ein kaufmännischer Angestellter ist 38 Jahre alt und in K 5 einstuft (vgl. Gehaltsstaffel und Tarifgehalt in Abschnitt 3.6 b). Wieviel DM Arbeitsentgelt stehen dem Angestellten zu?

4. Die Stechkarte eines Arbeiters weist folgende Angaben aus:

43. Kalenderwoche	Arbeitsbeginn	Arbeitsende
Montag	7.05 Uhr	16.53 Uhr
Dienstag	6.57 Uhr	16.04 Uhr
Mittwoch (Feiertag)	0.00 Uhr	00.00 Uhr
Donnerstag	6.52 Uhr	16.13 Uhr
Freitag	6.58 Uhr	15.48 Uhr

Die tägliche Arbeitszeit beträgt 8 Stunden und die Pausenzeiten zusammen täglich 1 Stunde. Arbeitsbeginn ist 7.00 Uhr, Arbeitsende ist 16.00 Uhr. Gestochene Zeiten vor Arbeitsbeginn werden nicht berücksichtigt. Feiertage werden mit 8 Stunden angerechnet.

Wieviel DM Arbeitsentgelt erhält der Arbeiter auf Grund der obigen Angaben auf der Stechkarte, wenn der Stundenlohn 14,32 DM beträgt?

5. Im Monat April hat ein Arbeiter, der 15,80 DM Stundenlohn erhält, 3 Tage bezahlten Urlaub genommen. Im gleichen Monat war er 4 Tage krank. Die Stechkarte weist für April 118 Arbeitsstunden aus. Die tägliche Arbeitszeit beträgt 8 Stunden und der Monat April hat 21 Arbeitstage. Wieviel DM Monatslohn erhält der Arbeiter, wenn Überstunden mit 25% Überstundenzuschlag vergütet werden?

6. Der Grundlohn für einen Fräser beträgt 16,50 DM je Stunde, der Akkordzuschlag 5% und die Normalleistung je Stunde 12 Stück. Im Monat September hat der Fräser 875 Teile gleicher Bauart gefertigt.

   a) Wieviel DM beträgt der Akkordrichtsatz?

   b) Wieviel DM beträgt der Stückgeldakkordsatz (das Stückgeld)?

   c) Wieviel DM beträgt das Arbeitsentgelt bei Stückgeldakkord?

7. Ein Arbeiter in der Montage erhält einen Stundenlohn von 14,80 DM je Stunde und einen Akkordzuschlag von 4,5%. Die Normalleistung je Stunde beträgt 8 Stück für einen bestimmten Auftrag. Der Betrieb rechnet mit Dezimalminuten.

   a) Wieviel Minuten je Stück beträgt der Zeitakkordsatz?

   b) Wieviel DM beträgt der Minutenfaktor?

   c) Wieviel DM Arbeitsentgelt erhält der Arbeiter für diesen Auftrag, wenn er 638 Stück abrechnet?

8. Nennen Sie mindestens 3 häufig gezahlte Zuschläge zum Arbeitsentgelt,

   a) die im allgemeinen gezahlt werden,

   b) die in Ihrem Ausbildungsbetrieb gezahlt werden.

9. Ein Arbeitnehmer bezieht ein Arbeitsentgelt von 3 425,70 DM. Darüber hinaus zahlt der Arbeitgeber monatlich 78,– DM vermögenswirksame Leistungen auf einen Bausparvertrag, 4,– DM Kontoführungsgebühr, 1,50 DM Essensgeld arbeitstäglich (20 Arbeitstage im Abrechnungsmonat) und 32,– DM Fahrkostenzuschuß. Der Arbeitnehmer hat einen Bausparvertrag von 120,– DM abgeschlossen, der Betrieb überweist monatlich 42,– DM als Arbeitnehmerleistung. Wieviel DM Bruttolohn erhält der Arbeitnehmer?

> d) Ermittlung des Nettolohnes erklären

... auf einen Blick

▶ **Nettolohn**

▶ **Ermitteln der Steuern**
  ▷ Ermitteln der Lohnsteuer
    – Ermitteln des lohnsteuerpflichtigen Arbeitslohnes
    – Steuerfreistellung des Existenzminimums
      • Grundüberlegungen
      • Erwerbsbezüge
      • Pflicht zur Abgabe einer Einkommensteuererklärung
      • Verzicht auf die Lohnsteuermilderung
    – Ablesen der Lohnsteuer aus der Lohnsteuertabelle
  ▷ Ermitteln der Kirchensteuer

▶ **Ermitteln der Sozialversicherungsbeiträge**
  ▷ Ermitteln des sozialversicherungspflichtigen Arbeitsentgelts
  ▷ Ermitteln des Renten-, Arbeitslosen- und Krankenversicherungsbeitrages

▶ **Ermitteln des Auszahlungsbetrages**

▶ **Zusammenfassendes Beispiel für eine Gehaltsabrechnung**

▶ **Zusammenfassendes Beispiel für eine Akkordlohnabrechnung**

1   Nettolohn

Nettolohn ist der um die gesetzlichen Steuern und Sozialversicherungsbeiträge gekürzte Bruttolohn.

    Bruttolohn
– Lohnsteuer
– Kirchensteuer
– Arbeitnehmeranteil zur Sozialversicherung
= **Nettolohn**

2   Ermitteln der Steuern

2.1   Ermitteln der Lohnsteuer

2.1.1   Ermitteln des lohnsteuerpflichtigen Arbeitslohnes

Um die Lohnsteuer ermitteln zu können, muß zunächst der lohnsteuerpflichtige Arbeitslohn errechnet werden. Dieser Betrag wird wie folgt berechnet:

    Bruttolohn
+ vermögenswirksame Leistungen des Arbeitgebers
+ geldwerte Vorteile
– auf der Lohnsteuerkarte eingetragene Lohnsteuerfreibeträge
= **lohnsteuerpflichtiger Arbeitslohn**

▷ **Vermögenswirksame Leistungen** sind Geldleistungen, die dem Arbeitnehmer nicht zur freien Verfügung ausgezahlt, sondern für ihn langfristig angelegt werden. Nach dem 5. Vermögensbildungsgesetz bestehen folgende Anlagemöglichkeiten: Kontensparen, Versicherungssparen, Erwerb von Kapitalbeteiligungen (z. B. Kauf von Aktien) oder Bausparen.

Für das Beteiligungs- und Bausparen erhalten die Arbeitnehmer nach Ablauf des Kalenderjahres auf Antrag vom Finanzamt eine **Arbeitnehmersparzulage (ANSpZ)** ausgezahlt. Anspruch auf eine Arbeitnehmersparzulage haben nur Arbeitnehmer, die nicht mehr als 27 000 (Alleinstehende) 54 000 DM (Verheiratete) zu versteuerndes Einkommen im Kalenderjahr bezogen haben.

Die nebenstehende Tabelle zeigt den **Begünstigungsrahmen** und den **Sparzulagensatz**. Der Begünstigungsrahmen gibt den jährlichen Sparbetrag an, von dem höchstens die ANSpZ berechnet wird.

Der **Betrag der ANSpZ** ergibt sich, wenn man 10% bzw. 20% vom vermögenswirksam angelegten Betrag – höchstens jedoch von 936,– DM – berechnet.

Anlageart	Begünstigungs-rahmen	Sparzulagen-satz
Beteiligungssparen	936,– DM	20%
Bausparen	936,– DM	10%

▷ **Geldwerte Vorteile** entstehen, wenn der Arbeitgeber dem Arbeitnehmer Leistungen günstiger zukommen läßt als diese auf dem Markt bewertet werden. Überläßt z. B. ein Arbeitgeber dem Arbeitnehmer eine Werkswohnung für 800,– DM Miete, für die auf dem freien Wohnungsmarkt 900,– DM zu zahlen wären, dann entsteht ein „geldwerter Vorteil" von 100,– DM, der steuerpflichtig ist. Geldwerte Vorteile entstehen z.B. auch bei der Überlassung von Firmenwagen zum privaten Gebrauch oder bei Darlehen mit niedrigeren Zinssätzen.

▷ **Auf der Lohnsteuerkarte eingetragene Lohnsteuerfreibeträge.** Werbungskosten, Sonderausgaben oder außergewöhnliche Belastungen, die bereits zu Beginn des Steuerjahres bekannt sind, kann sich der Arbeitnehmer auf seiner Lohnsteuerkarte (auf Antrag beim Finanzamt) eintragen lassen. Derartige Freibeträge mindern den lohnsteuerpflichtigen Arbeitslohn.

2.1.2 Steuerfreistellung des Existenzminimums

2.1.2.1 Grundüberlegungen

Aufgrund einer Entscheidung des Bundesverfassungsgerichtes müssen ab 1993 diejenigen **Erwerbsbezüge** steuerfrei bleiben, die ein Steuerpflichtiger zur Deckung des existenznotwendigen Bedarfs benötigt. Von jeglicher Einkommensteuerbelastung sind diejenigen Personen befreit, deren Erwerbsbezüge in den Kalenderjahren 1993 bis 1995 die in der nachfolgenden Tabelle genannten Grenzen nicht übersteigen. Bei darüber hinaus gehenden Erwerbsbezügen wird die Steuerbelastung gemildert und stufenweise an die „normale" Höhe herangeführt. Bis zu den in der nachfolgenden Tabelle genannten Beträgen wird gemilderte Steuer erhoben.

Kalender-jahr	Höchstgrenzen der Erwerbsbezüge,			
	für die **keine** Steuer erhoben wird		für die **gemilderte** Steuer erhoben wird	
	Alleinstehende	nicht dauernd getrennt lebende Ehegatten	Alleinstehende	nicht dauernd getrennt lebende Ehegatten
1993	10 529 DM	21 059 DM	12 797 DM	25 595 DM
1994	11 069 DM	22 139 DM	13 607 DM	27 215 DM
1995	11 555 DM	23 111 DM	15 173 DM	30 347 DM

Die jeweilige gemilderte Besteuerung kann aus der **Zusatztabelle** abgelesen werden. Die Steuerfreistellung sowie die **Steuermilderung** beruht auf der Rechtsgrundlage der §§ 32d und 61 EStG.

2.1.2.2 Erwerbsbezüge

Für die Steuermilderungsregelung sind die **„Erwerbsbezüge"** zu beachten. Zu den Erwerbsbezügen zählen

– alle einkommensteuerpflichtigen Einkünfte, darüber hinaus u.a.

– lohnsteuerfreie Bezüge wie Zuschläge für Sonntags-, Feiertags- oder Nachtarbeit, lohnsteuerfreie Ausbildungsbeihilfen, lohnsteuerfreie Lohnersatzleistungen wie Arbeitslosengeld, Kurzarbeitergeld und Krankengeld.

Derartige lohnsteuerfreie Bezüge verringern zwar den lohnsteuerpflichtigen Arbeitslohn, führen aber nicht zur Minderung der Erwerbsbezüge, d.h. des verfügbaren Einkommens. Hat ein Arbeitnehmer Anspruch auf gemilderten Lohnsteuerabzug, muß der Arbeitgeber die Lohnsteuer aus der Lohnsteuer-Zusatztabelle ablesen (vergl. Abb. 66a).

2.1.2.3 Pflicht zur Abgabe einer Einkommensteuererklärung

Die **tatsächlichen Erwerbsbezüge** können erst nach Ablauf des Kalenderjahres festgestellt werden. Die Steuerentlastung durch das Existenzminimum soll jedoch bereits im Laufe des Kalenderjahres eintreten. Da der Arbeitgeber beim Ermitteln der Lohnsteuer nur den Arbeitslohn kennt, den sein Mitarbeiter von ihm erhält, kann die Milderung der Lohnsteuer im Laufe des Kalenderjahres nur **vorläufigen** Charakter haben. Um überprüfen zu können, ob nach der Ermittlung der Erwerbsbezüge die Milderung der Lohnsteuer zu Recht erfolgt, muß jeder Arbeitnehmer, bei dem die Lohnsteuer gemildert worden ist, künftig eine **Einkommensteuererklärung** abgeben.

Der Arbeitgeber muß die Steuermilderung auf der Lohnsteuerbescheinigung, die der Arbeitnehmer am Ende des Kalenderjahres erhält, durch Eintragen des Buchstabens „Z" (= Zusatztabelle) kenntlich machen. Ergibt die Überprüfung **sämtlicher** Erwerbsbezüge, daß aufgrund der Lohnsteuermilderung zu wenig Lohnsteuer einbehalten worden ist, wird der Fehlbetrag nachgefordert.

2.1.2.4 Verzicht auf die Lohnsteuermilderung

Die Steuernachzahlung und die Abgabe der Einkommensteuererklärung kann der Arbeitnehmer jedoch vermeiden, wenn er auf die Lohnsteuerminderung verzichtet. Zu diesem Zweck muß der Arbeitnehmer bei seinem Arbeitgeber beantragen, die Lohnsteuer-Zusatztabelle **nicht** anzuwenden, sondern statt dessen die Lohnsteuer nach der **allgemeinen Lohnsteuertabelle** zu erheben.

Der Antrag auf **Nichtanwendung der Lohnsteuer-Zusatztabelle** muß dem Arbeitgeber vor der ersten Lohnabrechnung im Kalenderjahr vorliegen. Hat der Arbeitgeber dem Antrag entsprochen, kann dieser Antrag für dasselbe Kalenderjahr nicht mehr zurückgenommen werden.

2.1.3 Ablesen der Lohnsteuer aus der Lohnsteuertabelle

Die Lohnsteuer wird entweder mit einer DV-Anlage berechnet oder aus der Lohnsteuertabelle abgelesen (vergl. Abb. 66).

Beim Ablesen der Lohnsteuer aus der Lohnsteuertabelle ist zu beachten, in welcher Lohnsteuerklasse der Lohnsteuerpflichtige ist und wieviel Kinder er hat. Eine hälftige Kinderzahl (z.B. 0,5 - 1,5 - 2,5 Kinder) wird bei geschiedenen, dauernd getrennt lebenden sowie nicht verheirateten Elternpaaren berücksichtigt, wenn beide Elternteile für den Unterhalt des Kindes bzw. der Kinder aufkommen. Sowohl die Lohnsteuerklasse als auch die Anzahl der Kinder ist der Lohnsteuerkarte zu entnehmen. Die Lohnsteuerklassen werden mit römischen Ziffern und die Anzahl der Kinder mit arabischen Ziffern gekennzeichnet. Die Steuerklasse III/2 bedeutet, daß der Steuerpflichtige in der Lohnsteuerklasse III besteuert wird und für 2 Kinder den Unterhalt trägt.

Die Differenz zwischen zwei in der Lohnsteuertabelle genannten Beträgen ist 4,50 DM (Stand 1994). Liegt der lohnsteuerpflichtige Arbeitslohn zwischen zwei der in der Tabelle genannten Beträgen, dann ist stets die Lohnsteuer für den **größeren** Betrag abzulesen.

Der gemilderte Lohnsteuerbetrag kann entweder aus der **allgemeinen Lohnsteuertabelle** abgelesen werden, in der die gemilderten Lohnsteuerbeträge eigens gekennzeichnet sind, oder aus der **Lohnsteuer-Zusatztabelle** entnommen werden. Nachfolgend wird das Ablesen der Lohnsteuer aus der allgemeinen Lohnsteuertabelle erläutert.

Alle gemilderten Lohnsteuerbeträge sind entweder mit einem hochgestellten „Z" oder einer hochgestellten „0" gekennzeichnet.

▷ Ist der Lohnsteuerbetrag mit einer **hochgestellten „0"** gekennzeichnet, dann ist der Tabellenwert ein **nicht gemilderter** Lohnsteuerbetrag. Ist für den Steuerpflichtigen eine Steuermilderung zu berücksichtigen, so wird für ihn **keine Lohnsteuer** erhoben.

    Beispiel: Ein Arbeitnehmer in Steuerklasse I mit einem Kinderfreibetrag für ein Kind erhält einen Bruttomonatslohn von 1365,– DM.

    – Hat der Steuerpflichtige Anspruch auf **Steuermilderung**, ist **keine** Lohn- und Kirchensteuer einzubehalten.

    – Hat der Steuerpflichtige auf die Steuermilderung verzichtet, so sind 25,58 DM Lohnsteuer und 0,05 DM 9%ige Kirchensteuer einzubehalten.

▷ Ist der Lohnsteuerbetrag mit einem **hochgestellten „Z"** gekennzeichnet, dann ist der Tabellenwert ein **gemilderter** Lohnsteuerbetrag. Dieser wird von demjenigen Arbeitnehmer einbehalten, der Anspruch auf die Lohnsteuerminderung hat.

Hat der Steuerpflichtige auf die Steuermilderung verzichtet, ist also für den Arbeitnehmer **keine** Steuermilderung zu berücksichtigen, dann muß der **ungemilderte** Steuerbetrag **aus dem Anhang der allgemeinen Lohnsteuertabelle** abgelesen werden (vergl. Abb. 66b).

Beispiel: Ein Arbeitnehmer in Steuerklasse III ohne Kinderfreibetrag erhält einen Bruttomonatslohn von 2864,- DM.

- Hat der Steuerpflichtige Anspruch auf Steuermilderung, so sind 196,50 DM Lohnsteuer und 17,68 DM Kirchensteuer einzubehalten.

- Hat der Steuerpflichtige auf die Steuermilderung verzichtet, so ist im Anhang der gemilderte Lohnsteuerbetrag von 196,50 DM aufzusuchen und der ungemilderte Lohn- und Kirchensteuerbetrag abzulesen. In diesem Fall sind 238,50 DM Lohnsteuer und 21,46 DM 9%ige Kirchensteuer einzubehalten.

Die jährlich veränderten Beträge für das Existenzminimum werden es erforderlich machen, daß jedes Jahr eine neue Lohnsteuertabelle herausgegeben werden muß, und dies auch dann, wenn sich die Steuertarife **nicht** ändern.

2.2 Ermitteln der Kirchensteuer

Die Kirchensteuer kann aus der Lohnsteuertabelle abgelesen werden. Sie befindet sich neben dem jeweiligen Lohnsteuerbetrag. Die Kirchensteuer beträgt, je nachdem in welchem Bundesland der Arbeitnehmer versteuert wird, **8% oder 9%** der Lohnsteuer. Der Kirchensteuersatz beträgt

8% in den Bundesländern Baden-Würtemberg, Bayern, Bremen und Hamburg sowie

9% in den Bundesländern Berlin, Brandenburg, Hessen, Mecklenburg-Vorpommern, Niedersachsen, Nordrhein-Westfalen, Rheinland-Pfalz, im Saarland, in Sachsen, Sachsen-Anhalt, Schleswig-Holstein und Thüringen.

3 Ermitteln der Sozialversicherungsbeiträge

3.1 Ermitteln des sozialversicherungspflichtigen Arbeitsentgelts

Grundsätzlich sind alle Beträge, die lohnsteuerpflichtig sind, auch sozialversicherungspflichtig. Sozialversicherungspflichtig sind also auch die Lohnsteuerfreibeträge (vgl. die Ermittlung des lohnsteuerpflichtigen Arbeitslohnes).

Bruttolohn
+ vermögenswirksame Leistungen des Arbeitgebers
+ geldwerte Vorteile

= **sozialversicherungspflichtiges Arbeitsentgelt**

Das sozialversicherungspflichtige Arbeitsentgelt ist Grundlage für die Berechnung der Renten-, Arbeitslosen- und Krankenversicherung.

In Schleswig-Holstein zusätzlich Mindest-Kirchensteuer beachten (siehe Erl. zur Kirchensteuer)
Min = Mindestbetrags-Kirchensteuer beachten (siehe Erläuterungen zur Kirchensteuer)
* = Auch hier Mindestbetrags-Kirchensteuer beachten (siehe Erl. zur Kirchensteuer)

MONAT

Sozial-Vers. Gruppe K/L M neue und alte BL	Lohn/Gehalt Versorgungs-Bezug bis DM	Abzüge an Lohnsteuer und Kirchensteuer (8%, 9%) in den Steuerklassen I, III–VI ohne Kinderfreibeträge				I, II, III, IV mit Zahl der Kinderfreibeträge …	0,5			1			1,5			2			2,5			3		
			LSt	8%	9%		LSt	8%	9%	LSt	8%	9%	LSt	8%	9%	LSt	8%	9%	LSt	8%	9%	LSt	8%	9%
130,26	1 359,15	I,IV	10,75^{z}	0,86	0,96	I	56,50^{0}	3,52	3,96	23,91^{0}	Min	Min	—	—	—	—	—	—	—	—	—	—	—	—
44,10		III	—	—	—	II	—	—	—	—	—	—	—	—	—	—	—	—	—	—	—	—	—	—
	1 859,15	V	248,—	19,84	22,32	III	—	—	—	—	—	—	—	—	—	—	—	—	—	—	—	—	—	—
		VI	291,—	23,28	26,19	IV	73,16^{0}	5,35	6,02	56,50^{0}	3,52	3,96	40,16^{0}	1,71	1,92	23,91^{0}	Min	Min	7,66^{0}	Min	Min	—	—	—
130,69	1 363,65	I,IV	13,50^{z}	1,08	1,21	I	57,41^{0}	3,59	4,04	24,75^{0}	Min	Min	—	—	—	—	—	—	—	—	—	—	—	—
44,25		III	—	—	—	II	—	—	—	—	—	—	—	—	—	—	—	—	—	—	—	—	—	—
	1 863,65	V	249,16	19,93	22,42	III	—	—	—	—	—	—	—	—	—	—	—	—	—	—	—	—	—	—
		VI	292,16	23,37	26,29	IV	74,08^{0}	5,42	6,10	57,41^{0}	3,59	4,04	41,—^{0}	1.78	2,—	24,75^{0}	Min	Min	8,50^{0}	Min	Min	—	—	—
131,13	1 368,15	I,IV	16,25^{z}	1,30	1,46	I	58,25^{0}	3,66	4,11	25,58^{0}	*0,04	*0,05	—	—	—	—	—	—	—	—	—	—	—	—
44,39		III	—	—	—	II	—	—	—	—	—	—	—	—	—	—	—	—	—	—	—	—	—	—
	1 868,15	V	250,33	20,02	22,52	III	—	—	—	—	—	—	—	—	—	—	—	—	—	—	—	—	—	—
		VI	293,16	23,45	26,38	IV	75,—^{0}	5,50	6,18	58,25^{0}	3,66	4,11	41,83^{0}	1,84	2,07	25,58^{0}	*0,04	*0,05	9,33^{0}	Min	Min	—	—	—
131,56	1 372,65	I,IV	19,—^{z}	1,52	1,71	I	59,16^{0}	3,73	4,19	26,50^{0}	*0,12	*0,13	—	—	—	—	—	—	—	—	—	—	—	—
44,54		III	—	—	—	II	—	—	—	—	—	—	—	—	—	—	—	—	—	—	—	—	—	—
	1 872,65	V	251,33	20,10	22,61	III	—	—	—	—	—	—	—	—	—	—	—	—	—	—	—	—	—	—
		VI	294,50	23,56	26,50	IV	75,83^{0}	5,56	6,26	59,16^{0}	3,73	4,19	42,75^{0}	1,92	2,16	26,50^{0}	*0,12	*0,13	10,25^{0}	Min	Min	—	—	—
231,35	2 412,15	I,IV	287,58	23,—	25,88	I	248,33	18,86	21,22	210,08	14,80	16,65	172,91	10,83	12,18	136,83	6,94	7,81	46,—^{z}	Min	Min	67,91^{0}	Min	Min
78,32		III	164,16^{0}	13,13	14,77	II	146,25	10,70	12,03	73,50^{z}	3,88	4,36	76,75^{0}	3,14	3,53	43,58^{0}	Min	Min	11,08^{0}	Min	Min	—	—	—
	2 912,15	V	553,83	44,30	49,84	III	130,50^{0}	9,44	10,62	97,50^{0}	5,80	6,52	64,83^{0}	2,18	2,45	32,33^{0}	Min	Min	—	—	—	—	—	—
		VI	609,50	48,76	54,85	IV	267,83	20,92	23,54	248,33	18,86	21,22	229,08	16,82	18,92	210,08	14,80	16,65	191,41	12,81	14,41	172,91	10,83	12,18
231,78	2 416,65	I,IV	288,66	23,09	25,97	I	249,33	18,94	21,31	211,08	14,88	16,74	173,91	10,91	12,27	137,83	7,02	7,90	48,75^{z}	Min	Min	68,75^{0}	Min	Min
78,47		III	164,16^{0}	13,13	14,77	II	147,25	10,78	12,12	76,25^{z}	4,10	4,61	77,66^{0}	3,21	3,61	44,41^{0}	Min	Min	11,91^{0}	Min	Min	—	—	—
	2 916,65	V	555,33	44,42	49,97	III	130,50^{0}	9,44	10,62	97,50^{0}	5,80	6,52	64,83^{0}	2,18	2,45	32,33^{0}	Min	Min	—	—	—	—	—	—
		VI	611,16	48,89	55,—	IV	268,83	21,—	23,63	249,33	18,94	21,31	230,08	16,90	19,01	211,08	14,88	16,74	192,33	12,88	14,49	173,91	10,91	12,27
232,21	2 421,15	I,IV	289,66	23,17	26,06	I	250,33	19,02	21,40	212,08	14,96	16,83	174,91	10,99	12,36	138,75	7,10	7,98	51,50^{z}	Min	Min	69,66^{0}	Min	Min
78,61		III	166,—^{0}	13,28	14,94	II	148,16	10,85	12,20	79,—^{z}	4,32	4,86	78,50^{0}	3,28	3,69	45,33^{0}	Min	Min	12,75^{0}	Min	Min	—	—	—
	2 921,15	V	556,83	44,54	50,11	III	132,33^{0}	9,58	10,78	99,16^{0}	5,93	6,67	66,66^{0}	2,33	2,62	34,16^{0}	Min	Min	1,66^{0}	Min	Min	—	—	—
		VI	612,50	49,—	55,12	IV	269,91	21,09	23,72	250,33	19,02	21,40	231,08	16,98	19,10	212,08	14,96	16,83	193,33	12,96	14,58	174,91	10,99	12,36
232,65	2 425,65	I,IV	290,75	23,26	26,16	I	251,41	19,11	21,50	213,08	15,04	16,92	175,83	11,06	12,44	139,66	7,17	8,06	54,25^{z}	Min	Min	70,58^{0}	Min	Min
78,76		III	166,—^{0}	13,28	14,94	II	149,08	10,92	12,29	81,75^{z}	4,54	5,10	79,41^{0}	3,35	3,77	46,16^{0}	Min	Min	13,66^{0}	Min	Min	—	—	—
	2 925,65	V	558,33	44,66	50,24	III	132,33^{0}	9,58	10,78	99,16^{0}	5,93	6,67	66,66^{0}	2,33	2,62	34,16^{0}	Min	Min	1,66^{0}	Min	Min	—	—	—
		VI	614,16	49,13	55,27	IV	270,91	21,17	23,81	251,41	19,11	21,50	232,08	17,06	19,19	213,08	15,04	16,92	194,33	13,04	14,67	175,83	11,06	12,44
240,85	2 511,15	I,IV	310,83	24,86	27,97	I	270,91	20,67	23,25	232,08	16,56	18,63	194,33	12,54	14,11	157,66	8,61	9,68	106,50^{z}	3,52	3,96	2,75^{z}	Min	Min
81,54		III	21,50^{z}	1,72	1,93	II	167,16	12,37	13,91	131,25	8,50	9,56	29,75^{z}	Min	Min	62,66^{0}	1,01	1,13	29,91^{0}	Min	Min	—	—	—
	3 011,15	V	586,66	46,93	52,79	III	146,33^{0}	10,70	12,04	113,—^{0}	7,04	7,92	80,33^{0}	3,42	3,85	47,83^{0}	Min	Min	15,33^{0}	Min	Min	—	—	—
		VI	643,66	51,49	57,92	IV	290,75	22,76	25,60	270,91	20,67	23,25	251,41	18,61	20,93	232,08	16,56	18,63	213,08	14,54	16,36	194,33	12,54	14,11
241,29	2 515,65	I,IV	311,91	24,95	28,07	I	272,—	20,76	23,35	233,08	16,64	18,72	195,33	12,62	14,20	158,58	8,68	9,77	109,25^{z}	3,74	4,20	5,50^{z}	Min	Min
81,69		III	21,50^{z}	1,72	1,93	II	168,16	12,45	14,—	132,16	8,57	9,64	32,50^{z}	Min	Min	63,50^{0}	1,08	1,21	30,75^{0}	Min	Min	—	—	—
	3 015,65	V	588,33	47,06	52,94	III	146,33^{0}	10,70	12,04	113,—^{0}	7,04	7,92	80,33^{0}	3,42	3,85	47,83^{0}	Min	Min	15,33^{0}	Min	Min	—	—	—
		VI	645,16	51,61	58,06	IV	291,83	22,84	25,70	272,—	20,76	23,35	252,41	18,69	21,02	233,08	16,64	18,72	214,08	14,62	16,45	195,33	12,62	14,20
241,72	2 520,15	I,IV	312,91	25,03	28,16	I	273,—	20,84	23,44	234,08	16,72	18,81	196,33	12,70	14,29	159,50	8,76	9,85	112,—^{z}	3,96	4,45	8,25^{z}	Min	Min
81,83		III	27,—^{z}	2,16	2,43	II	169,08	12,52	14,09	133,16	8,65	9,73	35,25^{z}	Min	Min	64,41^{0}	1,15	1,29	31,58^{0}	Min	Min	—	—	—
	3 020,15	V	589,66	47,17	53,06	III	148,16^{0}	10,85	12,20	114,83^{0}	7,18	8,08	82,—^{0}	3,56	4,—	49,50^{0}	Min	Min	17,—^{0}	Min	Min	—	—	—
		VI	646,83	51,74	58,21	IV	292,83	22,92	25,79	273,—	20,84	23,44	253,41	18,77	21,11	234,08	16,72	18,81	215,08	14,70	16,54	196,33	12,70	14,29
242,15	2 524,65	I,IV	314,—	25,12	28,26	I	274,—	20,92	23,53	235,08	16,80	18,90	197,25	12,78	14,37	160,50	8,84	9,94	114,75^{z}	4,18	4,70	10,75^{z}	Min	Min
81,98		III	27,—^{z}	2,16	2,43	II	170,08	12,60	14,18	134,08	8,72	9,81	38,—^{z}	*0,04	*0,04	65,25^{0}	1,22	1,37	32,41^{0}	Min	Min	—	—	—
	3 024,65	V	591,16	47,29	53,20	III	148,16^{0}	10,85	12,20	114,83^{0}	7,18	8,08	82,—^{0}	3,56	4,—	49,50^{0}	Min	Min	17,—^{0}	Min	Min	—	—	—
		VI	648,33	51,86	58,34	IV	293,91	23,01	25,88	274,—	20,92	23,53	254,41	18,85	21,20	235,08	16,80	18,90	216,08	14,78	16,63	197,25	12,78	14,37
274,55	2 862,15	I,IV	400,58	32,04	36,05	I	358,33	27,66	31,12	317,25	23,38	26,30	277,16	19,17	21,56	238,16	15,05	16,93	200,25	11,02	12,39	163,33	7,06	7,94
92,95		III	196,50^{z}	15,72	17,68	II	248,33	18,86	21,22	210,08	14,80	16,65	172,91	10,83	12,18	136,83	6,94	7,81	46,—^{z}	Min	Min	67,91^{0}	Min	Min
	3 362,15	V	709,16	56,73	63,82	III	92,—^{z}	6,36	7,15	169,50^{0}	11,56	13,—	135,83^{0}	7,86	8,84	102,66^{0}	4,21	4,73	70,—^{0}	0,60	0,67	37,50^{0}	Min	Min
		VI	770,33	61,62	69,32	IV	379,33	29,84	33,57	358,33	27,66	31,12	337,66	25,51	28,70	317,25	23,38	26,30	297,08	21,26	23,92	277,16	19,17	21,56
274,98	2 866,65	I,IV	401,66	32,13	36,14	I	359,41	27,75	31,22	318,33	23,46	26,39	278,16	19,25	21,65	239,16	15,13	17,02	201,25	11,10	12,48	164,33	7,14	8,03
93,09		III	196,50^{z}	15,72	17,68	II	249,33	18,94	21,31	211,08	14,88	16,74	173,91	10,91	12,27	137,83	7,02	7,90	48,75^{z}	Min	Min	68,75^{0}	Min	Min
	3 366,65	V	710,66	56,85	63,95	III	92,—^{z}	6,36	7,15	169,50^{0}	11,56	13,—	135,83^{0}	7,86	8,84	102,66^{0}	4,21	4,73	70,—^{0}	0,60	0,67	37,50^{0}	Min	Min
		VI	772,—	61,76	69,48	IV	380,41	29,93	33,67	359,41	27,75	31,22	338,75	25,60	28,80	318,33	23,46	26,39	298,08	21,34	24,01	278,16	19,25	21,65
275,41	2 871,15	I,IV	402,83	32,22	36,25	I	360,58	27,84	31,32	319,33	23,54	26,48	279,25	19,34	21,75	240,16	15,21	17,11	202,16	11,17	12,56	165,25	7,22	8,12
93,24		III	202,—^{z}	16,16	18,18	II	250,33	19,02	21,40	212,08	14,96	16,83	174,91	10,99	12,36	138,75	7,10	7,98	51,50^{z}	Min	Min	69,66^{0}	Min	Min
	3 371,15	V	712,50	57,—	64,12	III	97,50^{z}	6,80	7,65	171,33^{0}	11,70	13,16	137,50^{0}	8,—	9,—	104,33^{0}	4,34	4,88	71,66^{0}	0,73	0,82	39,33^{0}	Min	Min
		VI	773,66	61,89	69,62	IV	381,58	30,02	33,77	360,58	27,84	31,32	339,83	25,68	28,89	319,33	23,54	26,48	299,16	21,43	24,11	279,25	19,34	21,75
275,85	2 875,65	I,IV	403,91	32,31	36,35	I	361,66	27,93	31,42	320,41	23,63	26,58	280,25	19,42	21,84	241,16	15,29	17,20	203,16	11,25	12,65	166,25	7,30	8,21
93,39		III	202,—^{z}	16,16	18,18	II	251,41	19,11	21,50	213,08	15,04	16,92	175,83	11,06	12,44	139,66	7,17	8,06	54,25^{z}	Min	Min	70,58^{0}	Min	Min
	3 375,65	V	714,—	57,12	64,26	III	97,50^{z}	6,80	7,65	171,33^{0}	11,70	13,16	137,50^{0}	8,—	9,—	104,33^{0}	4,34	4,88	71,66^{0}	0,73	0,82	39,33^{0}	Min	Min
		VI	775,33	62,02	69,77	IV	382,66	30,11	33,87	361,66	27,93	31,42	340,91	25,77	28,99	320,41	23,63	26,58	300,25	21,52	24,21	280,25	19,42	21,84

Abb. 66: Auszug aus der Monatslohnsteuertabelle 1994 (Fortsetzung nächste Seite) Aus PRESTO Gesamtabzugstabelle 1994 (Monat)

In Schleswig-Holstein zusätzlich Mindest-Kirchensteuer beachten (siehe Erl. zur Kirchensteuer)
Min = Mindestbetrags-Kirchensteuer beachten (siehe Erläuterungen zur Kirchensteuer)
*** = Auch hier Mindestbetrags-Kirchensteuer beachten (siehe Erl. zur Kirchensteuer)**

MONAT

Sozial-Vers.	Lohn/ Gehalt	Abzüge an Lohnsteuer und Kirchensteuer (8%, 9%) in den Steuerklassen																						
Gruppe K/L M	Versorgungs-Bezug	I, III–VI				I, II, III, IV																		
			ohne Kinderfreibeträge				mit Zahl der Kinderfreibeträge ... 0,5			1			1,5			2			2,5			3		
neue und alte BL	bis DM		LSt	8%	9%		LSt	8%	9%	LSt	8%	9%	LSt	8%	9%	LSt	8%	9%	LSt	8%	9%	LSt	8%	9%
325,53	3 393,15	I,IV	549,33	43,94	49,43	I	503,58	39,28	44,19	458,83	34,70	39,04	415,25	30,22	33,99	372,66	25,81	29,03	331,16	21,49	24,17	290,75	17,26	19,41
110,20		III	328,66	26,29	29,57	II	383,75	29,70	33,41	342,—	25,36	28,53	301,25	21,10	23,73	261,66	16,93	19,04	223,08	12,84	14,45	185,58	8,84	9,95
	3 893,15	V	911,33	72,90	82,01	III	292,50	22,40	25,20	252,—^{z}	18,16	20,43	147,—^{z}	8,76	9,85	43,50^{z}	Min	Min	153,50^{o}	7,28	8,19	120,—^{o}	3,60	4,05
		VI	979,16	78,33	88,12	IV	526,33	41,60	46,80	503,58	39,28	44,19	481,08	36,98	41,60	458,83	34,70	39,04	436,91	32,45	36,50	415,25	30,22	33,99
325,96	3 397,65	I,IV	550,58	44,04	49,55	I	504,75	39,38	44,30	460,—	34,80	39,15	416,33	30,30	34,09	373,75	25,90	29,13	332,25	21,58	24,27	291,83	17,34	19,51
110,35		III	330,50	26,44	29,74	II	384,91	29,79	33,51	343,08	25,44	28,62	302,33	21,18	23,83	262,66	17,01	19,13	224,08	12,92	14,54	186,50	8,92	10,03
	3 897,65	V	913,16	73,05	82,18	III	294,50	22,56	25,38	257,50^{z}	18,60	20,92	152,50^{z}	9,20	10,35	48,50^{z}	Min	Min	155,33^{o}	7,42	8,35	121,83^{o}	3,74	4,21
		VI	981,—	78,48	88,29	IV	527,50	41,70	46,91	504,75	39,38	44,30	482,25	37,08	41,71	460,—	34,80	39,15	438,08	32,54	36,61	416,33	30,30	34,09
326,39	3 402,15	I,IV	551,75	44,14	49,65	I	505,91	39,47	44,40	461,16	34,89	39,25	417,50	30,40	34,20	374,91	25,99	29,24	333,33	21,66	24,37	292,83	17,42	19,60
110,50		III	330,50	26,44	29,74	II	386,—	29,88	33,61	344,16	25,53	28,72	303,41	21,27	23,93	263,66	17,09	19,22	225,08	13,—	14,63	187,50	9,—	10,12
	3 902,15	V	915,—	73,20	82,35	III	294,50	22,56	25,38	257,50^{z}	18,60	20,92	152,50^{z}	9,20	10,35	48,50^{z}	Min	Min	155,33^{o}	7,42	8,35	121,83^{o}	3,74	4,21
		VI	982,83	78,62	88,45	IV	528,75	41,80	47,02	505,91	39,47	44,40	483,41	37,17	41,81	461,16	34,89	39,25	439,25	32,64	36,72	417,50	30,40	34,20
326,82	3 406,65	I,IV	553,—	44,24	49,77	I	507,16	39,57	44,51	462,33	34,98	39,35	418,66	30,49	34,30	376,—	26,08	29,34	334,41	21,75	24,47	293,91	17,51	19,70
110,64		III	330,50	26,44	29,74	II	387,08	29,96	33,71	345,25	25,62	28,82	304,41	21,35	24,02	264,75	17,18	19,32	226,08	13,08	14,72	188,50	9,08	10,21
	3 906,65	V	916,83	73,34	82,51	III	294,50	22,56	25,38	257,50^{z}	18,60	20,92	152,50^{z}	9,20	10,35	48,50^{z}	Min	Min	155,33^{o}	7,42	8,35	121,83^{o}	3,74	4,21
		VI	984,66	78,77	88,61	IV	529,91	41,89	47,12	507,16	39,57	44,51	484,58	37,26	41,92	462,33	34,98	39,35	440,33	32,72	36,81	418,66	30,49	34,30
343,67	3 582,15	I,IV	601,16	48,09	54,10	I	554,16	43,33	48,74	508,33	38,66	43,49	463,50	34,08	38,34	419,75	29,58	33,27	377,08	25,16	28,31	335,50	20,84	23,44
116,35		III	361,33	28,90	32,51	II	431,16	33,49	37,67	388,25	29,06	32,69	346,33	24,70	27,79	305,50	20,44	22,99	265,75	16,26	18,29	227,08	12,16	13,68
	4 082,15	V	988,50	79,08	88,96	III	324,83	24,98	28,10	288,83	21,10	23,74	241,—^{z}	16,28	18,31	136,—^{z}	6,88	7,74	32,50^{z}	Min	Min	150,—^{o}	6,—	6,75
		VI	1058,50	84,68	95,26	IV	577,50	45,70	51,41	554,16	43,33	48,74	531,16	40,99	46,11	508,33	38,66	43,49	485,83	36,36	40,91	463,50	34,08	38,34
344,10	3 586,65	I,IV	602,41	48,19	54,21	I	555,41	43,43	48,86	509,50	38,76	43,60	464,66	34,17	38,44	420,91	29,67	33,38	378,25	25,26	28,41	336,58	20,92	23,54
116,49		III	363,33	29,06	32,69	II	432,33	33,58	37,78	389,33	29,14	32,78	347,41	24,79	27,89	306,58	20,52	23,09	266,75	16,34	18,38	228,08	12,24	13,77
	4 086,65	V	990,16	79,21	89,11	III	326,66	25,13	28,27	290,66	21,25	23,90	246,50^{z}	16,72	18,81	141,50^{z}	7,32	8,23	38,—^{z}	Min	Min	151,66^{o}	6,13	6,89
		VI	1060,33	84,82	95,42	IV	578,75	45,80	51,52	555,41	43,43	48,86	532,33	41,08	46,22	509,50	38,76	43,60	487,—	36,46	41,01	464,66	34,17	38,44
344,53	3 591,15	I,IV	603,66	48,29	54,32	I	556,66	43,53	48,97	510,75	38,86	43,71	465,83	34,26	38,54	422,08	29,76	33,48	379,33	25,34	28,51	337,66	21,01	23,63
116,64		III	363,33	29,06	32,69	II	433,50	33,68	37,89	390,50	29,24	32,89	348,50	24,88	27,99	307,66	20,61	23,18	267,83	16,42	18,47	229,08	12,32	13,86
	4 091,15	V	992,16	79,37	89,29	III	326,66	25,13	28,27	290,66	21,25	23,90	246,50^{z}	16,72	18,81	141,50^{z}	7,32	8,23	38,—^{z}	Min	Min	151,66^{o}	6,13	6,89
		VI	1062,16	84,97	95,59	IV	580,—	45,90	51,63	556,66	43,53	48,97	533,58	41,18	46,33	510,75	38,86	43,71	488,16	36,55	41,12	465,83	34,26	38,54
344,97	3 595,65	I,IV	604,91	48,39	54,44	I	557,83	43,62	49,07	511,91	38,95	43,82	467,—	34,36	38,65	423,16	29,85	33,58	380,41	25,43	28,61	338,75	21,10	23,73
116,79		III	365,33	29,22	32,87	II	434,58	33,76	37,98	391,58	29,32	32,99	349,58	24,96	28,08	308,66	20,69	23,27	268,83	16,50	18,56	230,08	12,40	13,95
	4 095,65	V	994,—	79,52	89,46	III	328,66	25,29	28,45	292,50	21,40	24,07	252,—^{z}	17,16	19,30	147,—^{z}	7,76	8,73	43,50^{z}	Min	Min	153,50^{o}	6,28	7,06
		VI	1064,16	85,13	95,77	IV	581,25	46,—	51,75	557,83	43,62	49,07	534,75	41,28	46,44	511,91	38,95	43,82	489,33	36,64	41,22	467,—	34,36	38,65
365,27	3 807,15	I,IV	664,50	53,16	59,80	I	616,16	48,29	54,32	568,91	43,51	48,95	522,66	38,81	43,66	477,58	34,20	38,48	433,50	29,68	33,39	390,50	25,24	28,39
123,66		III	402,50	32,20	36,22	II	489,33	38,14	42,91	445,—	33,60	37,80	401,66	29,13	32,77	359,41	24,75	27,84	318,33	20,46	23,02	278,16	16,25	18,28
	4 307,15	V	1083,50	86,68	97,51	III	365,33	28,22	31,75	328,66	24,29	27,32	292,50	20,40	22,95	252,—^{z}	16,16	18,18	147,—^{z}	6,76	7,60	43,50^{z}	Min	Min
		VI	1156,—	92,48	104,04	IV	640,25	50,72	57,06	616,16	48,29	54,32	592,41	45,89	51,62	568,91	43,51	48,95	545,66	41,15	46,29	522,66	38,81	43,66
365,70	3 811,65	I,IV	665,83	53,26	59,92	I	617,41	48,39	54,44	570,16	43,61	49,06	523,91	38,91	43,77	478,75	34,30	38,58	434,58	29,76	33,48	391,58	25,32	28,49
123,81		III	402,50	32,20	36,22	II	490,50	38,24	43,02	446,16	33,69	37,90	402,83	29,22	32,87	360,58	24,84	27,95	319,33	20,54	23,11	279,25	16,34	18,38
	4 311,65	V	1085,33	86,82	97,67	III	365,33	28,22	31,75	328,66	24,29	27,32	292,50	20,40	22,95	252,—^{z}	16,16	18,18	147,—^{z}	6,76	7,60	43,50^{z}	Min	Min
		VI	1158,—	92,64	104,22	IV	641,50	50,82	57,17	617,41	48,39	54,44	593,66	45,99	51,74	570,16	43,61	49,06	546,91	41,25	46,40	523,91	38,91	43,77
366,13	3 816,15	I,IV	667,08	53,36	60,03	I	618,66	48,49	54,55	571,33	43,70	49,16	525,08	39,—	43,88	479,91	34,39	38,69	435,75	29,86	33,59	392,66	25,41	28,58
123,95		III	404,33	32,34	36,38	II	491,66	38,33	43,12	447,25	33,78	38,—	403,91	29,31	32,97	361,66	24,93	28,04	320,41	20,63	23,21	280,25	16,42	18,47
	4 316,15	V	1087,33	86,98	97,85	III	367,16	28,37	31,91	330,50	24,44	27,49	294,50	20,56	23,13	257,50^{z}	16,60	18,67	152,50^{z}	7,20	8,10	48,50^{z}	Min	Min
		VI	1160,16	92,81	104,41	IV	642,75	50,92	57,28	618,66	48,49	54,55	594,91	46,09	51,85	571,33	43,70	49,16	548,08	41,34	46,51	525,08	39,—	43,88
366,57	3 820,65	I,IV	668,41	53,47	60,15	I	620,—	48,60	54,67	572,58	43,80	49,28	526,33	39,10	43,99	481,08	34,48	38,79	436,91	29,95	33,69	393,83	25,50	28,69
124,10		III	404,33	32,34	36,38	II	492,91	38,43	43,23	448,41	33,87	38,10	405,08	29,40	33,08	362,75	25,02	28,14	321,50	20,72	23,31	281,33	16,50	18,56
	4 320,65	V	1089,16	87,13	98,02	III	367,16	28,37	31,91	330,50	24,44	27,49	294,50	20,56	23,13	257,50^{z}	16,60	18,67	152,50^{z}	7,20	8,10	48,50^{z}	Min	Min
		VI	1162,16	92,97	104,59	IV	644,08	51,02	57,40	620,—	48,60	54,67	596,16	46,19	51,96	572,58	43,80	49,28	549,33	41,44	46,62	526,33	39,10	43,99
566,40 607,19	6 327,15	I,IV	1500,58	120,04	135,05	I	1436,58	113.92	128,16	1373,58	107.88	121,37	1311,66	101.93	114,67	1250,75	96,06	108,06	1191,—	90,28	101,56	1132,25	84,58	95,15
191,75 205,56		III	1019,—	81.52	91,71	II	1266,66	100.33	112,87	1206,58	94.52	106,34	1147,58	88.80	99,90	1089,66	83,17	93,56	1032,83	77,62	87,32	977,—	72,16	81,18
	6 827,15	V	2351,16	188.09	211,60	III	974,—	76.92	86,53	929,33	72.34	81,38	885,33	67.82	76,30	841,83	63,34	71,26	798,83	58,90	66,26	756,50	54,52	61,33
		VI	2439,41	195.15	219,54	IV	1468,41	116.97	131,59	1436,58	113.92	128,16	1404,91	110.89	124,75	1373,58	107.88	121,37	1342,50	104.90	118,01	1311,66	101.93	114,67
566,40 607,62	6 331,65	I,IV	1502,33	120,18	135,20	I	1438,25	114,06	128,31	1375,25	108.02	121,52	1313,25	102.06	114,81	1252,33	96,18	108,20	1192,58	90,40	101,70	1133,83	84,70	95,29
191,75 205,71		III	1021,50	81,72	91,93	II	1268,25	100.46	113,01	1208,16	94.65	106,48	1149,16	88.93	100,04	1091,16	83,29	93,70	1034,25	77,74	87,45	978,41	72,27	81,30
	6 831,65	V	2353,58	188.28	211,82	III	976,33	77.10	86,74	931,66	72.53	81,59	887,66	68.01	76,51	844,16	63,53	71,47	801,16	59,09	66,47	758,66	54,69	61,52
		VI	2441,83	195.34	219,76	IV	1470,16	117.11	131,75	1438,25	114.06	128,31	1406,58	111.02	124,90	1375,25	108.02	121,52	1344,08	105.02	118,15	1313,25	102,06	114,81
566,40 608,05	6 336,15	I,IV	1504,—	120.32	135,36	I	1439,91	114,19	128,46	1376,83	108,14	121,66	1314,83	102.18	114,95	1254,—	96,32	108,36	1194,08	90,52	101,84	1135,33	84,82	95,42
191,75 205,85		III	1021,50	81,72	91,93	II	1269,91	100.59	113,16	1209,75	94.78	106,62	1150,66	89.05	100,18	1092,66	83.41	93,83	1035,75	77,86	87,59	979,91	72,39	81,44
	6 836,15	V	2355,91	188.47	212,03	III	976,33	77,10	86,74	931,66	72.53	81,59	887,66	68.01	76,51	844,16	63.53	71,47	801,16	59,09	66,47	758,66	54,69	61,52
		VI	2444,16	195.53	219,97	IV	1471,83	117.24	131,90	1439,91	114.19	128,46	1408,25	111.16	125,05	1376,83	108.14	121,66	1345,75	105.16	118,30	1314,83	102,18	114,95
566,40 608,49	6 340,65	I,IV	1505,75	120.46	135,51	I	1441,58	114.32	128,61	1378,50	108.28	121,81	1316,50	102.32	115,11	1255,58	96,44	108,50	1195,66	90,65	101,98	1136,83	84,94	95,56
191,75 206,—		III	1023,83	81,90	92,14	II	1271,50	100.72	113,31	1211,33	94.90	106,76	1152,25	89.18	100,32	1094,25	83,54	93,98	1037,25	77,98	87,72	981,33	72,50	81,56
	6 840,65	V	2358,33	188.66	212,24	III	978,66	77.29	86,95	934,—	72.72	81,81	890,—	68.20	76,72	846,33	63,70	71,66	803,33	59,26	66,67	760,83	54,86	61,72
		VI	2446,58	195.72	220,19	IV	1473,50	117.38	132,05	1441,58	114.32	128,61	1409,91	111.29	125,20	1378,50	108.28	121,81	1347,33	105.28	118,44	1316,50	102.32	115,11

Abb. 66: Auszug aus der Monatslohnsteuertabelle 1994 (Fortsetzung)

Aus PRESTO Gesamtabzugstabelle 1994 (Monat)

Milderung der Monats-Lohnsteuer in den Steuerklassen I, II und IV

tabellar. Lohnsteuer	gemilderte Lohnsteuer	tabellar. Lohnsteuer	gemilderte Lohnsteuer	tabellar. Lohnsteuer	gemilderte Lohnsteuer	tabellar. Lohnsteuer	gemilderte Lohnsteuer
DM	DM	DM	DM	DM	DM	DM	DM
von 0,83 bis 86,50	0,00	bis 97,33	32,50	bis 108,25	65,25	bis 119,25	98,25
87,41	2,75	98,25	35,25	109,16	68,00	120,16	101,00
88,33	5,50	99,16	38,00	110,08	70,75	121,08	103,75
89,25	8,25	100,08	40,75	111,00	73,50	122,00	106,50
90,08	10,75	100,91	43,25	111,91	76,25	122,91	109,25
91,00	13,50	101,83	46,00	112,83	79,00	123,83	112,00
91,91	16,25	102,75	48,75	113,75	81,75	124,75	114,75
92,83	19,00	103,66	51,50	114,66	84,50	125,66	117,50
93,75	21,75	104,58	54,25	115,58	87,25	126,66	120,50
94,58	24,25	105,50	57,00	116,50	90,00	127,58	123,25
95,50	27,00	106,41	59,75	117,41	92,75	128,50	126,00
96,41	29,75	107,33	62,50	118,33	95,50	129,41	128,75

Milderung der Monats-Lohnsteuer in den Steuerklasse III

tabellar. Lohnsteuer	gemilderte Lohnsteuer	tabellar. Lohnsteuer	gemilderte Lohnsteuer	tabellar. Lohnsteuer	gemilderte Lohnsteuer	tabellar. Lohnsteuer	gemilderte Lohnsteuer
DM	DM	DM	DM	DM	DM	DM	DM
von 1,66 bis 173,00	0,00	bis 194,66	65,00	bis 216,50	130,50	bis 238,50	196,50
174,83	5,50	196,50	70,50	218,33	136,00	240,33	202,00
176,66	11,00	198,33	76,00	220,16	141,50	242,16	207,50
178,50	16,50	200,16	81,50	222,00	147,00	244,00	213,00
180,16	21,50	201,83	86,50	223,83	152,50	245,83	218,50
182,00	27,00	203,66	92,00	225,66	158,00	247,66	224,00
183,83	32,50	205,50	92,50	227,50	163,50	249,50	229,50
185,66	38,00	207,33	103,00	229,33	169,00	251,33	235,00
187,50	43,50	209,16	108,50	231,16	174,50	253,33	241,00
189,16	48,50	211,00	114,00	233,00	180,00	255,16	246,50
191,00	54,00	212,83	119,50	234,83	185,50	257,00	252,00
192,83	59,50	214,66	125,00	236,66	191,00	258,83	257,50

Abb. 66a: Lohnsteuer-Zusatztabelle 1994 Quelle: Bundessteuerblatt 1993/I

Anhang zur Lohnsteuertabelle 1994 (Monat)

Lohnsteuer

Nach diesem Anhang zur Monatslohnsteuer-Tabelle wird die in der Monatslohnsteuer-Tabelle ausgewiesene **gemilderte** Lohnsteuer in die **ungemilderte** Lohnsteuer **umgerechnet**.

Dieser Anhang ist anzuwenden, wenn sich in der Monatslohnsteuer-Tabelle ein durch hochgestelltes „Z" gekennzeichneter gemilderter Lohnsteuerbetrag ergeben hat und

- der Arbeitnehmer beantragt hat, **von der Lohnsteuermilderung abzusehen** oder
- der Arbeitnehmer **beschränkt einkommensteuerpflichtig** ist oder
- der Arbeitgeber die Lohnsteuer für den Arbeitslohn oder für einen Teil des Arbeitslohns im Rahmen einer **Nettolohnvereinbarung** übernimmt.

Kirchensteuer

Dieser Anhang enthält die entsprechenden ungemilderten Kirchensteuerbeträge unter Berücksichtigung der für die Bundesländer maßgebenden Steuersätze von **8%** und **9%**.

Min = Mindestbetrags-Kirchensteuer beachten (siehe Erläuterungen zur Kirchensteuer)

* = Auch hier Mindestbetrags-Kirchensteuer beachten (siehe Erl. zur Kirchensteuer)

Abzüge an Lohnsteuer und Kirchensteuer in den Steuerklassen I, II, III, IV

	Lohnsteuer gemildert (Z)	Lohnsteuer ungemildert	Kirchensteuer mit Zahl der Kinderfreibeträge ... 0		0,5		1		1,5		2		2,5		3	
			8%	9%	8%	9%	8%	9%	8%	9%	8%	9%	8%	9%	8%	9%
I/II	2,75	87,41	6,99	7,86	5,99	6,74	4,99	5,61	3,99	4,49	2,99	3,36	1,99	2,24	0,99	1,11
III	5,50	174,83	13,98	15,73	12,98	14,60	11,98	13,48	10,98	12,35	9,98	11,23	8,98	10,10	7,98	8,98
IV	2,75	87,41	6,99	7,86	6,49	7,30	5,99	6,74	5,49	6,17	4,99	5,61	4,49	5,05	3,99	4,49
I/II	5,50	88,33	7,06	7,94	6,06	6,82	5,06	5,69	4,06	4,57	3,06	3,44	2,06	2,32	1,06	1,19
III	11,—	176,66	14,13	15,89	13,13	14,77	12,13	13,64	11,13	12,52	10,13	11,39	9,13	10,27	8,13	9,14
IV	5,50	88,33	7,06	7,94	6,56	7,38	6,06	6,82	5,56	6,26	5,06	5,69	4,56	5,13	4,06	4,57
I/II	8,25	89,25	7,14	8,03	6,14	6,90	5,14	5,78	4,14	4,65	3,14	3,53	2,14	2,40	1,14	1,28
III	16,50	178,50	14,28	16,06	13,28	14,94	12,28	13,81	11,28	12,69	10,28	11,56	9,28	10,44	8,28	9,31
IV	8,25	89,25	7,14	8,03	6,64	7,47	6,14	6,90	5,64	6,34	5,14	5,78	4,64	5,22	4,14	4,65
I/II	10,75	90,08	7,20	8,10	6,20	6,98	5,20	5,85	4,20	4,73	3,20	3,60	2,20	2,48	1,20	1,35
III	21,50	180,16	14,41	16,21	13,41	15,08	12,41	13,96	11,41	12,83	10,41	11,71	9,41	10,58	8,41	9,46
IV	10,75	90,08	7,20	8,10	6,70	7,54	6,20	6,98	5,70	6,41	5,20	5,85	4,70	5,29	4,20	4,73
I/II	13,50	91,—	7,28	8,19	6,28	7,06	5,28	5,94	4,28	4,81	3,28	3,69	2,28	2,56	1,28	1,44
III	27,—	182,—	14,56	16,38	13,56	15,25	12,56	14,13	11,56	13,—	10,56	11,88	9,56	10,75	8,56	9,63
IV	13,50	91,—	7,28	8,19	6,78	7,62	6,28	7,06	5,78	6,50	5,28	5,94	4,78	5,37	4,28	4,81
I/II	16,25	91,91	7,35	8,27	6,35	7,14	5,35	6,02	4,35	4,89	3,35	3,77	2,35	2,64	1,35	1,52
III	32,50	183,83	14,70	16,54	13,70	15,41	12,70	14,29	11,70	13,16	10,70	12,04	9,70	10,91	8,70	9,79
IV	16,25	91,91	7,35	8,27	6,85	7,70	6,35	7,14	5,85	6,58	5,35	6,02	4,85	5,45	4,35	4,89
I/II	19,—	92,83	7,42	8,35	6,42	7,22	5,42	6,10	4,42	4,97	3,42	3,85	2,42	2,72	1,42	1,60
III	38,—	185,66	14,85	16,70	13,85	15,58	12,85	14,45	11,85	13,33	10,85	12,20	9,85	11,08	8,85	9,95
IV	19,—	92,83	7,42	8,35	6,92	7,79	6,42	7,22	5,92	6,66	5,42	6,10	4,92	5,54	4,42	4,97
I/II	21,75	93,75	7,50	8,43	6,50	7,31	5,50	6,18	4,50	5,06	3,50	3,93	2,50	2,81	1,50	1,68
III	43,50	187,50	15,—	16,87	14,—	15,75	13,—	14,62	12,—	13,50	11,—	12,37	10,—	11,25	9,—	10,12
IV	21,75	93,75	7,50	8,43	7,—	7,87	6,50	7,31	6,—	6,75	5,50	6,18	5,—	5,62	4,50	5,06
I/II	24,25	94,58	7,56	8,51	6,56	7,38	5,56	6,26	4,56	5,13	3,56	4,01	2,56	2,88	1,56	1,76
III	48,50	189,16	15,13	17,02	14,13	15,89	13,13	14,77	12,13	13,64	11,13	12,52	10,13	11,39	9,13	10,27
IV	24,25	94,58	7,56	8,51	7,06	7,94	6,56	7,38	6,06	6,82	5,56	6,26	5,06	5,69	4,56	5,13
I/II	27,—	95,50	7,64	8,59	6,64	7,47	5,64	6,34	4,64	5,22	3,64	4,09	2,64	2,97	1,64	1,84
III	54,—	191,—	15,28	17,19	14,28	16,06	13,28	14,94	12,28	13,81	11,28	12,69	10,28	11,56	9,28	10,44
IV	27,—	95,50	7,64	8,59	7,14	8,03	6,64	7,47	6,14	6,90	5,64	6,34	5,14	5,78	4,64	5,22
I/II	29,75	96,41	7,71	8,67	6,71	7,55	5,71	6,42	4,71	5,30	3,71	4,17	2,71	3,05	1,71	1,92
III	59,50	192,83	15,42	17,35	14,42	16,22	13,42	15,10	12,42	13,97	11,42	12,85	10,42	11,72	9,42	10,60
IV	29,75	96,41	7,71	8,67	7,21	8,11	6,71	7,55	6,21	6,98	5,71	6,42	5,21	5,86	4,71	5,30
I/II	32,50	97,33	7,78	8,75	6,78	7,63	5,78	6,50	4,78	5,38	3,78	4,25	2,78	3,13	1,78	2,—
III	65,—	194,66	15,57	17,51	14,57	16,39	13,57	15,26	12,57	14,14	11,57	13,01	10,57	11,89	9,57	10,76
IV	32,50	97,33	7,78	8,75	7,28	8,19	6,78	7,63	6,28	7,07	5,78	6,50	5,28	5,94	4,78	5,38
I/II	35,25	98,25	7,86	8,84	6,86	7,71	5,86	6,59	4,86	5,46	3,86	4,34	2,86	3,21	1,86	2,09
III	70,50	196,50	15,72	17,68	14,72	16,56	13,72	15,43	12,72	14,31	11,72	13,18	10,72	12,06	9,72	10,93
IV	35,25	98,25	7,86	8,84	7,36	8,28	6,86	7,71	6,36	7,15	5,86	6,59	5,36	6,03	4,86	5,46
I/II	38,—	99,16	7,93	8,92	6,93	7,79	5,93	6,67	4,93	5,54	3,93	4,42	2,93	3,29	1,93	2,17
III	76,—	198,33	15,86	17,84	14,86	16,72	13,86	15,59	12,86	14,47	11,86	13,34	10,86	12,22	9,86	11,09
IV	38,—	99,16	7,93	8,92	7,43	8,36	6,93	7,79	6,43	7,23	5,93	6,67	5,43	6,11	4,93	5,54
I/II	40,75	100,08	8,—	9,—	7,—	7,88	6,—	6,75	5,—	5,63	4,—	4,50	3,—	3,38	2,—	2,25
III	81,50	200,16	16,01	18,01	15,01	16,88	14,01	15,76	13,01	14,63	12,01	13,51	11,01	12,38	10,01	11,26
IV	40,75	100,08	8,—	9,—	7,50	8,44	7,—	7,88	6,50	7,31	6,—	6,75	5,50	6,19	5,—	5,63
I/II	43,25	100,91	8,07	9,08	7,07	7,95	6,07	6,83	5,07	5,70	4,07	4,58	3,07	3,45	2,07	2,33
III	86,50	201,83	16,14	18,16	15,14	17,03	14,14	15,91	13,14	14,78	12,14	13,66	11,14	12,53	10,14	11,41
IV	43,25	100,91	8,07	9,08	7,57	8,51	7,07	7,95	6,57	7,39	6,07	6,83	5,57	6,26	5,07	5,70
I/II	46,—	101,83	8,14	9,16	7,14	8,03	6,14	6,91	5,14	5,78	4,14	4,66	3,14	3,53	2,14	2,41
III	92,—	203,66	16,29	18,32	15,29	17,20	14,29	16,07	13,29	14,95	12,29	13,82	11,29	12,70	10,29	11,57
IV	46,—	101,83	8,14	9,16	7,64	8,60	7,14	8,03	6,64	7,47	6,14	6,91	5,64	6,35	5,14	5,78
I/II	48,75	102,75	8,22	9,24	7,22	8,12	6,22	6,99	5,22	5,87	4,22	4,74	3,22	3,62	2,22	2,49
III	97,50	205,50	16,44	18,49	15,44	17,37	14,44	16,24	13,44	15,12	12,44	13,99	11,44	12,87	10,44	11,74
IV	48,75	102,75	8,22	9,24	7,72	8,68	7,22	8,12	6,72	7,56	6,22	6,99	5,72	6,43	5,22	5,87
I/II	51,50	103,66	8,29	9,32	7,29	8,20	6,29	7,07	5,29	5,95	4,29	4,82	3,29	3,70	2,29	2,57
III	103,—	207,33	16,58	18,65	15,58	17,53	14,58	16,40	13,58	15,28	12,58	14,15	11,58	13,03	10,58	11,90
IV	51,50	103,66	8,29	9,32	7,79	8,76	7,29	8,20	6,79	7,64	6,29	7,07	5,79	6,51	5,29	5,95
I/II	54,25	104,58	8,36	9,41	7,36	8,28	6,36	7,16	5,36	6,03	4,36	4,91	3,36	3,78	2,36	2,66
III	108,50	209,16	16,73	18,82	15,73	17,69	14,73	16,57	13,73	15,44	12,73	14,32	11,73	13,19	10,73	12,07
IV	54,25	104,58	8,36	9,41	7,86	8,84	7,36	8,28	6,86	7,72	6,36	7,16	5,86	6,59	5,36	6,03
I/II	57,—	105,50	8,44	9,49	7,44	8,37	6,44	7,24	5,44	6,12	4,44	4,99	3,44	3,87	2,44	2,74
III	114,—	211,—	16,88	18,99	15,88	17,86	14,88	16,74	13,88	15,61	12,88	14,49	11,88	13,36	10,88	12,24
IV	57,—	105,50	8,44	9,49	7,94	8,93	7,44	8,37	6,94	7,80	6,44	7,24	5,94	6,68	5,44	6,12
I/II	59,75	106,41	8,51	9,57	7,51	8,45	6,51	7,32	5,51	6,20	4,51	5,07	3,51	3,95	2,51	2,82
III	119,50	212,83	17,02	19,15	16,02	18,02	15,02	16,90	14,02	15,77	13,02	14,65	12,02	13,52	11,02	12,40
IV	59,75	106,41	8,51	9,57	8,01	9,01	7,51	8,45	7,01	7,88	6,51	7,32	6,01	6,76	5,51	6,20
I/II	62,50	107,33	8,58	9,65	7,58	8,53	6,58	7,40	5,58	6,28	4,58	5,15	3,58	4,03	2,58	2,90
III	125,—	214,66	17,17	19,31	16,17	18,19	15,17	17,06	14,17	15,94	13,17	14,81	12,17	13,69	11,17	12,56
IV	62,50	107,33	8,58	9,65	8,08	9,09	7,58	8,53	7,08	7,97	6,58	7,40	6,08	6,84	5,58	6,28
I/II	65,25	108,25	8,66	9,74	7,66	8,61	6,66	7,49	5,66	6,36	4,66	5,24	3,66	4,11	2,66	2,99
III	130,50	216,50	17,32	19,48	16,32	18,36	15,32	17,23	14,32	16,11	13,32	14,98	12,32	13,86	11,32	12,73
IV	65,25	108,25	8,66	9,74	8,16	9,18	7,66	8,61	7,16	8,05	6,66	7,49	6,16	6,93	5,66	6,36

	Lohnsteuer gemildert (Z)	Lohnsteuer ungemildert	Kirchensteuer mit Zahl der Kinderfreibeträge ... 0		0,5		1		1,5		2		2,5		3	
			8%	9%	8%	9%	8%	9%	8%	9%	8%	9%	8%	9%	8%	9%
I/II	68,—	109,16	8,73	9,82	7,73	8,69	6,73	7,57	5,73	6,44	4,73	5,32	3,73	4,19	2,73	3,07
III	136,—	218,33	17,46	19,64	16,46	18,52	15,46	17,39	14,46	16,27	13,46	15,14	12,46	14,02	11,46	12,89
IV	68,—	109,16	8,73	9,82	8,23	9,26	7,73	8,69	7,23	8,13	6,73	7,57	6,23	7,01	5,73	6,44
I/II	70,75	110,08	8,80	9,90	7,80	8,78	6,80	7,65	5,80	6,53	4,80	5,40	3,80	4,28	2,80	3,15
III	141,50	220,16	17,61	19,81	16,61	18,68	15,61	17,56	14,61	16,43	13,61	15,31	12,61	14,18	11,61	13,06
IV	70,75	110,08	8,80	9,90	8,30	9,34	7,80	8,78	7,30	8,21	6,80	7,65	6,30	7,09	5,80	6,53
I/II	73,50	111,—	8,88	9,99	7,88	8,86	6,88	7,74	5,88	6,61	4,88	5,49	3,88	4,36	2,88	3,24
III	147,—	222,—	17,76	19,98	16,76	18,85	15,76	17,73	14,76	16,60	13,76	15,48	12,76	14,35	11,76	13,23
IV	73,50	111,—	8,88	9,99	8,38	9,42	7,88	8,86	7,38	8,30	6,88	7,74	6,38	7,17	5,88	6,61
I/II	76,25	111,91	8,95	10,07	7,95	8,94	6,95	7,82	5,95	6,69	4,95	5,57	3,95	4,44	2,95	3,32
III	152,50	223,83	17,90	20,14	16,90	19,01	15,90	17,89	14,90	16,76	13,90	15,64	12,90	14,51	11,90	13,39
IV	76,25	111,91	8,95	10,07	8,45	9,50	7,95	8,94	7,45	8,38	6,95	7,82	6,45	7,25	5,95	6,69
I/II	79,—	112,83	9,02	10,15	8,02	9,02	7,02	7,90	6,02	6,77	5,02	5,65	4,02	4,52	3,02	3,40
III	158,—	225,66	18,05	20,30	17,05	19,18	16,05	18,05	15,05	16,93	14,05	15,80	13,05	14,68	12,05	13,55
IV	79,—	112,83	9,02	10,15	8,52	9,59	8,02	9,02	7,52	8,46	7,02	7,90	6,52	7,34	6,02	6,77
I/II	81,75	113,75	9,10	10,23	8,10	9,11	7,10	7,98	6,10	6,86	5,10	5,73	4,10	4,61	3,10	3,48
III	163,50	227,50	18,20	20,47	17,20	19,35	16,20	18,22	15,20	17,10	14,20	15,97	13,20	14,85	12,20	13,72
IV	81,75	113,75	9,10	10,23	8,60	9,67	8,10	9,11	7,60	8,55	7,10	7,98	6,60	7,42	6,10	6,86
I/II	84,50	114,66	9,17	10,31	8,17	9,19	7,17	8,06	6,17	6,94	5,17	5,81	4,17	4,69	3,17	3,56
III	169,—	229,33	18,34	20,63	17,34	19,51	16,34	18,38	15,34	17,26	14,34	16,13	13,34	15,01	12,34	13,88
IV	84,50	114,66	9,17	10,31	8,67	9,75	8,17	9,19	7,67	8,63	7,17	8,06	6,67	7,50	6,17	6,94
I/II	87,25	115,58	9,24	10,40	8,24	9,27	7,24	8,15	6,24	7,02	5,24	5,90	4,24	4,77	3,24	3,65
III	174,50	231,16	18,49	20,80	17,49	19,67	16,49	18,55	15,49	17,42	14,49	16,30	13,49	15,17	12,49	14,05
IV	87,25	115,58	9,24	10,40	8,74	9,83	8,24	9,27	7,74	8,71	7,24	8,15	6,74	7,58	6,24	7,02
I/II	90,—	116,50	9,32	10,48	8,32	9,36	7,32	8,23	6,32	7,11	5,32	5,98	4,32	4,86	3,32	3,73
III	180,—	233,—	18,64	20,97	17,64	19,84	16,64	18,72	15,64	17,59	14,64	16,47	13,64	15,34	12,64	14,22
IV	90,—	116,50	9,32	10,48	8,82	9,92	8,32	9,36	7,82	8,79	7,32	8,23	6,82	7,67	6,32	7,11
I/II	92,75	117,41	9,39	10,56	8,39	9,44	7,39	8,31	6,39	7,19	5,39	6,06	4,39	4,94	3,39	3,81
III	185,50	234,83	18,78	21,13	17,78	20,—	16,78	18,88	15,78	17,75	14,78	16,63	13,78	15,50	12,78	14,38
IV	92,75	117,41	9,39	10,56	8,89	10,—	8,39	9,44	7,89	8,87	7,39	8,31	6,89	7,75	6,39	7,19
I/II	95,50	118,33	9,46	10,64	8,46	9,52	7,46	8,39	6,46	7,27	5,46	6,14	4,46	5,02	3,46	3,89
III	191,—	236,66	18,93	21,29	17,93	20,17	16,93	19,04	15,93	17,92	14,93	16,79	13,93	15,67	12,93	14,54
IV	95,50	118,33	9,46	10,64	8,96	10,08	8,46	9,52	7,96	8,96	7,46	8,39	6,96	7,83	6,46	7,27
I/II	98,25	119,25	9,54	10,73	8,54	9,60	7,54	8,48	6,54	7,35	5,54	6,23	4,54	5,10	3,54	3,98
III	196,50	238,50	19,08	21,46	18,08	20,34	17,08	19,21	16,08	18,09	15,08	16,96	14,08	15,84	13,08	14,71
IV	98,25	119,25	9,54	10,73	9,04	10,17	8,54	9,60	8,04	9,04	7,54	8,48	7,04	7,92	6,54	7,35
I/II	101,—	120,16	9,61	10,81	8,61	9,68	7,61	8,56	6,61	7,43	5,61	6,31	4,61	5,18	3,61	4,06
III	202,—	240,33	19,22	21,62	18,22	20,50	17,22	19,37	16,22	18,25	15,22	17,12	14,22	16,—	13,22	14,87
IV	101,—	120,16	9,61	10,81	9,11	10,25	8,61	9,68	8,11	9,12	7,61	8,56	7,11	8,—	6,61	7,43
I/II	103,75	121,08	9,68	10,89	8,68	9,77	7,68	8,64	6,68	7,52	5,68	6,39	4,68	5,27	3,68	4,14
III	207,50	242,16	19,37	21,79	18,37	20,66	17,37	19,54	16,37	18,41	15,37	17,29	14,37	16,16	13,37	15,04
IV	103,75	121,08	9,68	10,89	9,18	10,33	8,68	9,77	8,18	9,20	7,68	8,64	7,18	8,08	6,68	7,52
I/II	106,50	122,—	9,76	10,98	8,76	9,85	7,76	8,73	6,76	7,60	5,76	6,48	4,76	5,35	3,76	4,23
III	213,—	244,—	19,52	21,96	18,52	20,83	17,52	19,71	16,52	18,58	15,52	17,46	14,52	16,33	13,52	15,21
IV	106,50	122,—	9,76	10,98	9,26	10,41	8,76	9,85	8,26	9,29	7,76	8,73	7,26	8,16	6,76	7,60
I/II	109,25	122,91	9,83	11,06	8,83	9,93	7,83	8,81	6,83	7,68	5,83	6,56	4,83	5,43	3,83	4,31
III	218,50	245,83	19,66	22,12	18,66	20,99	17,66	19,87	16,66	18,74	15,66	17,62	14,66	16,49	13,66	15,37
IV	109,25	122,91	9,83	11,06	9,33	10,49	8,83	9,93	8,33	9,37	7,83	8,81	7,33	8,24	6,83	7,68
I/II	112,—	123,83	9,90	11,14	8,90	10,01	7,90	8,89	6,90	7,76	5,90	6,64	4,90	5,51	3,90	4,39
III	224,—	247,66	19,81	22,28	18,81	21,16	17,81	20,03	16,81	18,91	15,81	17,78	14,81	16,66	13,81	15,53
IV	112,—	123,83	9,90	11,14	9,40	10,58	8,90	10,01	8,40	9,45	7,90	8,89	7,40	8,33	6,90	7,76
I/II	114,75	124,75	9,98	11,22	8,98	10,10	7,98	8,97	6,98	7,85	5,98	6,72	4,98	5,60	3,98	4,47
III	229,50	249,50	19,96	22,45	18,96	21,33	17,96	20,20	16,96	19,08	15,96	17,95	14,96	16,83	13,96	15,70
IV	114,75	124,75	9,98	11,22	9,48	10,66	8,98	10,10	8,48	9,54	7,98	8,97	7,48	8,41	6,98	7,85
I/II	117,50	125,66	10,05	11,30	9,05	10,18	8,05	9,05	7,05	7,93	6,05	6,80	5,05	5,68	4,05	4,55
III	235,—	251,33	20,10	22,61	19,10	21,49	18,10	20,36	17,10	19,24	16,10	18,11	15,10	16,99	14,10	15,86
IV	117,50	125,66	10,05	11,30	9,55	10,74	9,05	10,18	8,55	9,62	8,05	9,05	7,55	8,49	7,05	7,93
I/II	120,50	126,66	10,13	11,39	9,13	10,27	8,13	9,14	7,13	8,02	6,13	6,89	5,13	5,77	4,13	4,64
III	241,—	253,33	20,26	22,79	19,26	21,67	18,26	20,54	17,26	19,42	16,26	18,29	15,26	17,17	14,26	16,04
IV	120,50	126,66	10,13	11,39	9,63	10,83	9,13	10,27	8,63	9,71	8,13	9,14	7,63	8,58	7,13	8,02
I/II	123,25	127,58	10,20	11,48	9,20	10,35	8,20	9,23	7,20	8,10	6,20	6,98	5,20	5,85	4,20	4,73
III	246,50	255,16	20,41	22,96	19,41	21,83	18,41	20,71	17,41	19,58	16,41	18,46	15,41	17,33	14,41	16,21
IV	123,25	127,58	10,20	11,48	9,70	10,91	9,20	10,35	8,70	9,79	8,20	9,23	7,70	8,66	7,20	8,10
I/II	126,—	128,50	10,28	11,56	9,28	10,44	8,28	9,31	7,28	8,19	6,28	7,06	5,28	5,94	4,28	4,81
III	252,—	257,—	20,56	23,13	19,56	22,—	18,56	20,88	17,56	19,75	16,56	18,63	15,56	17,50	14,56	16,38
IV	126,—	128,50	10,28	11,56	9,78	11,—	9,28	10,44	8,78	9,87	8,28	9,31	7,78	8,75	7,28	8,19
I/II	128,75	129,41	10,35	11,64	9,35	10,52	8,35	9,39	7,35	8,27	6,35	7,14	5,35	6,02	4,35	4,89
III	257,50	258,83	20,70	23,29	19,70	22,16	18,70	21,04	17,70	19,91	16,70	18,79	15,70	17,66	14,70	16,54
IV	128,75	129,41	10,35	11,64	9,85	11,08	9,35	10,52	8,85	9,95	8,35	9,39	7,85	8,83	7,35	8,27

Bei höherer LSt/KiSt entfällt dieser Anhang.

Abb. 66b: Anhang der Lohnsteuertabelle 1994 (Auszug) zum Ablesen der ungemilderten Lohn- und Kirchensteuer

Aus PRESTO Lohnsteuertabelle 1994 (verkleinerter Auszug)

3.2 Ermitteln des Renten-, Arbeitslosen- und Krankenversicherungsbeitrages

Für alle Arbeitnehmer in der Bundesrepublik gelten einheitliche Beitragssätze für die Rentenversicherung (Stand 1.1.1994 = 19,2%) und für die Arbeitslosenversicherung (Stand 1.1.1994 = 6,5%). Für die Krankenversicherung gelten – je nach Krankenkasse – unterschiedliche Beitragssätze (Stand 1.1.1994 = 11% bis 17%); bei den nachfolgenden Berechnungen und den Arbeitsaufträgen wird ein durchschnittlicher Beitragssatz von 12% unterstellt.

Die **Sozialversicherungsbeiträge für Arbeitnehmer** (Arbeitnehmer- oder Versichertenanteil) werden mit dem jeweils halben Beitragsprozentsatz vom sozialversicherungspflichtigen Entgelt berechnet. Bruchteile von Pfennigen werden gerundet (4/5-Rundung). Der Gesamtbeitrag, der an die Versicherungsträger abzuführen ist, ergibt sich durch Verdoppelung des gerundeten Versichertenanteils.

Weil die Sozialversicherungsbeiträge als Prozentsatz vom sozialversicherungspflichtigen Entgelt berechnet werden, steigen sie proportional mit zunehmendem Arbeitsentgelt. Ab einem bestimmten Arbeitsentgelt jedoch, der sogenannten **Beitrags-bemessungsgrenze**, bleiben die Sozialversicherungsbeiträge gleich. Folglich zahlen alle Arbeitnehmer mit einem sozial-versicherungspflichtigen Entgelt, das **höher** als die Beitragsbemessungsgrenze liegt, den gleichen Sozialversicherungs-beitrag. Wegen der langfristig steigenden Löhne und Gehälter werden die Beitragsbemessungsgrenzen jährlich neu festgelegt. Die Beitragsbemessungsgrenze der Krankenversicherung beträgt grundsätzlich 75% derjenigen der Renten-versicherung. Die Beitragsbemessungsgrenzen für 1994 betragen für die Renten- und Arbeitslosenversicherung monatlich 7 600 DM, für die Krankenversicherung 5 700 DM (Stand 1994). Für die neuen Bundesländer lauten die Beträge 5 900 DM und 4 425 DM (Stand 1994).

Die Sozialversicherungsbeiträge werden (von Ausnahmen abgesehen) grundsätzlich **je zur Hälfte** vom Arbeitgeber und vom Arbeitnehmer aufgebracht. In die Lohnabrechnung geht als **Arbeitnehmeranteil der Sozialversicherungsbeiträge** also nur die Hälfte der gesamten Sozialversicherungsbeiträge ein.

Um das Ermitteln der Beiträge zu erleichtern und um errechnete Beiträge überprüfen zu können, geben die Versicherungs-träger Beitragstabellen heraus. In diesen Beitragstabellen sind die Beiträge für die vom Bundesminister der Finanzen herausgegebenen Lohnsteuerstufen berechnet worden. Jede Beitragsstufe umfaßt in der Monatstabelle für die Lohnsteuer und die Sozialversicherungsbeiträge eine Spanne von 4,50 DM. Der jeweilige Beitrag wird vom Mittelbetrag der Spanne errechnet; Bruchteile von Pfennigen werden gerundet (4/5).

Beispiel aus einer Beitragstabelle für 1994:

Für Arbeitsentgelte, die über 3 334,65 DM liegen und kleiner bzw. gleich 3 339,15 DM sind, ist der Mittelbetrag 3 336,90 DM.

Für diesem Mittelbetrag ergeben sich folgende Versicher-tenanteile:

6,90%	Krankenversicherung	=	229,94 DM
9,60%	Rentenversicherung	=	319,91 DM
3,25%	Arbeitslosenversicherung	=	108,45 DM

Liegt das sozialversicherungspflichtige Entgelt zwischen zwei der in der Tabelle abgedruckten Arbeitsentgelten, dann ist stets für das größere Arbeitsentgelt der Beitrag abzulesen.

Arbeits-entgelt bis DM	Versichertenanteil in DM G (= KV)	K/L (= RV)	M (= ALV)	Arbeits-entgelt bis DM	Versichertenanteil in DM G (= KV)	K/L (= RV)	M (= ALV)
3 334,65	229,94	319,91	108,30	**3 649,65**	251,67	350,15	118,54
3 339,15	230,25	320,34	108,45	**3 654,15**	251,98	350,58	118,69
3 343,65	230,56	320,77	108,60	**3 658,65**	252,29	351,01	118,83
3 348,15	230,87	321,21	108,74	**3 663,15**	252,60	351,45	118,98
3 352,65	231,18	321,64	108,89	**3 667,65**	252,91	351,88	119,13
3 357,15	231,49	322,07	109,03	**3 672,15**	253,22	352,31	119,27
3 361,65	231,80	322,50	109,18	**3 676,65**	253,53	352,74	119,42
3 366,15	232,11	322,93	109,33	**3 681,15**	253,84	353,17	119,56
3 370,65	232,42	323,37	109,47	**3 685,65**	254,15	353,61	119,71
3 375,15	232,73	323,80	109,62	**3 690,15**	254,47	354,04	119,86

Abb. 67: Auszug aus einer Sozialversicherungstabelle mit 6,90% KV, 9,60% RV und 3,25% ALV (gültig ab 1.1.1994)

4 Ermitteln des Auszahlungsbetrages

Der Nettolohn darf nicht mit dem Auszahlungsbetrag verwechselt werden. Denn in den Lohnabrechnungen werden zum Nettolohn Zurechnungsbeträge hinzugerechnet (z. B. auszuzahlende Vorschüsse) und Abzugsbeträge abgezogen (z. B. vermögenswirksame Leistungen, Miete für Werkswohnung, Rückzahlungen von Arbeitgeberdarlehen und Vorschüssen oder Pfändungen).

> Nettolohn
> + Zurechnungsbeträge
> – Abzugsbeträge
> = **Auszahlungsbetrag**

Der Auszahlungsbetrag ist derjenige Betrag, der dem Arbeitnehmer entweder bar ausbezahlt oder überwiesen wird.

5   Zusammenfassendes Beispiel für eine Gehaltsabrechnung

Ein kaufmännischer Angestellter, Lohnsteuerklasse III/2, erhält für den Monat April 3.648,– DM Bruttogehalt. Auf der Lohnsteuerkarte ist ein monatlicher Freibetrag von 242,– DM eingetragen. Der Angestellte hat einen Bausparvertrag abgeschlossen, auf den monatlich 100,– DM vom Betrieb an die Bausparkasse abgeführt werden; dieser Bausparbeitrag wird als vermögenswirksame Leistungen vom Betrieb mit 52,– DM und vom Angestellten selbst mit 48,– DM aufgebracht. Der Angestellte wohnt in einer Werkswohnung, für die der Betrieb monatlich 850,– DM einbehält; die ortsübliche Miete für die Wohnung beträgt 980,– DM. Im Abrechnungsmonat behält der Betrieb 300,– DM eines früher gewährten Vorschusses ein.

Der Angestellte hat auf Lohnsteuerminderung verzichtet.

Die Lohn- und Kirchensteuern sind den abgedruckten Tabellen (Abb. 66a und 66b) entnommen. Als Arbeitnehmeranteile an der Sozialversicherung sind 6% für KV., 9,60% für RV. und 3,25% für ALV. zu berechnen.

Wieviel DM beträgt

a) das lohnsteuerpflichtige Entgelt,

b) das sozialversicherungspflichtige Entgelt,

c) das Nettoentgelt und der Auszahlungsbetrag?

Lösung:

a)	Bruttogehalt		3 648,– DM
+	vermögenswirksame Leistungen des Arbeitgebers		52,– DM
+	geldwerter Vorteil (Miete)		130,– DM
–	Lohnsteuerfreibetrag		242,– DM
	lohnsteuerpflichtiges Entgelt		3 588,– DM

b)	Bruttogehalt		3 648,– DM
+	vermögenswirksame Leistungen des Arbeitgebers		52,– DM
+	geldwerter Vorteil Miete		130,– DM
	sozialversicherungspflichtiges Entgelt		3 830,– DM

c)	Bruttogehalt	3 648,– DM	
+	vermögenswirksame Leistungen des Arbeitgebers	52,– DM	3 700,– DM
–	Steuern		
	Lohnsteuer III/2	220,16 DM	
	Kirchensteuer III/2, 9%	15,31 DM	235,47 DM
–	Sozialversicherung		
	Krankenversicherung 6,0%	229,80 DM	
	Rentenversicherung 9,60%	367,68 DM	
	Arbeitslosen versicherung 3,25%	124,48 DM	721,96 DM
	Nettogehalt		2 742,57 DM
–	vermögenswirksame Leistungen Bausparkasse	100,– DM	
–	Tilgung Vorschuß	300,– DM	
–	Miete für Werkswohnung	850,– DM	1 250,– DM
	Auszahlungsbetrag		1 492,57 DM

Weil die Lohnabrechnungen heute vielfach mit DV-Anlagen erstellt werden, werden die Sozialversicherungsbeiträge mit den jeweils aktuellen Beitragssätzen **genau** ermittelt. Da die Beiträge in den Tabellen jedoch für Mittelwerte der Arbeitsentgelte berechnet werden, ergeben sich gegenüber der genauen Berechnung Pfennigdifferenzen, die jedoch von den Sozialversicherungsträgern akzeptiert werden.

6 Zusammenfassendes Beispiel für eine Akkordlohnabrechnung

Der Dreher Dorfmann ist in Lohngruppe 7 eingestuft. Sein Stundenlohn (Grundlohn) beträgt 20,95 DM. Für die Lohnabrechnung, die im Stückzeitakkord mit Dezimalminuten erfolgt, stehen für den Monat Mai folgende Daten zur Verfügung:

- Gefertigte und einwandfreie Drehteile 832 Stück;
- Vorgabezeit (Stückzeitakkordsatz) 21 min_{dez} je Drehteil;
- 22 Arbeitstage im Mai je 7,5 Stunden täglich;
- 12% Akkordzuschlag;
- tatsächliche Arbeitszeit im Mai laut Steckkarte 163 Stunden, 12 Minuten.

Herr Dorfmann ist in Lohnsteuerklasse III/1, auf seiner Lohnsteuerkarte ist ein monatlicher Freibetrag von 342,– DM eingetragen. Der Betrieb zahlt 52,– DM vermögenswirksame Leistungen. Die Lohn- und Kirchensteuer (8%) ist der abgedruckten Lohnsteuertabelle zu entnehmen (6% KV, 9,60% RV und 3,25% ALV).

Es sind zu ermitteln

a) der Akkordrichtsatz,

b) der Minutenfaktor,

c) der Bruttolohn,

d) der lohnsteuerpflichtige Arbeitslohn,

e) der sozialversicherungspflichtige Arbeitslohn,

f) der Nettolohn und der Auszahlungsbetrag.

Lösung (mit der abgedruckten Lohnsteuertabelle):

a)	Stundenlohn (Grundlohn)		20,950 DM
+	12% Akkordzuschlag		2,514 DM
	Akkordrichtsatz		23,664 DM

b) Minutenfaktor = $\dfrac{23,464 \text{ DM}}{100 \text{ }min_{dez}}$ = 0,23464 DM/min_{dez}

c) Bruttolohn = 21 min_{dez} x 832 St. x 0,23464 DM/min_{dez} = 4 099,63 DM

d)	Bruttolohn		4 099,63 DM
+	vermögenswirksame Leistungen des Arbeitgebers		52,– DM
–	Lohnsteuerfreibetrag		342,– DM
	lohnsteuerpflichtiger Arbeitslohn		3 809,63 DM

e)	Bruttolohn		4 099,63 DM
+	vermögenswirksame Leistungen des Arbeitgebers		52,– DM
	sozialversicherungspflichtiger Arbeitslohn		4 151,63 DM

f)	Bruttolohn		4 099,63 DM
+	vermögenswirksame Leistungen des Arbeitgebers		52,– DM
–	Steuern		
	Lohnsteuer III/1 von 3.809,63 DM =	328,66 DM	
	Kirchensteuer	24,29 DM	352,95 DM
–	Sozialversicherung von 4.151,63 DM =		
	Krankenversicherung 6%	249,10 DM	
	Rentenversicherung 9,60%	398,56 DM	
	Arbeitslosenversicherung 3,25%	134,93 DM	782,59 DM
	Nettolohn		3 016,09 DM
–	vermögenswirksame Leistungen (Sparvertrag)		52,– DM
	Auszahlungsbetrag		2 964,09 DM

Arbeitsaufträge

1. Nennen Sie die wichtigsten Positionen, die vom Bruttolohn abgezogen werden müssen, um den Nettolohn zu erhalten!

2. Ein Arbeitnehmer erhält 3 100,– DM Gehalt, der Arbeitgeber zahlt 78,– DM vermögenswirksame Leistungen, auf der Lohnsteuerkarte sind 240,– DM als Lohnsteuerfreibetrag eingetragen. Der Arbeitnehmer erhält 60,– DM steuerpflichtigen Fahrgeldzuschuß und im Abrechnungsmonat 400,– DM Urlaubsgeld. Wieviel DM beträgt das lohnsteuerpflichtige Entgelt, die Lohnsteuer (I/0) und die Kirchensteuer (9%)? Die Steuern sind der abgedruckten Lohnsteuertabelle zu entnehmen.

3. Was versteht man unter vermögenswirksamen Leistungen und welche Anlagemöglickeiten bietet das Vermögenbildungsgesetz?

4. Welche Voraussetzungen müssen erfüllt werden, damit ein Anspruch auf eine Arbeitnehmersparzulage besteht?

5. Von welchem höchstmöglichen Betrag der vermögenswirksamen Leistungen wird die Arbeitnehmersparzulage berechnet (Begünstigungsrahmen)?

6. Nur für welche Anlageformen wird eine Arbeitnehmersparzulage gezahlt und welche Sparzulagensätze gibt es?

7. Wodurch entstehen geldwerte Vorteile? Nennen Sie mindestens drei Möglichkeiten von geldwerten Vorteilen aus Ihrem Ausbildungsbetrieb!

8. Wie kommt ein Lohnsteuerfreibetrag auf der Lohnsteuerkarte zustande? Nennen Sie mindestens drei Positionen, die zu einer Eintragung eines Lohnsteuerfreibetrages führen können!

9. Welche Angaben müssen Sie kennen, um die Lohnsteuer aus einer Lohnsteuertabelle ablesen zu können?

10. Unter welchen Voraussetzungen entstehen hälftige Kinderzahlen?

11. Lesen Sie aus der Lohnsteuertabelle die Lohnsteuern und die Kirchensteuern (9%) für folgende Fälle ab:

	steuerpflichtiger Bruttolohn	Steuerklasse	
a)	2 869,52 DM	I	
b)	3 586,50 DM	III/2	(nimmt Lohnsteuermilderung in Anspruch)
c)	1 367,90 DM	II/2	
d)	2 514,39 DM	V	

12. Wieviel DM beträgt jeweils der Unterschied zwischen den in der Lohnsteuertabelle genannten Beträgen?

13. Welches ist die Steuerbemessungsgrundlage für die Kirchensteuer?

14. Welche Kirchensteuersätze gibt es in der Bundesrepublik und welcher Kirchensteuersatz gilt für Sie persönlich?

15. Wie ist das sozialversicherungspflichtige Entgelt zu berechnen?

16. Welche Sozialversicherungssätze gelten zur Zeit?

17. Mit welchem Anteil beteiligen sich Arbeitgeber und Arbeitnehmer grundsätzlich an den Sozialversicherungsbeiträgen?

18. Welche Bedeutung hat die Beitragsbemessungsgrenze für die Sozialversicherungsbeiträge?

19. Berechnen Sie 6% KV, 9,60% RV und 3,25% ALV als Arbeitnehmeranteile für die folgende sozialversicherungspflichtigen Entgelte

a) 3 267,89 DM	c) 1 264,89 DM	e) 6 927,45 DM
b) 4 978,– DM	d) 834,70 DM	f) 2 578,20 DM

20. Wer ist krankenversicherungspflichtig, und wer ist rentversicherungspflichtig?

21. Häufig entspricht der Nettolohn nicht dem Auszahlungsbetrag. Durch welche Posten können sich Nettolohn und Auszahlungsbetrag unterscheiden?

22. Berechnen Sie mit Hilfe der abgedruckten Lohnsteuertabelle und 6% kV, 9,6% RV und 3,25% ALV den Bruttolohn, den Nettolohn und den Auszahlungsbetrag für folgende Arbeitnehmer:

   a) Karl Schulze, Dreher, Steuerklasse III/3:
      17,24 DM Stundenlohn; 151 geleistete Arbeitsstunden im Abrechnungsmonat, darin sind 6 Überstunden enthalten, die mit 25% Überstundenzuschlag abgerechnet werden müssen; 185,– DM auf der Lohnsteuerkarte eingetragener monatlicher Lohnsteuerfreibetrag; 20,— DM lohnsteuer- und sozialversicherungspflichtiger Essenszuschuß; 2,50 DM Kontoführungsgebühren; 52,– DM vermögenswirksame Leistungen des Arbeitgebers, 68,– DM zusätzliche vermögenswirksame Leistungen des Arbeitnehmers (beide Beträge werden einem Bausparvertrag gutgeschrieben); 8% Kirchensteuer.

   b) Erich Knoll, kaufmännischer Angestellter, Steuerklasse I/0:
      3 859,– DM Monatsgehalt; auf der Lohnsteuerkarte eingetragener Lohnsteuerfreibetrag 210,– DM; Kontoführungsgebühren 3,– DM; Miete für Werkswohnung 690,– DM (ortsübliche Miete 720,– DM); vermögenswirksame Leistungen des Arbeitgebers 52,– DM; Weihnachtsgratifikation 2 600,– DM; 9% Kirchensteuer.

   c) Gabi Hofer, Phonotypistin, teilzeitbeschäftigt, Steuerklasse II/1, nimmt LSt-Milderung in Anspruch
      Monatsgehalt 1 875,– DM; vermögenswirksame Leistungen des Arbeitgebers 39,– DM; Kontoführungsbühren 2,50 DM; teilweise Tilgung eines Vorschusses 200,– DM; Urlaubsgeld 500,– DM, 9% Kirchensteuer.

   d) Erstellen Sie die Lohnabrechnung für Gabi Hofer (Fall c), wenn Frau Hofer in Steuerklasse V eingestuft wäre!

23. Welche Bedeutung hat das Existenzminimum hinsichtlich der Lohnsteuerbelastung?

24. Aus welchen Einkünften setzen sich die Erwerbsbezüge zusammen? Geben Sie mindestens 4 Bestandteile an.

25. Worüber entscheidet die Höhe der Erwerbsbezüge?

26. Schildern Sie, wie Sie für ein Lohneinkommen die gemilderte Lohnsteuer ablesen.

27. Was bedeutet das hochgestellte „Z" bzw. die hochgestellte „0" bei einem Lohnsteuerbetrag?

28. Warum muß ein Arbeitnehmer, der die gemilderte Lohnsteuer in Anspruch nimmt, für das Kalenderjahr der in Anspruchnahme eine Einkommensteuererklärung abgeben?

e) Arbeitsablauf bei der Lohn- und Gehaltsabrechnung des Ausbildungsbetriebes beschreiben; Daten erfassen, die Verarbeitung und Verwendung von Daten beschreiben

... auf einen Blick

► **Vorbereitungsarbeiten zur Lohn- und Gehaltsabrechnung**
(Datenerfassung)

► **Abrechnung und Überweisung der Löhne und Gehälter**
(Datenverarbeitung)

► **Auswertung der Lohn- und Gehaltsdaten**
(Datenverwendung)

Der **Arbeitsablauf bei der Lohn- und Gehaltsabrechnung** ist in den einzelnen Betrieben unterschiedlich. Er ist vor allem abhängig

▷ vom **Inhalt der Abrechnungen**, d.h. davon, ob Akkordarbeiter, Stundenlöhner, Gehaltsempfänger und viele unterschiedliche Zulagen abzurechnen sind;

▷ von der **Anzahl der Abrechnungen**, d.h. davon, ob nur einige wenige oder sehr viele, vielleicht Tausende von Abrechnungen zu erstellen sind;

▷ von den verwendeten **bürotechnischen Hilfsmitteln**, d.h. davon, welche Büromaschinen sowie Büroorganisationsmittel eingesetzt und welche Formulare verwendet werden.

Trotz aller unterschiedlichen Voraussetzungen und organisatorischen Festlegungen besteht der Arbeitsablauf der Lohn- und Gehaltsabrechnung stets aus folgenden Arbeitsschritten: den Vorarbeiten, d. h. der Datenerfassung, den eigentlichen Abrechnungs- und Überweisungsarbeiten, d. h. der Datenverabeitung, sowie der vielfältigen Auswertung der Lohn- und Gehaltsdaten, d. h. der Datenverwendung.

1   Vorbereitungsarbeiten zur Lohn- und Gehaltsabrechnung (Datenerfassung)

Zunächst müssen alle erforderlichen abrechnungsbedingten Daten bereitgestellt werden. Auf Grund der Zeiterfassungsdaten werden die Anwesenheitszeit bzw. Akkordzeit, die eigentliche Arbeitszeit, gegebenenfalls die Fehlstunden, die Überstunden und dergleichen für jeden einzelnen Arbeitnehmer ermittelt. Außerdem sind die eventuellen Zuschläge (z. B. Feiertagszuschläge, Nachtzuschläge) und Abzüge (Lohnpfändungen, Miete für Werkswohnungen, Vorschüsse und dergl.) zu errechnen. Darüber hinaus müssen die Daten der Lohnkonten (Steuerklasse, Familienstand, Kontonummer des Gehaltskontos und eventuell des Vermögensbildungskontos etc.) vorliegen. Nach Lohn- und Gehaltserhöhungen müssen die Stammdaten der Lohnkonten auf den neuesten Stand gebracht werden. All diese Vorarbeiten werden auf zahlreichen Formularen fest-gehalten.

2   Abrechnung und Überweisung der Löhne und Gehälter (Datenverarbeitung)

Sind die Vorarbeiten zur Lohn- und Gehaltsabrechnung abgeschlossen, kann mit den eigentlichen Abrechnungsarbeiten begonnen werden. Die Lohnabrechnungen für Arbeiter erfordern meist einen höheren Arbeitsaufwand als die Gehaltsabrechnung für Angestellte.

Bei der **Lohnabrechnung für gewerblichen Arbeitnehmer** müssen für jeden Abrechnungszeitraum andere Ausgangsdaten abgerechnet werden.

Die **Gehaltsabrechnung für Angestellte** ist dagegen leichter durchzuführen, da die Abrechnungsdaten zumeist über einen längeren Zeitabschnitt gleich sind. Das schließt nicht aus, daß auch bei Angestellten unterschiedliche Ausgangsdaten (z. B. Überstunden) abgerechnet werden müssen.

Ist die Höhe des Bruttolohnes festgestellt worden, muß der Nettolohn bzw. der Auszahlungsbetrag nach den bereits beschriebenen Regeln errechnet werden (siehe Lernziel 3. 6d).

Die **Lohn- und Gehaltsabrechnung mit einer DV-Anlage** bringt wesentliche Rationalisierungsmöglichkeiten. Über einmal vergebene Personalnummern (Schlüssel-Nummern) werden alle Einzeldaten den jeweiligen Arbeitern bzw. Angestellten automatisch zugeordnet. Außerdem werden die Lohnsteuern, Kirchensteuern und Sozialversicherungsbeiträge vom System automatisch errechnet; in den DV-Anlagen sind die Steuer- und Sozialversicherungsformeln gespeichert, so daß die gewünschten Einzeldaten leicht errechnet werden können. Ein besonders wichtiger Vorteil besteht bei Verwendung von DV-Anlagen darin, daß die ermittelten Abrechnungsdaten automatisch ausgedruckt werden können; darüber hinaus besteht die Möglichkeit, alle errechneten Lohn- und Gehaltsdaten zu weiteren Abrechnungen zu verwenden.

Die Lohn- und Gehaltsabrechnung kann als abgeschlossen betrachtet werden, wenn die Lohnnachweise, die Lohnlisten, das Lohnkonto und die Überweisungsträger für einen Lohnabrechnungszeitraum vorliegen .

Der **Lohnnachweis** zeigt dem einzelnen Arbeitnehmer, wie sich sein Lohn zusammensetzt, welche Abzüge vorgenommen worden sind und welcher Betrag ihm überwiesen wurde. Denn gem. § 134 Absatz 2 der Gewerbeordnung sowie nach § 82 Abs. 2 des Betriebsverfassungsgesetzes kann der Arbeitnehmer verlangen, daß ihm die Berechnung und die Zusammensetzung seines Arbeitsentgelts erläutert wird.

Die **Lohnliste** ist eine Zusammenfassung aller Lohnnachweise in alphabetischer oder numerischer Reihenfolge; sie enthält die Bruttolöhne, die verschiedenen Abzüge sowie die Auszahlungsbeträge für die Gesamtheit der Beschäftigten.

Der Arbeitgeber ist verpflichtet, für jeden Arbeitnehmer und zwar für den Zeitraum eines Kalenderjahres ein **Lohnkonto** zu führen. Der § 4 der Lohnsteuer-Durchführungsverordnung gibt an, welche Einzelheiten im Lohnkonto enthalten sein müssen: dazu gehören vor allem persönliche Daten des Arbeitnehmers, Steuerfreibeträge, Arbeitslohn und steuerfreie Bezüge. Die gesamten Eintragungen auf dem Lohnkonto bilden die Grundlage für die spätere Ausfertigung der Lohnsteuer-Bescheinigungen. Das Lohnkonto gilt außerdem als eine der wichtigsten Unterlagen für die Lohnsteuer-Außenprüfung des Finanzamtes sowie für die Prüfung der Sozialversicherungsträger.

Dieses Lohnkonto darf nicht mit dem Aufwandskonto „Löhne und Gehälter" in der Geschäftsbuchhaltung verwechselt werden.

Der **Überweisungsträger** ist die Grundlage für die Überweisung des Auszahlungsbetrages auf das Bankkonto des Arbeitnehmers. Für jede Lohn- und Gehaltszahlung wird eine Banküberweisung geschrieben bzw. von der DV ausgedruckt. Die Beträge der einzelnen Banküberweisungen werden auf einem Sammelbeleg übernommen. Diesen Sammelbeleg erhält die Hausbank des Unternehmens, die wiederum die Auszahlungsbeträge auf die Bankkonten der einzelnen Arbeitnehmer bzw. auf die Vermögensbildungskonten überweist.

3   Auswertung der Lohn- und Gehaltsdaten (Datenverwendung)

Die Lohn- und Gehaltsabrechnung dient nicht nur dem Zweck die Entlohnung der Arbeitnehmer ordnungsgemäß durchzuführen, sondern sie dient auch als Grundlage für die Buchführung, die Kostenrechnung (Kalkulation) und Betriebsstatistik.

Die **Buchführung** übernimmt die Zahlen der Lohnliste. Bruttolöhne, sämtliche Abzüge, vermögenswirksame Leistungen u. dgl. werden als Summe in die jeweiligen Konten übernommen.

Die einbehaltenen Lohn- und Kirchensteuern müssen an das Finanzamt, spätestens bis zum 10. eines Monats für den Lohnzahlungszeitraum des Vormonats abgeführt werden. Außerdem müssen die Sozialversicherungsbeiträge an die Krankenkasse des jeweiligen Arbeitnehmers abgeführt werden.

Die **Kostenrechnung** bedient sich ebenfalls der Daten aus den Lohnlisten. Da auf den Lohnabrechnungen die Kostenstellen aufgeführt sind, ist es leicht möglich, die Bruttolöhne und -gehälter sowie die Lohnnebenkosten für die einzelnen Kostenstellen zu ermitteln. Die auf diese Weise festgestellten Lohnkosten sind eine wesentliche Grundlage für die Betriebsabrechnung (BAB).

Möglich ist auch die Verknüpfung der Lohnkosten mit der Arbeitsvorbereitung, d. h. mit der Fertigungsplanung.

Die Durchführung der Lohn- und Gehaltsabrechnung mit Hilfe einer DV-Anlage hat vor allem den Vorteil, daß Auswertungen für die **Betriebsstatistik** mit verhältnismäßig geringem Mehraufwand ermöglicht werden können. So sind z. B. Lohn-, Arbeits- Fehlzeitenstatistik sowie Meldungen für das Statistische Landesamt leicht zu erstellen.

Ergeben sich durch Umstellungen des Lohngefüges oder infolge von Arbeitsplatzumgestaltungen veränderte Lohnausgangsdaten können deren Auswirkungen schnell überschaubar gemacht werden.

Für Planung und Unternehmensführung können die unterschiedlichsten Daten der Lohn- und Gehaltsabrechnung für Steuerungszwecke aus der DV-Anlage abgerufen werden.

Arbeitsaufträge

1. Für wie viele Arbeitnehmer müssen in Ihrem Ausbildungsbetrieb monatliche Lohnabrechnungen erstellt werden? Teilen Sie die Anzahl der Arbeitnehmer ein in

   a) Gehaltsempfänger,

   b) Stundenlohnempfänger und

   c) Akkordlohnempfänger!

2. Nennen Sie die bürotechnischen Hilfsmittel sowie die wichtigsten Formulare, die in Ihrem Ausbildungsbetrieb für die Lohn- und Gehaltsabrechnung verwendet werden!

3. Welche Informationen (Daten) müssen vorliegen, damit der Bruttolohn eines Akkordarbeiters

   a) im Stückgeldakkord und

   b) in Stückzeitakkord errechnet werden kann?

4. Stellen Sie am Beispiel eines gewerblichen Arbeitnehmers Ihres Ausbildungebetriebes fest, welche Angaben sich aus den Unterlagen der Zeiterfassung (z. B. Stechkarte) entnehmen lassen.

5. Erklären Sie, welche Arbeitsschritte erforderlich sind, um in Ihrem Ausbildungsbetrieb für einen Gehaltsempfänger

   a) den Bruttolohn,

   b) den Nettolohn und

   c) den Auszahlungsbetrag errechnen zu können!

6. Wie ist das Erstellen der Überweisungsträger für die Auszahlungsbeträge in Ihrem Ausbildungsbetrieb organisiert?

7. An welche Zahlungsempfänger müssen

   a) die Lohn- und Kirchensteuern;

   b) die Sozialversicherungsbeiträge

      ba) für Pflichtversicherte und

      bb) für freiwillig Versicherte;

   c) die vermögenswirksamen Leistungen überwiesen werden?

8. Welche Belege muß die Lohn- und Gehaltsabrechnungsstelle für die Buchhaltung erstellen, damit sämtliche Buchungen im Zusammenhang mit der Lohn- und Gehaltsabrechnung ausgeführt werden können?

9. Für welche betrieblichen Zwecke können die Lohn- und Gehaltsdaten Grundlage für Auswertungen sein?

Stichwortverzeichnis

Industriekaufmann 3 © FELDHAUS VERLAG, Hamburg